丝路经济与文化文库

中国（西安）丝绸之路研究院专项课题（2024ZD05）

低空经济赋能高质量共建"一带一路"的机理与路径研究

于璐瑶 著

·北京·

图书在版编目（CIP）数据

低空经济赋能高质量共建"一带一路"的机理与路径研究 / 于璐瑶著 . --北京：中国经济出版社，2025. 6. --ISBN 978-7-5136-8209-1

Ⅰ.F562；F125

中国国家版本馆 CIP 数据核字第 2025K66M86 号

责任编辑　郭国玺
责任印制　李　伟
封面设计　任燕飞工作室

出版发行	中国经济出版社
印 刷 者	北京艾普海德印刷有限公司
经 销 者	各地新华书店
开　　本	710mm×1000mm　1/16
印　　张	18.75
字　　数	306 千字
版　　次	2025 年 6 月第 1 版
印　　次	2025 年 6 月第 1 次
定　　价	98.00 元

广告经营许可证　京西工商广字第 8179 号

中国经济出版社 网址 http：//epc.sinopec.com/epc/ 社址 北京市东城区安定门外大街 58 号 邮编 100011
本版图书如存在印装质量问题，请与本社销售中心联系调换（联系电话：010-57512564）

版权所有　盗版必究（举报电话：010-57512600）
国家版权局反盗版举报中心（举报电话：12390）　　　服务热线：010-57512564

目 录

第一篇 引言与理论框架

第一章 引 言 ... 3
    第一节 研究背景与意义 ... 3
    第二节 研究机理与重点问题 ... 9
    第三节 文献综述 ... 17

第二章 低空经济的理论基础 ... 26
    第一节 低空经济的定义 ... 26
    第二节 低空经济的发展历程 ... 27
    第三节 低空经济的战略意义 ... 33

第三章 "一带一路"高质量共建的机理与重点领域 ... 38
    第一节 "一带一路"倡议的提出背景 ... 38
    第二节 "一带一路"倡议的主要目标与原则 ... 40
    第三节 "一带一路"建设的实施与进展 ... 41

第二篇 低空经济的产业基础与发展

第四章 全球低空经济发展现状与趋势 ... 49
    第一节 国际低空经济市场动态 ... 49

第二节　技术创新与产业升级 …………………………………… 56
　　第三节　政策法规与监管环境 …………………………………… 64
第五章　中国低空经济开放进程与实践 ……………………………… 72
　　第一节　低空开放政策与进展 …………………………………… 72
　　第二节　通用航空与无人机产业发展 …………………………… 80
　　第三节　低空经济在区域经济发展中的作用 …………………… 90

第三篇　高质量共建"一带一路"对低空经济的需求

第六章　"一带一路"共建国家的经济发展需求 …………………… 99
　　第一节　基础设施互联互通 ……………………………………… 99
　　第二节　产业合作与升级 ……………………………………… 102
　　第三节　贸易与投资便利化 …………………………………… 111
第七章　高质量共建"一带一路"的重点领域 …………………… 126
　　第一节　绿色与可持续发展 …………………………………… 126
　　第二节　数字化与智能化转型 ………………………………… 127

第四篇　低空经济赋能高质量建设"一带一路"的主要路径

第八章　低空物流与供应链优化 …………………………………… 131
　　第一节　无人机物流在"一带一路"建设中的应用场景分析 … 131
　　第二节　通用航空在冷链物流中的创新 ……………………… 136
　　第三节　供应链透明度与效率提升策略 ……………………… 142
　　第四节　长三角区域物流提质增效降本方案对低空物流的启示 …… 143
第九章　低空旅游与文化交流 ……………………………………… 145
　　第一节　空中观光与"一带一路"旅游合作 ………………… 146
　　第二节　文化遗产保护与数字化展示 ………………………… 151
　　第三节　促进人文交流与理解的路径 ………………………… 155

第十章　低空监测与环境保护 ·············· 162
第一节　无人机在环境监测中的应用 ·············· 163
第二节　通用航空在灾害预警与响应中的作用 ·············· 168
第三节　绿色低空交通的发展策略 ·············· 174

第五篇　低空经济案例与实践探索

第十一章　中国低空经济赋能"一带一路"的实践 ·············· 195
第一节　"空中丝绸之路"的构建与推进 ·············· 195
第二节　无人机物流在"一带一路"共建中的试点项目 ·············· 199
第三节　通用航空在跨境合作中的作用 ·············· 208

第十二章　"一带一路"共建国家低空经济发展实践 ·············· 213
第一节　东南亚无人机物流的创新实践 ·············· 213
第二节　中亚通用航空在基础设施建设中的应用 ·············· 218
第三节　欧洲低空旅游与文化交流的经验 ·············· 236

第六篇　低空经济赋能"一带一路"共建需关注的问题

第十三章　法律与监管 ·············· 249
第一节　低空飞行空域管理 ·············· 249
第二节　数据隐私与安全法律框架 ·············· 255
第三节　跨国法律协调与合作机制 ·············· 259

第十四章　技术与标准 ·············· 265
第一节　无人机技术的成熟度与标准化 ·············· 265
第二节　通用航空器性能的提升 ·············· 272
第三节　空中交通管理系统的创新 ·············· 278

第十五章　结论与展望 ·············· 281

参考文献 ·············· 284

后　记 ·············· 293

第一篇　引言与理论框架

第一章 引 言

低空经济作为战略性新兴产业,与"一带一路"倡议的深度融合具有重要的现实意义和广阔的发展前景。这种融合不仅能够为共建国家的经济发展注入新动力,还能促进区域间的产业协同与创新合作,推动构建更加紧密的区域经济共同体。2025 年将是我国低空经济政策体系和管理机构日益完善之年。在相关政策支持与区域优势叠加作用下,低空经济将会进一步发挥优势,与产业和区域经济深入融合,在惠及我国经济发展的同时,推进我国高质量共建"一带一路"的进程。

第一节 研究背景与意义

一、研究背景

作为战略性新兴产业的新蓝海,低空经济代表了新质生产力的发展方向。低空经济科技含量高、创新要素集中,具有产业链条长、应用场景复杂、使用主体多元、涉及部门和领域多等特点。低空经济凭借广阔的发展前景和巨大的市场潜力,已成为我国前瞻布局的战略性新兴产业和抢占未来产业制高点的关键领域。党的二十届三中全会审议通过《中共中央关于进一步全面深化改革、推进中国式现代化的决定》,明确提出发展通用航空和低空经济。2024 年 12 月的中央经济工作会议更是强调要"以科技创新引领新质生产力发展，建设现代化产业体系"，并提出把发展新质生产力作为"十五五"规划基本思路的研究重点。未来，低空产业将在基础设施、监管平台、空中交通、产品矩阵、标准体系等方面呈现相关变化趋势，指引产业界发展的新方向。

共建"一带一路"是我国改革开放后提出的第一个全球性、大规模、全方位国际经济合作倡议。自2013年我国提出"一带一路"倡议以来，这一宏伟的国际合作倡议在全球范围内产生了深远的影响并取得了丰硕的成果。完善推进高质量共建"一带一路"机制，是扩大高水平对外开放的迫切需要。2024年7月，党的二十届三中全会通过的《中共中央关于进一步全面深化改革、推进中国式现代化的决定》提出，完善推进高质量共建"一带一路"机制。2024年12月，习近平总书记在第四次"一带一路"建设工作座谈会上指出，共建"一带一路"已经进入高质量发展新阶段。要以高质量共建"一带一路"八项行动为指引，以互联互通为主线，统筹巩固传统领域合作和稳步拓展新兴领域合作，完善推进高质量共建"一带一路"机制，不断拓展更高水平、更具韧性、更可持续的共赢发展新空间。

在当前严峻复杂的国际环境下，推动共建"一带一路"高质量发展机遇和挑战并存。单边主义和保护主义阻碍全球合作，地缘政治和安全紧张局势冲击着全球贸易、投资和金融链条。在传统领域和新兴领域，中国和"一带一路"共建国家拥有探寻更多合作交汇点的巨大潜力。随着新一轮科技革命和产业变革带动全球创新浪潮的涌现，低空经济在技术上不断成熟，应用场景也不断丰富。"空中丝绸之路"服务"一带一路"国家战略，发展包括低空旅游线路开发、航空旅游小镇、低空旅游飞行器等多项业务。"一带一路"特色小镇已经成为推动经济转型升级和新型城镇化的路径。低空经济能够通过打造航空小镇拓宽和延长产业链，在医疗、气象、科学实验、文化体育、公共服务等领域广泛应用。低空经济赋能高质量共建"一带一路"有着广泛的研究与应用前景。

二、研究意义

低空经济助力"一带一路"高质量发展具有广泛的技术与产业基础。从地理空间维度来看，低空飞行具有机动灵活、快速高效的特点，能够有效弥补地面交通的不足，为"一带一路"共建相关地区提供更加便捷、高效的交通运输解决方案；从产业协同发展方面来看，"一带一路"倡议促进了共建国家之间的产业转移与合作对接，低空经济作为一个新兴的综合性产业，涉及航空制造、运营服务、维修保障、教育培训等多个环节，能够与共建国家的现有产业体系进行深度融合与协同发展。一方面，共建国家可以依托自身的资源优势和产业基础，参与低空经济产业链的分工协作，如在航空零部件制造、航空材料供应等环节发挥各自的比较优势；另一方面，通过引进先进的低空经济技术和管理经验，共建国家可以加快自身低空经济产业的培育和发展，提升产业竞争力，实现产业升级与转型发展。

同时，"一带一路"共建国家拥有丰富多样的旅游文化资源，低空旅游作为一种新兴的旅游方式，能够为游客提供独特的旅游体验。发展低空旅游可以进一步促进共建国家旅游资源的开发与整合，推动旅游文化产业的繁荣发展，同时也有助于加强共建国家之间的文化交流与传播，增进各国人民对不同文化的认知和理解。低空飞行在应急救援、医疗救护、消防灭火等方面具有独特的优势，能够在关键时刻迅速响应，提供及时有效的救援服务。"一带一路"共建国家加强低空经济在应急救援与公共服务领域的合作，可以提高共建国家应对突发事件的能力和水平，营造更加安全、稳定的区域发展环境。

从低空经济视角探索高质量共建"一带一路"的现实路径，有助于完善推进高质量共建"一带一路"机制，构建立体的互联互通网络，提升贸易投资合作质量和水平，有利于促进我国与共建国家生产要素有序流动、资源高效配置、市场深度融合，创造更多发展机遇和更大发展空间，为中国式现代化提供源源不断的动力。同时，还有助于加强我国和"一带一路"共建国家的发展战略和合作规划对接，同共建国家强化绿色发展、数字经济、人工智能、减灾等领域的多边合作平台建设，加强多层次、多渠道沟通磋商，深化重点领域合作。

三、低空经济的内涵与发展

低空经济是一种新兴的经济形态，主要依托低空空域（通常指垂直高度1000米以下，根据不同地区特点和实际需要可延伸至3000米以内的空域）进行各种有人驾驶和无人驾驶航空器的飞行活动。低空经济是以支持各类航空器低空飞行与运营而建立的综合经济形态，包括低空研发制造、消费运营、基础设施、综合保障等，构成低空产业链。低空经济作为战略性新兴产业，具有产业链条长、应用场景复杂、使用主体多元、涉及部门和领域多等特点，特别是科技含量高、创新要素集中，呈现明显的新质生产力特征。

学术界对于低空经济内涵的界定存在两种主流观点：一是从战略性新兴产业角度去界定其经济属性，二是从传统宏观经济角度去定义其特质。覃睿[1]认为，低空经济是与海洋经济、森林经济和航天经济等并列的经济领域，关键资源是低空空域，产出和价值形式是低空飞行活动及其价值承载。沈映春[2]认为，低空经济是一种综合性经济形态，其特质是以低空飞行活动促进产业融合发展。范恒山[3]认为，低空经济具备四个特点：一是立体性，许多作业具备"飞行在空中，作用在地面"的特点，空地衔接十分紧密，是一种典型依托三维空间发展的经济形态；二是局地性，主要以小飞机、小航线、小企业为依托，具有地域窄、规模小和较为分散等特点，这使其与各地区的关联十分紧密，有利于相关产业的拓展；三是融合性，在主体上体现为一种组合式经济形态，核心是航空器与各种产业形态的融合，如"农林+航空""电力+航空""公安+航空""医疗+航空""体育+航空"，空地融合，有人机、无人机融合等；四是广泛性，所涉及领域和行业十分广阔，体现在通航、警用、海关以及军用领域，运用于农业、工业和服务业等各行业。

近年来，我国低空经济发展环境持续向好，政策举措不断优化。据《中国

---

[1] 覃睿.再论低空经济：概念定义与构成解析 [J].中国民航大学学报，2023，41（6）：59-64.
[2] 沈映春.低空经济：中国经济增长新引擎 [J].科技中国，2024（9）：3.
[3] 范恒山.把发展低空经济作为构建新发展格局的重要抓手 [EB/OL].光明网，（2022-02-21）[2025-03-20]. https：//m.gmw.cn/baijia/2022-02/21/35533899.html.

低空经济发展研究报告（2024）》，2023年我国低空经济规模5059.5亿元，同比增长33.8%，预计到2026年有望突破万亿元。① 中国民航局发布的数据显示，2025年中国低空经济的市场规模预计将达到1.5万亿元，到2035年更是有望达到3.5万亿元。② 随着一系列鼓励政策的出台，我国低空经济正迎来真正的黄金时代。除政策环境持续优化外，基础设施、产业能力、产业主体、产品谱系和应用场景等方面也加快形成集聚效应和创新生态。

当前，多地正在积极抢抓低空经济产业密集创新和高速发展的黄金窗口期，加速形成低空经济产业集聚效应与创新生态。在加快构建新发展格局的背景下，低空经济产业将助力拓展我国经济发展空间、推动经济高质量发展。早在2021年就有多个省份发布了与航空产业相关的"十四五"规划，涉及低空旅游等内容。2024年以来，已有北京、上海、天津、广东、安徽、湖南、深圳、苏州、南京、沈阳、太仓、武汉、山东、长沙、漳州、昆明等十余个省（市）发布了围绕低空经济的行动方案或相关征求意见稿。重庆、安徽、苏州、广州、武汉、贵州等多个省（市）陆续推出了低空经济产业基金，激励产业发展，其中总规模最大的达200亿元。

四、高质量共建"一带一路"的重要意义

"一带一路"倡议是中国于2013年提出的一项具有深远意义的国际合作倡议，其核心目标是通过加强国际合作，促进各国共同发展，实现互利共赢。该倡议涵盖了多个领域，包括基础设施建设、贸易合作、文化交流、科技创新等，旨在推动全球经济的繁荣与发展，构建人类命运共同体。根据不同时期面临的形势和任务，"一带一路"建设不断调整并积极开拓创新，延伸出"数字丝绸之路""健康丝绸之路""绿色丝绸之路""冰上丝绸之路"等一系

---

① 崔爽.2023年中国低空经济规模超过5000亿元[EB/OL].科技日报，（2024-04-02）[2025-03-20]. https：//digitalpaper.stdaily.com/http_www.kjrb.com/kjrb/html/2024-04-02/content_569561.htm?div=-1.

② 苏大鹏，王金虎，马维维，等.低空经济蓬勃发展 到2035年市场规模有望达3.5万亿元[EB/OL].经济日报，（2024-11-30）[2025-03-20].http：//paper.ce.cn/pc/content/202411/30/content_305150.html.

列具有巨大开发潜力的新兴领域。

自2013年"一带一路"倡议提出以来，高质量共建"一带一路"取得了丰硕成果。在基础设施建设的拓展与优化领域，"一带一路"倡议初期重点是建设跨境铁路、公路等交通要道。例如，具有代表性的中老铁路极大地加强了中国与老挝之间的交通连接。又如，希腊比雷埃夫斯港，在中国企业参与运营后，港口集装箱吞吐量从2010年的88万标准箱增加到2023年的超700万标准箱，成为地中海第一大港。[①] 其航线网络不断拓展，与中欧陆海快线等运输通道有效衔接，提升了整个欧亚大陆的物流效率。在能源领域，早期主要是能源资源的开发合作，如中亚地区的油气资源开发项目。现在则更加注重能源基础设施的互联互通和能源的清洁化转型。例如，中国与东盟国家在可再生能源领域的合作不断加强，包括太阳能、风能发电项目的合作建设，以及跨境电网的布局，提高了区域能源供应的稳定性和可持续性。

贸易与投资便利化也取得了丰硕的成果。在贸易畅通方面，从降低关税、简化海关程序等基础措施开始，"一带一路"共建国家之间的贸易自由化程度不断提高。如今，电子口岸建设、跨境电商平台的搭建等成为新的亮点。例如，中国与东盟建立的跨境电商合作机制，通过设立跨境电商综合试验区，推动了双方贸易模式的创新。2023年，中国—东盟跨境电商进出口额达233.4亿美元，同比增长29.3%。[②] 同时，贸易商品的种类也从传统的资源型和劳动密集型产品向高附加值产品、技术产品拓展，如中国对"一带一路"共建国家的高端装备、电子产品等出口额逐年上升。在投资便利化方面，早期主要是改善投资环境，设立经济特区和产业园区等吸引投资。现在，共建国家之间在金融合作、知识产权保护等领域加强合作。例如，亚洲基础设施投资银行（AIIB）的运营，为"一带一路"基础设施项目提供了大量资金支持。截至2024年，AIIB已累计批准220多个项目，融资总额超过400亿美元。同时，各国在双边投资协定中加强对知识产权的保护条款，吸引了更多

---

① 中远海运比港发布2023年业绩报告［EB/OL］.中国远洋海运集团有限公司，（2024-04-03）［2025-03-20］. https：//www.coscoshipping.com/col/col6864/art/2024/art_ 9cc07e5f511c45f792b99ed30b43407b.html.

② 网经社电子商务研究中心.《2023年度中国跨境电商市场数据报告》发布［EB/OL］.网经社，（2024-05-15）［2025-03-20］. https：//www.100ec.cn/detail--6638736.html.

高新技术产业的投资。

在人文交流领域，由最初的学生交换项目和学术访问发展到现在的联合办学、职业教育合作等。中国和多个国家开展了高校之间的联合培养项目，为能源、交通等专业领域共同培养人才。同时，中国的职业教育模式也在一些东南亚国家得到推广，帮助当地培养了大量适应产业发展需求的技术工人。在文化交流领域，从文化展览、文艺演出等活动起步，发展到文化产业合作、世界文化遗产保护合作等。中国与中亚国家联合开展丝绸之路文化遗产保护项目，通过共同修复和开发文化遗产，不仅保护了珍贵的历史文化资源，还促进了文化旅游产业的发展。在基础设施建设领域，逐渐形成了一套涵盖工程质量、安全标准等方面的共同准则。例如，在铁路建设方面，中国标准的铁路技术，如轨道铺设标准、列车通信信号系统标准等，已经被越来越多的"一带一路"共建国家参考和借鉴，这有利于降低建设成本和提高建设效率，同时也提升了中国标准在国际上的影响力。

第二节　研究机理与重点问题

本节研究的主要内容包括低空经济赋能高质量共建"一带一路"的机理与重点问题。

一、低空经济赋能高质量共建"一带一路"的机理

（一）加强贸易畅通

低空飞行器可以实现高效物流运输，在"一带一路"共建国家，利用低空飞行器如无人机、直升机、电动垂直起降飞行器（eVTOL）等，可以构建高效的低空物流网络。例如，在地形复杂、交通基础设施薄弱的区域，低空物流能够突破传统运输方式的限制，快速、准确地将货物送达目的地，缩短物流周期，降低物流成本。特别是对于一些紧急物资、高价值商品以及生鲜

食品等，低空物流具有独特的优势，有助于加强共建国家之间的贸易往来。

随着跨境电商的快速发展，消费者对商品的配送速度和服务质量要求越来越高。低空经济可以为跨境电商提供快速的"最后一公里"配送解决方案，比如利用无人机在城市或特定区域内进行小型包裹的配送，提高配送效率，增强消费者的购物体验，进一步促进"一带一路"共建国家的跨境电商贸易。

（二）促进设施联通

在"一带一路"倡议下，许多国家和地区需要加强交通基础设施建设。低空经济的发展可以推动通用机场、直升机停机坪等低空飞行基础设施的建设和升级。这些基础设施的完善不仅可以满足低空飞行器的起降需求，还可以与现有的铁路、公路、港口等交通设施相互衔接，形成立体的交通网络，提高区域内的交通通达性和运输效率。

为了保障低空飞行的安全和顺畅，需要建设先进的低空导航与通信系统。这不仅可以为低空飞行器提供准确的导航信息和实时的通信服务，还可以促进"一带一路"共建国家在信息技术领域的合作与交流。例如，共同研发和推广低空飞行的通信技术、导航技术以及空中交通管理系统，提高区域内的低空飞行管理水平。

（三）推动产业合作

"一带一路"共建国家可以在低空飞行器的制造领域开展合作。一些具备先进航空制造技术的国家可以与其他国家分享技术和经验，共同开展低空飞行器的研发、生产和制造。通过产业合作，可以提高共建国家的航空制造业水平，培育新的经济增长点，促进区域内的产业升级和转型。

同时，低空经济也推动了旅游产业创新发展，低空旅游是低空经济的重要应用领域之一。"一带一路"共建国家拥有丰富的自然景观和历史文化遗迹，发展低空旅游具有巨大的潜力。例如，通过开通低空旅游航线，游客可以在空中俯瞰壮丽的自然风光、古老的城市风貌和历史文化景点，为旅游产业带来新的发展机遇。同时，低空旅游的发展还可以带动相关服务业的发展，如酒店、餐饮、娱乐等，促进区域内的经济繁荣。

(四) 助力资金融通

低空经济作为新兴的产业领域，具有广阔的发展前景和投资潜力。在"一带一路"倡议下，可以通过制定优惠的政策和投资环境，吸引国内外的投资者参与低空经济的发展。这不仅可以为低空经济的发展提供资金支持，还可以促进"一带一路"共建国家的金融合作与交流。

金融机构可以针对低空经济的特点开发创新的金融产品和服务，如低空飞行器的融资租赁、保险服务等。这些金融产品和服务的推出可以为低空经济的发展提供多元化的金融支持，降低企业的融资成本和风险，促进低空经济健康发展。

(五) 增进民心相通

通过低空飞行活动，如低空飞行表演、航空展览等，可以促进"一带一路"共建国家之间的文化交流和民间往来。这些活动可以展示不同国家的航空文化和科技成果，增进各国人民之间的相互了解和友谊，为"一带一路"倡议的实施奠定坚实的民意基础。低空经济的发展需要大量的专业人才，包括飞行员、机务人员、空中交通管制员等。"一带一路"共建国家可以加强在低空经济人才培养方面的合作，共同开展人才培训项目、学术交流活动等，培养高素质的低空经济人才。这不仅可以满足低空经济发展的需求，还可以促进各国之间的教育合作和人才交流。

二、低空经济赋能高质量共建"一带一路"的重点问题

(一) 政策协同与沟通机制完善

首先，要建立统一的政策框架。众多"一带一路"共建国家在政治体制、法律法规以及航空管理传统等方面存在差异，这就需要共同构建全面且细致的低空经济发展政策框架。在准入规则方面，明确不同类型低空飞行器（如无人机、直升机、eVTOL等）进入各国市场的资质条件、注册登记流程以及

运营许可范围，确保各参与方能够在公平、透明且标准化的规则下开展业务。对于飞行标准，统一规定飞行高度限制、飞行速度区间、飞行时段要求等，保障低空飞行活动在跨国境时能遵循统一规范，避免因标准不一造成飞行安全隐患与管理混乱。在安全监管层面，制定涵盖飞行器适航审定、飞行人员资质审核、空中交通管理规则以及安全事故责任界定等内容的通用准则，使得各国监管部门在执法时有据可依，同时也让企业能够清晰知晓运营边界。通过这样的统一政策框架，减少因政策差异带来的发展阻碍，为低空经济跨境合作营造稳定、可预期的政策环境。

其次，强化多边沟通协调，搭建常态化的多边低空经济合作沟通平台至关重要。可以定期举办高层级的政府间会议，参与方包括各国负责航空管理、经济发展、交通建设等相关部门的领导及工作人员，在会上共同商讨宏观政策走向、区域发展战略布局等重大议题。同时，组织企业代表参与的行业论坛与对接会，为企业提供展示自身优势、寻求合作机会的平台，促进不同国家的企业之间达成投资合作、技术转让、服务外包等业务合作意向。此外，设立专门的问题协调解决工作组，当在空域开放、航线规划、基础设施建设等合作过程中出现分歧或实际操作难题时，能够及时介入，通过实地调研、专家论证、多方协商等方式，高效解决问题，增强政策协同性，保障低空经济合作项目能够顺利推进。

（二）基础设施互联互通升级

首先，依据"一带一路"共建国家的经济发展水平、产业布局、地理地貌特点以及人口分布等多维度因素，进行科学合理的低空飞行航线网络统筹规划。详细调研各地区的货物运输需求、旅游资源分布、城市功能定位等情况，将各国的通用机场、直升机起降点、临时飞行场地等有机连接起来，打造层次分明、功能完备的低空交通体系。对于工业发达且货物运输量大的地区，规划更多的物流航线，提高货物运输效率；针对旅游资源丰富的区域，开辟低空旅游观光航线，串联起多个景点，提升旅游体验。同时，注重航线与现有铁路、公路、港口等交通枢纽的衔接，实现多种运输方式的无缝对接，形成覆盖区域更广、衔接更顺畅的低空交通体系，提高区域间的通达性，促进人员、物资的高效流动。

其次，联合建设与升级设施，鼓励"一带一路"共建国家通过多种合作模式共同建设、升级低空飞行基础设施。在联合投资方面，可以按照各国的经济实力、发展需求以及受益程度等因素，协商确定投资比例，共同筹集资金用于通用机场的新建、扩建以及直升机停机坪的增设等项目。多个国家可以合作在交通枢纽城市打造大型综合性通用机场，配备现代化的跑道、滑行道、停机位以及先进的助航灯光系统等。在技术合作方面，各国发挥自身技术优势，共享先进的机场建设技术、工程管理经验以及设备制造工艺。提升设施的服务能力与安全保障水平，满足日益增长的低空飞行需求，为低空经济的蓬勃发展筑牢硬件基础。

（三）产业深度融合与协同发展

"一带一路"共建国家的航空制造、运营服务、维修保障等与低空经济相关的企业可考虑构建产业链合作同盟，实现全方位、深层次的优势互补。在航空制造环节，不同国家依据自身的产业基础和技术专长进行分工协作。部分国家在航空发动机制造领域拥有深厚的技术积累和先进的生产工艺，可负责关键零部件的研发与生产；在复合材料研发应用上独具优势的国家，可为飞行器机身制造提供高性能材料；还有的国家擅长航空电子设备制造，可专注于飞行控制系统、通信导航设备等的生产。在运营服务方面，各国企业根据所在地区的市场特点和资源优势，共同制定航线运营方案、开展市场营销活动，拓展低空经济的服务范围和市场空间。在维修保障领域，通过同盟内的合作，制定统一的维修标准，构建备件供应体系，实现维修技术人员的交流培训以及维修资源的共享调配，确保低空飞行器在整个"一带一路"区域内都能得到及时、专业的维修保障服务，共同打造完整且具有竞争力的低空经济产业链条。

支持在"一带一路"区域内共建培育多个低空经济产业集群，并引导其跨区域发展，形成强大的产业辐射效应。可以将航空产业基础较好、科研创新能力强的地区作为核心，依托当地的高校、科研机构以及龙头企业，吸引周边国家和地区的相关配套企业、创新型中小企业集聚，形成涵盖飞行器研发制造、飞行运营、教育培训、金融服务等多个环节的综合性产业集群。通过技术转移、产业协作等方式，带动周边国家和地区相关产业从无到有、从弱到强发展，促进技术、人才、资金等要素在更大范围内流动与优化配置。同时，鼓励不同产业集群之间开展跨区域合作，实现资源共享、优势互补，避免产业同质化竞争，提升整个"一带一路"区域低空经济产业的整体协同性和竞争力，推动产业向高端化、规模化、集群化方向发展。

（四）科技创新合作与共享

针对低空经济发展中的关键技术难题，如低空智能飞行控制技术，集合"一带一路"共建国家的科研力量联合攻关。各国科研团队可以共享实验室资源、研究数据以及模拟测试平台，共同研发更先进、更智能的飞行控制系统，实现低空飞行器在复杂环境下的自主避障、精准导航以及稳定飞行。在高效电池技术应用于电动飞行器方面，会聚材料科学、电化学、航空工程等多学科领域的专家，合作攻克电池能量密度提升、快速充电、低温性能优化等技术难题，延长电动飞行器的续航里程，降低运营成本，推动电动飞行器在低空经济领域的大规模应用。对于复杂环境下的低空通信保障技术，联合开展研究，通过建立多模式融合的通信网络、优化信号传输算法、研发高增益天线等手段，确保低空飞行器在山区、海洋、城市等不同复杂环境下都能保持稳定、可靠的通信联络。通过这样的联合攻关，加速技术突破，提升整个区域的低空经济科技水平，为产业发展提供强有力的技术支撑。

共同搭建低空经济科技成果转化平台，整合"一带一路"共建国家的科技中介服务资源，包括技术转移机构、知识产权服务公司、科技金融机构等，为科技成果从实验室走向市场应用提供一站式服务。在平台上，定期发布各国最新的低空经济科研成果信息，组织线上线下的成果展示会、技术对接会以及项目路演活动，促进科研机构与企业之间的沟通交流，帮助企业及时了解前沿技术动态，寻找适合自身发展的技术成果进行转化应用。同时，平台提供知识产权评估、交易、融资等配套服务，解决科研成果转化过程中资金、法律等方面的问题，让新技术、新产品能够快速从实验室走向市场应用，让科研成果在"一带一路"共建国家间实现共享，推动低空经济产业不断升级创新，提高产业附加值和市场竞争力。

（五）人才培养与交流体系建设

可以由各国教育和行业主管部门共同制定适用于低空经济领域的人才培养统一标准，涵盖专业课程设置、实践教学要求、职业资格认证等核心方面。在专业课程设置上，根据低空经济产业的实际需求，确定涵盖航空工程、飞行器制造、空中交通管理、航空服务等多个专业方向的基础课程和核心课程体系，确保培养出的人才具备扎实的专业理论知识。在实践教学要求方面，规定学生必须参加一定时长的实习实训活动，包括在通用机场、飞行器制造企业、空中交通管制部门等单位的实践操作，掌握实际工作技能。对于职业资格认证，统一制定飞行员、机务维修人员、空中交通管制员等关键岗位的资格考试标准和认证流程，保证人才资质在整个"一带一路"区域内能够相互认可，便于人才的跨国流动和就业，确保培养出的人才能够符合区域内低空经济发展的通用需求。

此外，还可以制订跨国人才交流专项计划，由各国政府、企业以及相关社会组织共同出资资助低空经济专业人才在"一带一路"共建国家间开展学习、实习、工作交流等活动，拓宽国际视野，学习先进的专业知识和研究方法。安排飞行器制造企业的技术工人到国外同行企业进行实习锻炼，了解不同的生产工艺和质量控制方法，提升实操技能。鼓励空中交通管制员等专业人才到其他国家的管制部门进行工作交流，熟悉不同的空域管理模式和指挥调度流程，促进相互学习借鉴先进的理念、技术和管理经验。通过这些跨国人才交流项目，提升区域整体人才素质，培养出一批具有国际视野、熟悉国际规则、掌握先进技术的低空经济专业人才队伍，为产业发展提供坚实的人才保障。

（六）安全与监管合作强化

"一带一路"共建国家可以建立低空飞行联合安全保障机制，应涵盖飞行前、飞行中以及飞行后的全过程安全保障措施。飞行前，各国共享气象信息、空域情报以及飞行器适航状况等数据，共同开展飞行风险评估，制定详细的飞行计划和应急预案。飞行中,通过构建联合的空中交通监控网络,利用卫星定位、雷达监测、ADS-B(广播式自动相关监视)等多种技术手段,实时掌握低空飞行器的飞行轨迹、飞行状态等信息,及时发现并预警潜在的飞行安全风险,如飞行器偏离航线、遭遇恶劣天气等情况,并协调指挥相关飞行活动,确保飞行安全有序。飞行后,针对发生的安全事故,联合开展事故调查,依据统一的安全事故责任界定标准,确定事故原因和责任主体,总结经验教训,完善安全管理措施。同时,各国共同储备应急救援资源,如救援直升机、专业救援队伍、医疗急救设备等,并制定合理的应急救援力量调配方案,确保在发生紧急情况时能够迅速响应,保障低空飞行活动在跨国境情况下也能维持较高的安全水平。

协调统一各国在低空经济监管执法方面的尺度和流程,避免出现监管空白或重复监管的情况。成立联合监管协调机构,负责梳理各国现有的低空经济监管法律法规,找出差异点和冲突点,并在此基础上制定统一的监管执法准则,明确监管对象、监管内容、处罚标准等关键要素。

(七)金融支持与风险共担机制

可以共同设立"一带一路"低空经济专项发展基金,由"一带一路"共建国家政府、金融机构以及相关企业等多方参与出资。各国政府可以根据自身的财政状况和对低空经济发展的重视程度,拨付一定比例的专项资金注入基金;金融机构发挥资金融通的专业优势,通过发行基金产品、吸引社会资本等方式为基金扩充规模;相关企业则可以以股权、技术、设备等多种形式参与出资。该基金主要用于低空经济项目的建设、运营、技术研发等关键环节的资金支持。

鉴于低空经济项目具有一定的风险性,如政策变动风险、市场需求波动风险、飞行安全风险等,共建国家合作构建风险共担机制显得尤为重要。首先,共同建立专业的风险评估团队,运用科学的风险评估模型和方法,对拟开展的低空经济项目进行全面、细致的风险评估,提前识别潜在风险因素,并根据风险等级制定相应的应对策略。其次,在保险合作方面,联合推动保险公司开发专门针对低空经济的保险产品,涵盖飞行器财产险、飞行责任险、运营中断险等多个险种，通过保险机制分散风险。同时，在项目投资、运营过程中，根据各国参与方的权益占比、风险承受能力等因素，合理确定风险分担比例，当出现风险损失时，按照约定的分担方式共同承担，增强各方参与共建的信心，保障低空经济在"一带一路"倡议下能够稳健、可持续地发展。

第三节 文献综述

一、"一带一路"相关研究文献综述

（一）"一带一路"倡议与政策沟通

党的二十大报告指出，"共建'一带一路'成为深受欢迎的国际公共产品和国际合作平台"，并且要继续"推动共建'一带一路'高质量发展"。[①] 共建"一带一路"倡议提出 10 多年以来，中国始终积极参与和维护共建国家间互联互通伙伴关系的建设，一方面，目前我国已同 150 多个国家、30 余个国际组织签署了共建"一带一路"合作文件。[②] 在这种合作框架下，中欧班列、陆海新通道等大通道建设成果显著，铁路、港口、管网等国际合作不断深入，不仅推动了共建国家间基础设施的互联互通，而且逐步推进了标准、规则的软联通，进一步深化了经贸合作，对全球和区域经济增长起到了重要的支撑作用。[③]

近年来，政策沟通在共建"一带一路"倡议中的作用越发凸显。习近平

---

① 谢环驰. 习近平在第四次"一带一路"建设工作座谈会上强调：坚定战略自信 勇于担当作为 全面推动共建"一带一路"高质量发展[EB/OL]. 中国政府网，（2024-12-02）[2025-03-20]. https://www.gov.cn/yaowen/liebiao/202412/content_ 6990603.htm.
② 高质量共建"一带一路"拓展共赢发展新空间[EB/OL]. 中国政府网，（2024-12-04）[2025-03-20]. https://www.gov.cn/zhengce/202412/content_ 6990900.htm.
③ 史育龙. 共建"一带一路"多边合作：进展、挑战与路径[J]. 当代世界，2024（10）：64-69.

总书记在第四次"一带一路"建设工作座谈会上强调，要完善共建"一带一路"合作规划统筹管理机制，推进高质量共建"一带一路"行稳致远。① 值得一提的是，共建"一带一路"倡议已被多次写入联合国大会决议，并与《东盟印太展望》、非盟《2063年议程》等重要文件有效对接，构建起多层次的政策沟通长效机制。这种多层次的政策沟通不仅加速了基础设施建设的合作步伐，还促进了规则标准的对接，为经济合作营造了一个更加稳定、可预测的环境。在政策沟通的积极推动下，"一带一路"共建国家在绿色、数字、创新、健康等新兴领域的合作不断拓展。以"一带一路"绿色发展国际联盟为例，该联盟已汇聚来自40多个国家的150多家合作伙伴，成功举办多场主题活动，有力推动了绿色领域的政策协调与合作。② 政策沟通的深化不仅促进了"一带一路"共建国家间的经济合作，更为全球可持续发展注入了新的活力与动力。

（二）"一带一路"倡议与设施联通

设施联通是共建"一带一路"的重要载体，实现国际运输便利化不仅是设施联通的主要表现，也能为各国的合作交流提供基本保障。③ 共建"一带一路"倡议通过改善交通基础设施，可以缩短共建国家的运输时间和降低运输成本，增强了共建国家之间的连通性。④ 交通基础设施很大程度上促进了西部陆海新通道沿线城市贸易规模的扩大，研究还发现公路基础设施条件的提升对贸易的贡献远超关税减让等其他贸易便利化措施。⑤ 此外，部分学者还对基础设施影响贸易成本的方式和程度进行深入研究，发现完善交通基础设施能够促进沿海国家或地区的贸易成本降低约40%，内陆国家和地区的贸易成

---

① 谢环驰. 习近平在第四次"一带一路"建设工作座谈会上强调：坚定战略自信　勇于担当作为　全面推动共建"一带一路"高质量发展［EB/OL］. 中国政府网，（2024-12-02）［2025-03-20］. https：//www.gov.cn/yaowen/liebiao/202412/content_6990603.htm.

② 史育龙. 共建"一带一路"多边合作：进展、挑战与路径［J］. 当代世界，2024（10）：64-69.

③ 史育龙. 共建"一带一路"多边合作：进展、挑战与路径［J］. 当代世界，2024（10）：64-69.

④ de Soyres F, Mulabdic A, Murray S, et al. How much will the Belt and Road Initiative reduce trade costs?［J］International Economics，2019，159（C）：151-164.

⑤ 马永腾，蒋瑛，鲍洪杰. 交通基础设施、数字经济与贸易增长：基于西部陆海新通道沿线区域的实证分析［J］. 改革，2023（6）：142-155.

本降低高达60%。① 新贸易理论和空间经济学指出，由于本地效应②的存在，交通基础设施改善会带来贸易成本的降低，进而会导致经济活动在地理空间分布呈现"中心—外围"的空间格局特征。

近年来，"一带一路"倡议中基础设施互联互通的重要性越发凸显。中欧班列等项目的持续推进，有力推动了中国中部地区及重庆、四川、广西、云南等传统西南腹地的开发开放。这些基础设施的改善，不仅畅通了物流和贸易，还促进了人员、资本和技术等生产要素的顺畅流动。巴基斯坦学者的研究指出，中亚地区铁路、公路等基础设施条件的显著改善，极大加速了商品和人员的流动。③ 中老铁路、雅万高铁等重大基础设施项目的建成，不仅提升了区域内的交通便利性，还为"一带一路"共建国家的经济发展注入了新活力。这些项目的实施，不仅深化了中国与东盟等区域的合作，还促进了经济活动在地理空间分布上的优化，推动了区域经济一体化进程。④

（三）"一带一路"倡议与贸易畅通

实施共建"一带一路"倡议增强了共建国家之间的贸易畅通，共建国家之间的贸易总量较倡议实施前增加了4.1%。⑤ 贸易畅通是实施共建"一带一路"倡议的核心环节，能够为共建国家的共同发展奠定坚实基础。总体来看，国家间的贸易行为主要受到以下三个方面的影响：

第一，运输成本会通过贸易成本渠道影响双边贸易。⑥⑦ 部分学者认为，

---

① Nuno L, Venables J A. Infrastructure, geographical disadvantage, transport costs, and trade [J]. The World Bank Economic Review, 2001, 15（3）：451-479.
② 本地市场效应是指在一个存在报酬递增和贸易成本的环境中，拥有较大国内市场需求的国家会成为某种产品的净出口国。这种现象源自新古典贸易理论和新贸易理论之间的解释差异，特别是在规模经济和产品差异化方面的考虑。
③ 蒲晓旭."一带一路"交通互联互通迈上新台阶[EB/OL]. 中国政府网，（2022-10-16）[2025-03-20]. https：//www.gov.cn/xinwen/2022/10/16/content_5718700.htm.
④ 史育龙. 共建"一带一路"多边合作：进展、挑战与路径[J]. 当代世界，2024（10）：64-69.
⑤ Baniya S, Rocha N, Ruta M. Trade effects of the New Silk Road：A gravity analysis [J]. Journal of Development Economics, 2020（146）：102467.
⑥ 周学仁，张越. 国际运输通道与中国进出口增长：来自中欧班列的证据[J]. 管理世界，2021，37（4）：52-67，102.
⑦ 刘斌，甄洋. 数字贸易规则与研发要素跨境流动[J]. 中国工业经济，2022（7）：65-83.

跨国运输时间的增加将会使运输成本不可控，巨大的贸易成本将不利于贸易规模的扩大，① 而铁路等运输通道的建设可以缩短运输时间和降低贸易成本，从而促进贸易的开展。②

第二，国家间政治关系会对双边贸易产生影响。通常认为良好的政治关系可以扩大国家间的贸易规模。③ 这种促进作用主要是通过增强政治共识、建立良好合作框架以降低合作的不确定性等渠道实现的。例如，中国与中亚国家在"一带一路"倡议下，通过元首外交的引领，实现了"三个全覆盖"，战略互信进一步加深，合作动力持续增强，友好往来更加频繁，经贸合作呈现出前所未有的蓬勃景象。④

第三，文化作为国家间沟通交流的一种重要载体，对双边贸易的影响日益受到关注。有学者认为，文化差异以及价值理念的不同所造成的隔阂使得理解和预测其他经济主体的行为变得愈加困难，这种不确定性和风险的大幅提升会增加贸易成本，从而可能阻碍贸易的开展。⑤ 综合来看，实施共建"一带一路"倡议将提升共建国家间的运输便利化程度、增强共建国家的政治互信、加强各国之间的人文交流互鉴，能够为各国展开更高层次的贸易合作提供广泛平台和重要保障。

（四）"一带一路"倡议与资金融通

"一带一路"倡议自 2013 年提出以来，资金融通作为其"五通"建设的重要组成部分，发挥了至关重要的作用。它不仅拓宽了共建国家的融资渠道，还为重大项目建设提供了有力支撑。⑥ 截至 2024 年，我国已与 150 多个国家、

---

① Hummels D L, Schaur G. Time as a trade barrier [J]. The American Economic Review, 2013, 103（7）：2935-2959.
② Dinner I M, Kushwaha T, Steenkamp Jan-Benedict E M. Psychic distance and performance of MNCs during marketing crises [J]. Journal of International Business Studies, 2019, 50 (3)：339-364.
③ 王孝松，常远. 双边关系与贸易保护：来自中国遭遇贸易壁垒的经验证据 [J]. 世界经济与政治，2022（2）：32-59，156-157.
④ 汪金国. 中国与中亚经贸合作的现状与未来展望 [J]. 人民论坛，2024（19）：76-80.
⑤ 施炳展. 文化认同与国际贸易 [J]. 世界经济，2016，39（5）：78-97.
⑥ 万喆. 共建"一带一路"资金融通体系 [J]. 中国金融，2023（13）：32-33.

30多个国际组织签署了共建"一带一路"合作文件,开展了数千个务实合作项目,① 非金融类直接投资规模达到2146.6亿元人民币,同比增长6.2%,新签承包工程合同额达到11949.6亿元人民币,增长12.9%。②

在此过程中,中国国家开发银行、中国进出口银行等金融机构为"一带一路"项目提供了大量资金支持。同时,AIIB和丝路基金等多边金融合作机构的成立,更是进一步推动了资金融通的发展。到2024年,AIIB的成员数量已增至110个,覆盖全球81%的人口和65%的GDP。③ 此外,我国与多个"一带一路"共建国家签署了双边本币互换协议,建立了人民币清算机制,促进了贸易投资便利化。尽管"一带一路"资金融通取得了显著进展,但仍面临一系列挑战。部分共建国家的金融体系相对薄弱,存在较大的汇率波动风险。政治、经济和社会环境的不确定性也可能影响项目的融资稳定性和可持续性。④ 为应对这些挑战,我国与共建国家加强了金融监管合作,推动建立区域内监管协调机制,⑤ 积极参与国际金融治理,推动绿色金融和可持续金融的发展。⑥

(五)"一带一路"倡议与民心相通

民心相通作为"一带一路"倡议的重要组成部分,旨在通过文化交流、教育合作、语言相通和民间交往等多种途径,增进共建国家人民之间的了解

---

① 温馨,叶昊鸣.第一观察丨总书记持续推动共建"一带一路"高质量发展[EB/OL].求是网,(2024-12-04)[2025-03-20].http://www.qstheory.cn/qshyjx/2024/12/04/c_1130224928.htm.
② 2024年1—11月我国对共建"一带一路"国家投资合作情况[EB/OL].中华人民共和国商务部,(2024-12-04)[2025-03-20].http://fec.mofcom.gov.cn/article/fwydyl/tjsj/202412/20241203558526.shtml.
③ 刘亮.共绘发展"同心圆" 亚洲基础设施投资银行全球成员总数增至110个[EB/OL].央视网,(2024-09-27)[2025-03-20].https://news.cctv.com/2024/09/27/ARTIAyhntX0CrOlWG7fs4gMw240927.shtml.
④ 谭小芬,杨雅涵."一带一路"资金融通:现状、挑战与应对[J].国际贸易,2024(8):51-64.
⑤ 刘羽佳,潘洁.深化资金融通合作之路 推动"一带一路"共同繁荣[EB/OL].中国政府网,(2023-10-12)[2025-03-20].https://www.gov.cn/yaowen/liebiao/202310/content_6908677.htm.
⑥ 国家发展改革委等部门关于推进共建"一带一路"绿色发展的意见[EB/OL].中国政府网,(2022-03-16)[2025-03-20].https://www.gov.cn/zhengce/zhengceku/2022/03/29/content_5682210.htm.

和友谊,为共建"一带一路"打造坚实的民意基础。① 自"一带一路"倡议提出以来,文化旅游合作丰富多彩。例如,孔子学院和鲁班工坊等平台不仅在海外汉语课程设计方面下功夫,还举办"孔子学院日""汉语桥"等特色主题活动,并积极培养本土教师来实现汉语教育的持续健康发展,助力破除中外经贸合作中的语言交流障碍。教育合作中留学、学术活动增多,来华留学教育让不同文化背景的民众有机会充分感受中华文化的独特魅力,其发展过程既经历了突飞猛进的快速扩张阶段,又扛住了时代巨变的猛烈冲击,目前已进入可持续发展阶段。② 旅游互动也随着签证便利等推动愈加频繁。截至2023年6月底,中国已与144个共建国家签署文化和旅游领域合作文件,③"一带一路"已成为世界文化和旅游合作的新热点。

但也存在因文化差异引发误解、语言障碍影响沟通效果以及外部舆论存在歪曲解读等情况。为此,有学者建议,要强化多元文化交流,因为"一带一路"文化交流绝非中华文化的单向输出,而是共建国家兼容并蓄、取长补短、共享智慧的交流互鉴,不同文明间应积极寻求最大公约数,推动多元文化各美其美,美美与共。④ 也有学者从语言需求和语言服务角度探讨了"一带一路"建设中出现"语言供需矛盾"的原因,认为当前我国针对"一带一路"建设提供的语言产品与服务存在供需目标不匹配、语言建设资源不充分和输送渠道不畅通等问题,建议在满足大多数共建国家基本语言服务需求的同时,还应考虑对重点国家和地区进行"按需定制"。⑤ 同时,要积极应对外部舆论,以人文交流助力"一带一路"民心相通,提升中国的国际话语权,通

---

① 促进"心联通",夯实共建"一带一路"的民意基础[EB/OL]. 求是网,(2024-02-14)[2025-03-20]. http://www.qstheory.cn/laigao/ycjx/2024-02/14/c_ 1130076934.htm.

② 蔡庆丰,陈武元. 高质量共建"一带一路"的教育文化交流视角[J]. 国家治理,2023(16):31-35.

③ 郭子腾.《共建"一带一路":构建人类命运共同体的重大实践》白皮书:中国已与144个共建国家签署文旅领域合作文件[EB/OL]. 中国旅游新闻网,(2023-10-10)[2025-03-20]. https://www.ctnews.com.cn/huanqiu/content/2023/10/10/content_ 151008.html.

④ 张长安,唐灵杰. 以史鉴今,"一带一路"文化交流历久弥新[EB/OL]. 光明网,(2021-11-24)[2025-03-20]. https://www.gmw.cn/xueshu/2022-11/24/content_ 36185931.htm.

⑤ 赵世举."一带一路"建设的语言需求及服务对策[J]. 云南师范大学学报(哲学社会科学版),2015,47(4):36-42.

过讲好中国故事，传播中国声音，增进国际社会对"一带一路"倡议的理解和支持。① 这些策略有助于深化人文交流，筑牢民心相通根基，推动"一带一路"倡议更好发展。

二、低空经济相关文献综述

低空经济是指在垂直高度 1000 米以下、根据实际需要延伸至不超过 3000 米的低空空域范围内，以民用有人驾驶和无人驾驶航空器为主要载体，以载人、载货及其他作业等多场景低空飞行活动为牵引，涵盖低空基础设施建设、低空航空器研发制造、低空运营服务、低空飞行综合保障等领域的综合性经济形态。②

2010 年，"低空经济"一词被首次提出，随后无人机技术取得突破，市场应用逐渐兴起，国家和地方政府开始进行政策探索。③ 在早期阶段，对低空经济的研究主要聚焦于低空空域资源的探讨、低空飞行器技术路径以及地理信息技术应用等领域。研究大多从理论层面明确低空空域的自然、社会与经济属性，并从地理学视角深入探索了低空空域资源。④ 随着学术界对低空经济的研究方向逐渐转变，近年来，已有研究更多地集中在低空经济应用市场的拓展以及其内涵、特征与运行模式的剖析等方面。⑤ 从法律维度提出构建广义的低空经济产业促进法，旨在通过立法手段规范市场秩序，保障飞行与公共安全，推动低空经济产业的技术创新与产业升级，从而促进其快速发展。⑥ 也

---

① 张丹萍. 中华文化影响力不断增强：区域视角下共建"一带一路"十周年（三）[EB/OL]. 习近平外交思想和新时代中国外交网站，（2023-10-28）[2025-03-20]. http://cn.chinadiplomacy.org.cn/2023-10/28/content_116780129.shtml.
② 《2024 低空经济场景白皮书》正式发布[EB/OL]. 澎湃新闻，（2024-10-23）[2025-03-20]. https://www.thepaper.cn/newsDetail_forward_29140305.
③ 刘晓琪. 低空经济产业发展历程及相关行业政策综述[EB/OL]. 江苏省苏科创新战略研究院，（2024-05-16）[2025-03-20]. https://www.skzlyjy.org.cn/web/artlist/360.
④ 廖小罕，黄耀欢，徐晨晨. 面向无人机应用的低空空域资源研究探讨[J]. 地理学报，2021，76（11）：2607-2620.
⑤ 廖小罕，徐晨晨，叶虎平. 低空经济发展与低空路网基础设施建设的效益和挑战[J]. 中国科学院院刊，2024，39（11）：1966-1981.
⑥ 蓝寿荣. 低空经济产业促进法的法理逻辑与制度体系[J]. 新疆师范大学学报（哲学社会科学版），2025（3）：59-71.

有学者总结出实现我国低空经济产业生态共同演化的路径对策，采用空域开放式、场景融合式以及技术二元式三大策略来驱动低空经济的增长。① 深入分析了低空经济发展过程中存在的市场需求不足、基础设施建设滞后以及法律法规不完善等问题，并从市场、产业、基础设施和法律四个方面提出了针对性的对策建议。②

低空经济具有现实驱动特征，从现有研究来看，理论与现实结合是其基本特征。有诸多学者关注低空经济概念特征、发展现状等问题，分析了低空经济与通用航空、无人机、城市空中交通（Urban Air Mobility，UAM）的关系，认为各领域既相互交叉又存在独有的特点。③ 围绕低空经济产业生态问题，结合粤港澳大湾区实际，从制度、创新、数字、市场、服务五个方面提出系统化构建策略。④ 也有学者从不同层面提供低空经济发展相关建议。他们认为，低空经济具备新质生产力特征，推动低空经济高质量发展应着力提升科技创新、应用场景、管理改革三大驱动力。⑤ 此外，王海梅还分析了无锡市低空经济的发展趋势、问题与对策。⑥ 受低空经济行业风口效应影响，很多行业研究机构也推出了与低空经济相关的研究报告。比如，国金证券的张敏敏等基于新能源汽车政策推动历程，对比分析低空经济发展前景。⑦ 粤港澳大湾

---

① 欧阳桃花，郑舒文. 基于共同演化的低空经济产业生态策略研究：以"低空航空器+"为例[J]. 北京航空航天大学学报（社会科学版），2024，37（5）：109-119.
② 宋丹，徐政. 低空经济赋能高质量发展的内在逻辑与实践路径[J]. 湖南社会科学，2024（5）：65-75.
③ 郭辰阳，敖万忠，吕宜宏. 低空经济与通用航空、无人机、UAM的关系分析[J]. 财经界，2023（28）：30-32.
④ 劳铖强，宋晓东. 粤港澳大湾区低空经济产业生态的构建路径研究[J]. 特区实践与理论，2024（2）：20-25.
⑤ 赵鹏浩，赵俊涅. 把握发展机遇加快推进低空经济高质量发展[J]. 中国工业和信息化，2024（10）：24-28.
⑥ 王海梅. 低空经济发展趋势、问题与对策研究：以无锡为例[J]. 江南论坛，2024（4）：42-46.
⑦ 张敏敏，苏晨. 低空经济专题：鉴往知来，从新能源车政策推动历史看低空经济节奏演绎[EB/OL]. 国金证券研究所，（2024-04-12）[2025-03-20]. https://xueqiu.com/8364818819/285674871.

区数字经济研究院相继发布三版低空经济发展白皮书,①②③ 对我国低空经济进展进行动态分析。华创证券也相继推出多部关于低空经济的行业研究报告,涉及政策、设备、技术、产业链等相关领域。总体而言,关于低空经济的学术探索尚处于起步阶段,系统性、理论性研究相对不足。

---

① IDEA 研究院发布低空经济发展白皮书［EB/OL］.粤港澳大湾区数字经济研究院,（2022-11-23）［2025-03-20］. https：//www.idea.edu.cn/news/2512.html.

② 深圳发布《低空经济发展白皮书2.0-全数字化方案》［EB/OL］.深圳政府在线,（2023-11-24）［2025-03-20］. https：//www.sz.gov.cn/cn/xxgk/zfxxgj/zwdt/content/post_ 10999324.html.

③ 2024 IDEA 大会 | IDEA 研究院发布全国首个开放的智能融合低空系统［EB/OL］.粤港澳大湾区数字经济研究院,（2024-11-29）［2025-03-20］. https：//mp.weixin.qq.com/s/HF6Rj8VyBaWabA-IljvFXQ? token=1261281378&lang=zh_ CN.

第二章 低空经济的理论基础

第一节 低空经济的定义

低空经济作为一种新兴的经济形态，正迅速走进人们的视野。它以民用有人驾驶和无人驾驶航空器为主，在低空空域开展多种飞行活动，带动相关领域融合发展。低空经济涵盖了距离地面垂直高度 1000 米或 3000 米以内的空域，具体高度视地区特性和实际需求而定。其主要产出形式包括低空运输飞行、低空作业飞行和低空休闲娱乐飞行三大类。飞行活动的生产装备主要是各类航空器与作业装备，如油动—有人驾驶航空器、电动—无人驾驶航空器、无动力航空器以及热气球、飞艇等。2021 年，全球民用无人机市场规模超过 1600 亿元。[1] 2023 年，中国低空经济规模已经超过 5000 亿元。[2] 低空经济具有产业链长、科技含量高、创新要素集中等特点。一方面，空中通勤、空中物流、空中旅游等众多新场景能够极大提高生产效率、生活品质和拓展交通边界，重塑人们的生产生活方式；另一方面，低空经济具有广阔前景，有望成为新的经济增长引擎。例如，2024 年 8 月 18 日，连接上海浦东和江苏昆山的低空载客直升机航线正式开通运行，这是中国首条跨省定点低空载客

---

[1] 航空工业发布《通用航空产业发展白皮书（2022）》：2025 年全球民用无人机市场规模将达 5000 亿元、工业级无人机占比将超 80%［EB/OL］.中国交通企业管理协会，（2022-11-10）［2025-03-20］. http：//zgjtqx.org.cn/detail/17877.html.

[2] 王聿昊，叶昊鸣.2023 年我国低空经济规模超 5000 亿元［EB/OL］.中国政府网，（2024-02-28）［2025-03-20］. https：//www.gov.cn/lianbo/bumen/202402/content_ 6934828.htm.

运输航线。① 未来，随着技术的不断进步和政策的逐步完善，低空经济将在更多领域发挥重要作用。

第二节 低空经济的发展历程

一、低空经济的国内外发展历程

（一）国外发展历程

世界低空经济起步于农业领域的应用。20世纪初，美国在航空领域已经取得了一定的技术突破和发展，飞机开始逐渐应用于一些特定领域。而美国作为一个农业大国，幅员辽阔的农田需要更高效的作业方式来提高农业生产效率，于是低空经济应运而生。其最初主要应用于农业服务，如利用飞机进行播种、喷洒农药等作业。1920年后，公务航空进入市场，进一步推动了低空经济的发展。二战期间，军事需求促使航空技术飞速进步，战后这些技术大量转为民用，使得低空经济迅猛发展。1950年，直升机进入低空经济市场，开始广泛应用于海上石油服务、山地救援等业务，进一步扩大了低空经济的应用领域和市场规模。

截至2014年，全世界低空经济飞机保有量为34万余架。低空经济发达的国家如美国、澳大利亚、加拿大等，国土面积较大，经济发展水平较高，低空经济已成为其国民经济重要的组成部分。美国以市场竞争型模式的通用航空产业基础抢占低空经济发展先机，拥有超过5000个通用航空机场，在册航空器数量稳定保持在20万架以上，飞行员数量突破80万人，对美国GDP

---

① 国内首条！正式开通！跨省"飞的"上线！[EB/OL]. 央视财经，(2024-08-21)[2025-03-20]. https://www.peopleapp.com/column/30046320606-500005689448.

的贡献率超过 0.5%。美国先后发布了《先进空中交通协调及领导力法案》①《先进空中交通基础设施现代化（AAIM）法案》等十几项法案政策。日本基于"政府规划+企业参与+技术创新"模式，积极推进低空经济发展，明确产业扩张计划及商业化目标，依托产业龙头和研究机构，持续鼓励企业加大低空航空器的研发投入。欧盟着力丰富低空经济应用场景，德国占据欧盟低空经济的领先位置，采用社会市场型模式，鼓励低空经济公司开发空中出租车、载人飞行器等低空产品。欧盟发布了《2022 年管理计划：机动性与运输战略》《无人机战略 2.0》等十几项战略指南。欧美 20 多个城市积极布局先进空中交通（AAM），推动低空创新和区域合作，针对各类低空无人机和飞行器的适航认证、生产标准、飞行管理等，推出系列政策指南，以更好地适应各类新形态飞行器的运行和使用。

（二）我国低空经济发展历程

我国低空经济发展历程如表 2-1 所示。

表 2-1 我国低空经济发展历程

时间	事件	意义
2010 年 8 月	国务院、中央军委联合颁布《关于深化我国低空空域管理改革的意见》	拉开我国低空空域管理改革序幕，开启低空经济新篇章
2015 年	我国开放低空管制，允许私人飞机使用 1000 米以下空域	为低空经济的发展提供更广阔空间
2020 年 6 月	中央空中管理委员会依托国家发展和改革委员会国际合作中心，设立"国家低空经济融合创新研究中心"	为低空经济研究搭建平台
2021 年 2 月	中共中央、国务院印发《国家综合立体交通网规划纲要》，将"低空经济"概念写入国家规划	低空经济正式上升为国家战略
2023 年 12 月	中央经济工作会议明确将"低空经济"列为国家战略性新兴产业	确立低空经济在国家产业布局中的重要地位

---

① 美国众议院通过先进空中交通促进法案［EB/OL］. 航空产业网，（2021-11-08）［2025-03-20］. https：//www.chinaerospace.com/index.php/article/show/09ab214c08f999db063b09ea7bd50004.

续表

时间	事件	意义
2024年1月1日	《民用无人驾驶航空器运行安全管理规则》生效	成为低空空域开放及低空航空器管理的规章性文件依据
2024年3月	全国两会将低空经济列为新增长引擎，低空经济首次出现在政府工作报告中	凸显其在打造新质生产力，推动经济高质量发展中的重要作用

资料来源：笔者自行收集整理。

二、低空经济的内涵

低空经济是以各种有人驾驶和无人驾驶航空器的低空飞行活动为牵引，辐射带动相关领域融合发展的综合性经济形态。首先是核心飞行活动，通用航空活动涵盖了工业、农业、林业、渔业和建筑业的作业飞行以及医疗卫生、抢险救灾、气象探测、海洋监测、科学实验、教育训练、文化体育等方面的飞行活动。例如，在农业方面，利用直升机或无人机进行农药喷洒、播种等作业，提高农业生产效率；在抢险救灾中，直升机可以快速运送救援人员和物资到达地面交通难以抵达的区域。通用航空的发展为低空经济提供了重要的基础支撑，促进了航空器制造、维修、运营等产业的发展。

低空经济的另一核心内涵是辐射带动领域。低空经济的发展带动了航空器制造产业的繁荣，包括通用飞机、直升机、无人机等各类航空器的研发、生产和组装。例如，一些地区依托自身的产业优势，发展通用飞机制造产业，形成了集研发、制造、销售、服务于一体的产业链。同时，航空器的维修保养也是低空经济的重要组成部分。随着航空器数量的增加，对维修技术和服务的需求也不断增长，促进了维修企业的发展和技术水平的提高。

为了支持低空飞行活动，需要建设一系列基础设施，如机场、跑道、停机坪、导航设施等。这些基础设施的建设不仅为低空经济的发展提供了保障，也带动了相关产业的发展。例如，机场建设涉及土地开发、建筑工程、设备安装等多个领域，能够拉动投资和就业。此外，低空通信、导航、监视等系统的建设也是低空经济发展的重要支撑，有助于提高低空飞行的安全性和效率。低空经济的建设不仅需要基础设施，还需要大量的专业人才，包括飞行员、机务人员、空中交通管制员、无人机操作员等。因此，教育培训成为低空经济的重要领域之一。各类航空院校、培训机构纷纷开设相关专业和课程，为低空经济培养各类人才。教育培训不仅为低空经济提供了人才支持，也促进了教育产业的发展，形成了新的经济增长点。

低空经济具有很强的产业融合性，能够与多个领域实现融合发展。例如，低空经济与现代农业融合，形成了农业航空产业；与交通运输融合，发展出低空物流、通勤航空等新业态；与文化旅游融合，催生了低空旅游、航空运动等新兴产业。产业融合不仅拓展了低空经济的发展空间，也为相关产业的转型升级提供了新的机遇。低空经济是技术密集型和创新驱动型的经济形态。随着航空技术、信息技术、新材料技术等的不断进步，低空经济的发展也在不断创新。例如，无人机技术的创新推动了物流配送、环境监测等领域的发展；新材料的应用提高了航空器的性能和安全性。创新驱动为低空经济的持续发展提供了动力，也促进了科技进步和产业升级。

低空经济的发展具有显著的经济效益和社会效益。一方面，低空经济的发展可以带动相关产业的发展，增加就业机会，促进经济增长。另一方面，低空经济的发展可以提高公共服务水平，如抢险救灾、医疗救援、警务执法等，为社会发展作出贡献。同时，低空经济的发展也有助于促进区域协调发展，推进城乡一体化进程。例如，通过发展通用航空，加强偏远地区与中心城市的联系，提高区域发展的平衡性和协调性。

三、低空经济的特征

（一）具有高度的关联性

低空经济涉及通用航空、无人机等领域，与航空制造业、维修服务业、机场建设与运营、教育培训、旅游娱乐等众多产业密切相关。例如，航空制造业为低空飞行活动提供航空器，维修服务业确保航空器的安全运行，机场建设与运营为低空飞行提供基础设施保障，教育培训为低空经济发展培养专业人才，旅游娱乐则拓展了低空经济的应用场景。这种高度的关联性使低空经济的发展能够带动多个产业协同发展，形成产业集群效应。此外，低空经济还具有促进产业融合发展的作用，低空经济的发展促进了不同产业之间的融合。例如，通用航空与农业结合，形成农业航空，用于农作物播种、施肥、病虫害防治等；与物流行业结合，发展出低空物流，利用无人机等航空器进行快递配送；与旅游业结合，推出低空旅游项目，让游客从空中欣赏美景。产业融合不仅拓展了低空经济的发展空间，也为传统产业的转型升级提供了新的途径。

（二）具有高度的技术密集性

首先，依赖先进的航空技术。低空经济的发展离不开先进的航空技术支持，包括航空器设计与制造技术、飞行控制技术、导航与通信技术、发动机技术等。例如，高性能的航空器需要先进的空气动力学设计和轻量化材料，以提高飞行性能和降低能耗；精准的飞行控制技术确保航空器的安全稳定飞行；可靠的导航与通信技术保障低空飞行的安全和高效运行。随着技术的不断进步，低空经济领域的技术创新也在不断涌现，推动着低空经济的持续发展。

其次，融合多种新兴技术。低空经济还融合了信息技术、大数据、人工智能等新兴技术。例如，无人机的自主飞行和智能控制依赖先进的传感器技术和人工智能算法；低空通信与导航系统需要借助信息技术和大数据分析，提高通信质量和导航精度；通用航空的运营管理也越来越多地采用信息化手段，以提高管理效率和服务质量。

（三）产业具有高附加值性

首先，航空器制造是低空经济中的高附加值产业，一架通用飞机或高端无人机的制造往往需要大量的研发投入和先进的制造工艺，其价值较高。同时，航空器的维修、保养、改装等服务也具有较高的附加值。例如，一些大型通用飞机的维修费用可能高达数百万元甚至上千万元。高附加值的航空器制造与服务产业为低空经济的发展带来了丰厚的经济效益。

其次，低空经济在新兴应用领域也具有高附加值，如低空旅游、航空运动、应急救援等。低空旅游为游客提供独特的体验，收费相对较高；航空运动吸引了众多爱好者的参与，相关装备和服务的价格也较高；应急救援则体现了低空飞行的高效性和重要性，其价值难以用金钱来衡量。

（四）对政策和基础设施具有依赖性

首先，低空经济的发展需要政策的支持。包括空域管理政策、产业扶持政策、安全监管政策等。合理的空域管理政策能够为低空飞行活动提供充足的空域资源；产业扶持政策可以促进低空经济相关产业的发展，如给予财政补贴、税收优惠等；安全监管政策则可以确保低空飞行的安全有序。其次，基础设施的支持对于低空经济的起步和快速发展起着关键作用。基础设施建设不可或缺，低空经济的发展离不开基础设施的建设。基础设施包括机场、跑道、停机坪、导航设施等。良好的基础设施能够为低空飞行提供便利和安全保障。例如，建设通用机场可以为通用飞机和无人机提供起降场地，促进低空经济的发展；完善的导航设施可以提高低空飞行的精度和安全性。基础设施的建设需要大量的资金投入和规划布局，是低空经济发展的重要支撑。

（五）具有灵活性与创新性

低空经济具有灵活的运营模式。通用航空可以根据客户需求提供定制化的飞行服务，如商务包机、私人飞行、空中游览等；无人机可以快速部署，适应不同的任务需求，如物流配送、环境监测、灾害救援等。这种灵活性使得低空经济能够满足多样化的市场需求，拓展发展空间。

近年来，低空经济领域不断涌现创新成果。从航空器的技术创新到运营管理模式的创新，从新兴应用领域的开拓到产业融合的创新，低空经济始终充满着创新活力。例如，eVTOL 的研发为城市空中交通带来了新的可能，无人机物流配送的创新模式正在改变传统物流行业。创新是低空经济发展的核心动力，推动低空经济不断向前发展。

第三节 低空经济的战略意义

低空经济代表着新质生产力发展方向，随着不断开拓新的应用场景和商业模式，低空经济可以显著提高经济社会活动效率和用户体验。低空经济是培育和发展新动能的重要选择，也是全球竞争的重要战略性新兴产业方向。作为全球前瞻性布局的产业，低空经济拥有广阔的万亿级市场空间和远大的发展前景，已成为推动经济社会创新发展的新引擎。各国正在采取多种举措加快低空领域的布局，以引领城市空中的革命。

一、助力经济增长

低空经济可以创造新的市场需求。低空旅游、空中通勤等新消费场景不断涌现，为消费者提供了全新的体验和选择，激发了人们的消费欲望，创造了新的消费需求。例如，乘坐直升机俯瞰城市美景、体验空中飞行的刺激，或通过飞行汽车实现快速便捷的城市间通勤，这些都将吸引更多消费者愿意为此付费，从而直接带动消费增长，促进经济繁荣。同时，随着低空经济的发展，相关产业对航空器、零部件、通信设备、导航系统等产品和服务的需求大幅增加，为制造业、电子信息业、通信业等多个产业带来了新的市场机遇，促使这些产业扩大生产规模、提高技术水平、增加研发投入，进而推动整个产业链的协同发展和经济增长。

低空经济能够促进技术创新与突破。低空经济作为新兴领域，其发展面临着诸多技术挑战，如低空飞行的安全性、可靠性、高效性等问题，这促使企业和科研机构加大在相关技术领域的研发投入，包括航空器设计制造技术、低空通信导航技术、智能飞行控制技术、新能源动力技术等。大量的研发投入不仅推动了技术的创新和突破，也带动了相关科技产业的发展，提高了我国在航空航天、电子信息等高科技领域的自主创新能力，为经济增长提供了有力的技术支撑。

低空经济的发展可以推动就业增长以及专业人才的培养。低空经济产业链长、涉及领域广，从航空器制造、运营到相关服务保障，都需要大量的专业人才，包括研发工程师、生产技术人员、飞行员、维修人员、空域管理人员、市场营销人员等，为社会创造了丰富的直接就业岗位。而且低空经济的发展还会带动相关产业的繁荣，从而创造出更多的间接就业机会。例如，旅游业、餐饮业、酒店业等行业会因低空旅游的发展而受益，增加就业岗位；物流、电商等行业也会因低空物流的发展而扩大业务规模，吸纳更多的劳动力。低空经济作为新兴产业，对专业人才的需求旺盛，这将促使高校、职业院校等教育机构加强相关专业的设置和人才培养，培养出更多适应低空经济发展需要的高素质人才。同时，低空经济的发展也会吸引国内外优秀人才的加入，为产业发展提供智力支持，提升我国在低空经济领域的人才竞争力。

二、维护国防安全

低空技术的发展可以增强空域感知以及监控能力。借助 5G-A 等新一代通信技术，构建低空智联网，实现低空飞行器的实时跟踪和精准定位。例如，电信运营商在全国积极布局 5G-A 网络，其高速率、低时延等优势能提升对低空飞行器的监测能力，及时发现异常飞行活动，为国防安全提供早期预警。同时，在低空技术发展过程中，国防装备配备高性能的雷达、光电探测设备等，扩大对低空目标的探测范围和提高探测精度，提升对低空区域的态势感知能力，使国防部门能够更全面地掌握空域动态，及时应对潜在威胁。

低空技术可以提升应急救援以及快速反应的能力。低空经济中的直升机、无人机等航空器可作为应急救援的重要力量，在自然灾害、突发事件等情况下，其能够快速到达现场，实施人员救援、物资投放等任务，提高国家应对紧急情况的效率和能力，增强国防安全的韧性。此外，低空技术的发展还促进了空中力量与地面力量的协同配合，通过建立高效的指挥协调机制，实现低空飞行器与其他军事力量在应急救援中的快速联动，提升整体作战效能，更好地应对各种安全挑战。

低空经济的发展带动了相关专业人才的培养，如飞行员、维修人员、空域管理人员等。这些专业人才不仅为低空经济的发展提供了智力支持，也为国防建设储备了丰富的人才资源，在需要时能够迅速转化为国防力量，为国防安全服务。

三、促进产业结构优化升级

低空技术可以推动高端制造业发展，优化工业结构升级航空制造产业。低空经济的核心之一是低空飞行器制造，这涵盖了从通用飞机、直升机到无人机以及 eVTOL 等多种类型。其发展促使航空制造企业不断投入研发，在航空器设计、制造工艺等方面进行创新。例如，为了提升飞行器的性能，企业会采用更先进的空气动力学设计，运用新型复合材料来减轻机身重量同时增强结构强度，这带动了航空材料研发与生产产业的发展，使传统的材料工业向高性能、轻量化等高端方向升级。

在零部件制造环节，诸如高精度的航空发动机、先进的飞控系统、高灵敏度的传感器等关键零部件的研发和生产要求日益提高。这促使相关企业加强在机械制造、电子信息等领域的技术攻关，推动这些原本就处于制造业核心地位的产业进一步向高端迈进，提升整个工业制造业的技术含量和附加值水平。

低空经济的发展可以带动关联制造业协同升级。低空飞行器制造需要大量上游的基础材料、元器件等支持，这间接刺激了如金属材料（特种铝合金、钛合金等）、高分子材料、芯片、电池等产业的发展。这些产业为满足低空飞行器的高性能需求，会不断改进生产技术、提高产品质量，实现自身的产业升级。同时，围绕飞行器制造的专用设备制造、模具制造等配套产业也会随着主产业的发展而升级，例如精密模具制造技术会不断革新以适应飞行器复杂零部件的生产需求，从而使相关配套制造业从传统的粗放型向精细化、智能化方向转变，优化工业内部的产业结构布局。

低空经济的发展可以拓展新兴服务领域。在低空运营服务方面，物流运输领域因低空经济发展催生出低空物流这一新兴业态。利用无人机等低空飞行器进行货物配送，尤其是针对偏远地区或者城市中"最后一公里"配送难题,提供了高效且创新的解决方案,改变了传统物流依赖地面交通的模式,使物流服务更加灵活和高效,拓展了物流服务的边界。低空旅游也是服务业的新亮点,游客可以乘坐直升机、热气球等体验空中观光,丰富了旅游产品的种类,满足了消费者对独特旅游体验的需求,带动了旅游市场的细分和深化发展,提升了旅游服务的整体质量和吸引力。

低空经济的发展可以推动传统服务业转型升级。对于传统的城市管理服务,低空飞行器可用于城市安防巡逻、交通管理、环境监测等工作。例如,通过无人机实时监控城市交通状况,获取更全面准确的路况信息,辅助交通管理部门优化交通管控措施,提高城市交通服务的精细化水平;利用搭载环境监测设备的低空飞行器,可以更高效地收集空气质量、水质等环境数据,为环境治理和城市规划服务提供更科学的依据,促使城市管理相关服务向智能化、高效化方向转型升级。

维修服务作为低空经济运营环节的重要部分,其服务对象从传统的地面交通工具等拓展到低空飞行器,并且由于低空飞行器技术复杂、专业性强,维修服务需要更高的技术标准和更专业的人才队伍,这推动了维修服务行业从传统的简单维修向高端技术维修、综合运维保障等方向转变,提升了整个维修服务业的质量和价值。

低空经济的发展可以促进产业融合发展,催生新业态和新模式。制造业与服务业深度融合。在低空经济中,制造企业不再仅仅局限于生产飞行器,而是逐渐向提供全生命周期服务转变。例如,飞行器制造企业除了销售产品,还会开展飞行器的租赁、售后运维、飞行培训等服务业务,实现从单纯的产品制造商向服务型制造商转型,延长了产业链,增加了产品的附加值,同时也为客户提供了更全面的解决方案,促进了制造业与服务业的有机融合。反过来,服务业的发展需求也对制造业提出了更高要求,推动制造业不断创新产品以适应多样化的服务场景。例如,物流无人机需要根据不同的货物重量、配送距离等要求进行定制化生产,促使制造企业提升柔性制造能力,这种相互促进的融合模式优化了产业之间的协作关系,提升了产业整体的经济效益。低空经济的跨行业融合催生新业态。低空经济与农业的融合形成了农业航空这一新兴业态,通过无人机进行农业植保、农田监测等工作,提高了农业生产效率和精细化管理水平，改变了传统农业依赖人工的作业模式，使农业产业结构更加现代化和高效化。低空经济与信息技术产业融合。利用大数据、人工智能、物联网等技术实现低空飞行器的智能控制、飞行数据实时分析、空域资源智能管理等功能，催生出低空智联网等全新的产业模式，为相关产业的发展提供了新的技术支撑和运营思路，进一步丰富了产业结构的内涵，推动产业结构向多元化、高级化方向升级。

低空经济的发展可以吸引资金投入，形成产业集群效应。低空经济展现出的良好发展前景和广阔的市场空间，吸引了大量的社会资金投入，无论是风险投资对初创低空飞行器制造企业的青睐，还是政府对低空经济基础设施建设、科研项目的资金扶持，都使得资金这一关键要素向低空经济相关产业流动，为产业发展提供了充足的资金支持，有助于企业扩大生产规模、开展技术研发等活动，推动产业升级。优化产业空间布局。随着低空经济的发展，往往会形成产业集聚效应，相关企业、科研机构等会在特定区域聚集。例如，一些地方打造低空经济产业园区，园区内集中了飞行器制造企业、运营服务公司、研发中心等主体。这种集聚有利于实现资源共享，降低企业的运营成本，如共享基础设施、技术平台、物流配送等资源；同时便于企业之间开展技术交流与合作，形成协同创新的良好氛围，提高产业的整体竞争力，促使产业结构在空间上更加合理、高效地布局和优化。

第三章 "一带一路"高质量共建的机理与重点领域

第一节 "一带一路"倡议的提出背景

"一带一路"倡议是在中国特色社会主义进入新时代的背景下提出的。其中,共同发展是方向,和平发展是底色,合作共赢是基础,共商共建共享是原则,民心相通是人文基础,构建人类命运共同体是目标。"一带一路"倡议是中国致力于加强国际合作、完善全球治理的切实行动,是中国主动开放、扩大开放的务实之举,是人类命运共同体理念的生动实践。

2013年,习近平总书记提出了共建丝绸之路经济带和21世纪海上丝绸之路的倡议,引起了国际社会的广泛热议和共建国家的普遍支持。随后,习近平总书记从理念到规划、从原则到方案、从历史到未来等方面对"一带一路"倡议作了全面深刻论述,初步形成了共建"一带一路"的基本框架。作为习近平新时代中国特色社会主义思想的重要组成部分,"一带一路"倡议具有重大理论与实践价值,不仅描绘了新时代中国改革开放再出发的壮丽前景,也对当今经济全球化和世界发展具有重要意义。

从国内实践来看,"一带一路"倡议是我国在新时代实行全方位对外开放的重大举措。随着中国特色社会主义进入新时代,我国改革开放也进入了深水区,一些制约生产力进一步发展和满足日益广泛的人民美好生活需要的矛盾问题仍有待改革开放来破解,国际社会也期待中国为当今世界经济均衡发展注入新动力。习近平总书记提出"一带一路"倡议，适应了我国在中国特色社会主义新时代社会主要矛盾的变化，时代气息浓郁，目标导向鲜明，实际上是中国改革开放再出发，对开创我国新时代对外开放新格局将产生重要且深远的影响。

从国际格局的动态演变视角来看，共建"一带一路"已然成为应对当下全球所面临的和平赤字、发展赤字以及治理赤字的关键战略抉择。在当今时代，和平与发展作为世界主流趋势并未发生根本性扭转，但和平与发展这一时代主题所蕴含的诸多难题依旧悬而未决。近年来，西方世界泛起"逆全球化"的浪潮，以美国特朗普政府为典型代表，频繁采取"退群废约"等行径，致使整个世界不得不直面和平赤字、发展赤字、治理赤字所带来的严峻考验。

从中国与世界关系的历史演变视角来看，"一带一路"倡议意义非凡，它不仅传承了中华民族数千年的理想情怀，更在新时代将其进一步发扬光大，有力推动了中国与世界交往模式的创新与发展。与近代以来西方殖民主义的经济掠夺以及帝国主义的"零和"竞争思维截然不同，"一带一路"倡议摒弃了损人利己、以邻为壑的旧有模式；同时，它也有别于二战后西方所倡导的对外援助等形式的国际合作模式。"一带一路"倡议积极主动地寻求与共建国家建立紧密的经济合作伙伴关系，致力于实现共同发展，其带来的福祉不仅泽被中国人民，更是广泛惠及共建国家的人民，助力共建国家走向合作共赢。当下，中国正稳步从大国迈向强国，在全球治理体系变革中所具有的影响力与日俱增，高质量共建"一带一路"向全世界充分展现了中国在国际舞台上的新担当与新作为，为推动构建人类命运共同体贡献了中国智慧和中国方案。

第二节 "一带一路"倡议的主要目标与原则

一、共建目标

"一带一路"是"和平之路、繁荣之路、开放之路、创新之路、文明之路"。"一带一路"不是你输我赢、赢者通吃的"修昔底德陷阱",而是所有国家均可参与、各方共商共建、共享共赢的大平台。习近平总书记对共建"一带一路"倡议的深刻阐述,向世界特别是广大发展中国家贡献了中国智慧和中国方案。共同发展是方向。发展是基础,发展是解决一切问题的总钥匙。"发展缺位"是过去全球治理体系的一大弊端,突出表现为拥有世界80%以上人口的发展中国家的发展需求长期得不到有效回应。习近平总书记说:"推进'一带一路'建设,要聚焦发展这个根本性问题,释放各国发展潜力,实现经济大融合、发展大联动、成果大共享。"① "提出'一带一路'倡议,就是要实现共赢共享发展。"② "一带一路"建设不应仅着眼于我国自身发展,而是要以我国发展为契机,让更多国家搭上我国发展的"快车",帮助它们实现发展目标。"一带一路"倡议之所以能得到广泛响应,就是因为它顺应了各国尤其是发展中国家求和平、谋发展的强烈愿望,是对当今发展中国家向往发展需求的有力回应,"一带一路"倡议的发展能量来自共同发展的合作取向,对各国共同发展的追求正是"一带一路"倡议的旗帜方向。

和平发展是底色。中国作为最大的发展中国家,通过"一带一路"国际合作,共商、共建、共享,凝聚广大发展中国家共同维护世界和平、安全和发展的信心与力量。合作共赢是基础。"一带一路"是中国与世界的互利共赢

---

① 王珂,王观,赵展慧,等. 各界热议习近平主席在"一带一路"国际合作高峰论坛上的重要讲话[EB/OL]. 中国一带一路网,(2017-05-17)[2025-03-20]. https:∥www.yidaiyilu.gov.cn/p/13843.html.

② 王晔. 习近平在"一带一路"国际合作高峰论坛上的演讲[EB/OL]. 国家国际发展合作署,(2017-05-14)[2025-03-20]. http:∥www.cidca.gov.cn/2017-05/14/c_129922878.htm.

之路。"合作""共赢"是"一带一路"倡议的两个关键词。在国际合作框架内，各方秉持共商共建共享原则，携手应对世界经济面临的挑战，开创发展新机遇，谋求发展新动力，拓展发展新空间，实现优势互补、互利共赢。

二、共商共建共享原则

"一带一路"倡议绝非封闭性的倡议，而是由共建国家共同参与、携手推进的伟大实践，并非中国的"独角戏"，而是共建国家的"大合唱"。"共建"体现的是"一带一路"建设需要共建国家的共同参与和携手努力。各国的地方政府、金融机构、跨国公司、国际组织以及非政府组织等，都能够参与到这一宏大的倡议中来。在这个过程中，各方能够充分发挥自身的优势，挖掘自身的潜能，实现优势互补，进而形成全新的合作优势，产生"1+1>2"的协同整合效应，为"一带一路"建设注入强大动力，推动各项合作项目顺利实施，促进沿线地区的共同发展。

"共享"强调的是中国与所有共建国家都是"一带一路"倡议的利益攸关方。各国需要在探寻各方利益的契合点以及寻求合作最大公约数的基础上，秉持求大同、存小异的理念，积极推动合作成果的共享，使"一带一路"建设所取得的成果能够广泛惠及沿线的每一个国家，能够让广大民众切实感受到合作带来的实惠和发展机遇，从而增进各国之间的友好关系，促进共同繁荣发展，为构建人类命运共同体贡献积极力量。

第三节 "一带一路"建设的实施与进展

一、"一带一路"建设取得的成就

在过去的12年里，中国以积极主动之姿投身世界经济发展的澎湃浪潮，凭借"一带一路"这一宏大倡议，与世界各国同享发展契机，携手迈向共同繁荣之路。截至当下，已有超过150个国家以及30余个国际组织融入共建"一带一路"的温暖大家庭，共建国家人民收获的获得感与幸福感节节攀升，如春日繁花般绚烂绽放。①

共建"一带一路"为全球互联互通以及协同发展注入源源不断的鲜活力量。在基础设施的"硬联通"领域，持续优化升级的脚步从未停止。中国与共建国家合作，努力突破长期制约众多发展中国家经济腾飞的关键瓶颈，锲而不舍地推进陆、海、天、网"四位一体"的全方位互联互通格局构建。传统基建项目合作稳扎稳打、步步为营，新型基建项目合作更是亮点频出，"六廊六路多国多港"的互联互通基本架构已然屹立于世。2024年前10个月，我国货物贸易进出口总值36.02万亿元，同比增长5.2%，总体保持平稳增长。这份亮眼成绩单无疑是对"硬联通"成效的有力见证。②

规则标准层面的"软联通"也日益健全。共建"一带一路"始终聚焦深化规则标准对接，持之以恒地雕琢完善"软联通"机制与平台，恰似在共建国家之间精心搭建起一座规则标准互联互通的坚固桥梁。12年来，中国已与69个国家及组织郑重签署113份标准化合作文件，匠心打造"一带一路"标准信息平台，向世界发布2263项国家标准外文版，广泛覆盖20多个领域，囊括11种语言；还与30个国家和地区顺利缔结23个自贸协定，同28个经济体签署"经认证的经营者"互认协议，贸易投资自由化、便利化水平由此实现质的飞跃。③ 共建国家人民之间的"心联通"更是暖意四溢。各国在文化旅游协作、教育交流互动、媒体与智库携手合作以及民间友好往来等诸多领域广泛发力，全力推动文明相互学习借鉴、文化深度融合创新。中国目前已

---

① 高质量共建"一带一路"拓展共赢发展新空间［N］.人民日报，2024-12-04（07）.
② 寇佳丽.海关总署：前10个月我国货物贸易进出口同比增长5.2%［EB/OL］.中国日报网，（2024-11-07）［2025-03-20］.https：//baijiahao.baidu.com/s？id=1815057423126144100&wfr=spider&for=pc.
③ 驻俄罗斯大使张汉晖在《劳动报》发表署名文章《高质量共建"一带一路"，扩大共赢发展空间》［EB/OL］.中华人民共和国外交部，（2024-12-26）［2025-03-20］.https：//www.mfa.gov.cn/zwbd_673032/wjzs/202412/t20241227_11521530.shtml.

第三章 "一带一路"高质量共建的机理与重点领域

与157个国家签署了文化、文物、旅游等方面的合作协议。① 截至2024年11月14日,中国已经同183个建交国普遍开展了教育合作与交流,与60个国家和地区签署了学历学位互认协议。②

共建"一带一路",作为中国在全新历史节点下推进高水平对外开放的关键一招,已然成为加快构建新发展格局的核心内容与关键支撑平台。借助共建"一带一路"的机遇,传统物流通道重焕蓬勃生机,为构建国内国际双循环新发展格局提供强劲有力的支撑。根据央视新闻消息,2024年,中欧班列开行1.9万列、发送207万标准箱,同比分别增长10%、9%;中亚班列全年开行1.2万列、发送88万标准箱,同比分别增长10%、12%;西部陆海新通道班列全年发送96万标准箱,同比增长11%。③ 服务网络基本覆盖欧亚全境的中欧班列既助推中国内陆地区迈向高水平对外开放新征程,又为共建国家输送大量发展机遇,成为高质量共建"一带一路"的鲜活样板。

共建"一带一路"成为众多发展中国家迈向现代化征程的得力助推器。在非洲大陆,蒙内铁路、亚吉铁路等相继通车运营,化身为拉动东非乃至整个非洲纵深发展的关键动脉;在乌兹别克斯坦,布斯坦灌溉渠道修复工程圆满竣工通水,一举解决10余万公顷农田灌溉的燃眉之急。从激活共建国家发展引擎的基建项目,到润泽共建国家民生福祉的民心工程,共建"一带一路"一路攻坚克难,助力发展中国家破解发展难题,为各国携手迈向现代化之路贡献力量。据世界银行测算,到2030年,共建"一带一路"每年将为全球创造1.6万亿美元收益,占全球GDP的1.3%;④ 在"一带一路"框架下推进的

---

① 文旅部:中国已与157个国家签署文化、文物、旅游等方面的合作协议[EB/OL].新浪财经,(2023-09-26)[2025-03-20].https://finance.sina.com.cn/stock/estate/integration/2023-09-26/doc-imznzaui1379159.shtml?cref=cj.
② 教育部:我国同183个建交国普遍开展了教育合作与交流[EB/OL].新华网,(2024-11-14)[2025-03-20].https://www.xinhuanet.com/edu/20241114/ada266d5fdd44106a2190cfa0159877e/c.html.
③ 邹多为,胡旭.2024年全国铁路开行中欧班列1.9万列[EB/OL].央视新闻,(2025-01-02)[2025-03-20].https://baijiahao.baidu.com/s?id=1815057423126144100&wfr=spider&for=pc.
④ 王骁波,谢亚宏,程是颉,等.高质量共建"一带一路"(之一)(权威论坛)[EB/OL].人民网,(2022-09-06)[2025-03-20].http://world.people.com.cn/n1/2022/0906/c1002-32520064.html.

交通项目若全部落地实施，预计到 2030 年能助力 760 万人挣脱极端贫困枷锁、3200 万人摆脱中度贫困泥沼。

二、"一带一路"倡议促进贸易发展

2024 年前三季度，"一带一路"倡议下的贸易往来呈现强劲增长态势，已然成为全球经济复苏的关键引擎。2024 年 1—9 月，中国与"一带一路"共建国家贸易总额达 15742.77 亿美元，同比增长 4.53%。① 这一增长速度既显示了"一带一路"倡议的持久活力，又体现了中国和共建国家经贸合作的不断深化。

"一带一路"沿线贸易整体呈现以下特点：一是贸易规模持续扩大，贸易往来活跃度持续攀升，且增长涉及传统贸易领域以及数字经济、绿色能源等新兴领域；二是贸易结构持续优化，高附加值产品和服务贸易占比逐步提升，反映出双方产业链、供应链深度融合，同时跨境电商等新业态发展迅猛，为贸易增长增添新动力；三是区域合作越发紧密，中国与东盟、中亚等地贸易增长显著，凸显"一带一路"倡议在推动区域经济一体化上的积极作用。2024 年前三季度，"一带一路"倡议下的出口商品结构呈现显著变化，反映了中国制造业的升级和国际竞争力的提升。

2024 年前三季度中国出口商品结构如表 3-1 所示。机电产品继续保持出口主力地位，占总出口额的 43.3%。其中，通信设备、电子元器件和家用电器表现尤为突出，反映了中国在高科技领域的优势。高端装备出口增长显著，增幅达 8.7%，显示出中国在航空航天、轨道交通和智能制造等领域的竞争力不断增强。这类产品主要出口到东盟、中东和非洲等新兴市场。初级产品出口略有下降，反映了中国经济结构调整和产业升级的趋势。工业制品出口保持稳定增长，表明中国制造业整体竞争力依然强劲。

---

① 2024 年前三季度"一带一路"贸易分析 [EB/OL]. 亚布力中国企业家论坛，(2024-10-26) [2025-03-20]. https://baijiahao.baidu.com/s?id=1813911118334405534&wfr=spider&for=pc.

第三章 "一带一路"高质量共建的机理与重点领域

表3-1 2024年前三季度中国出口商品结构

商品类别	出口额（亿美元）	同比增长率（%）
机电产品	6820	5.2
高端装备	1230	8.7
初级产品	950	-2.1
工业制品	6700	4.8

资料来源：《中国财经报》。

2024年前三季度中国进口商品结构的变化反映了中国经济转型升级和消费升级的趋势（见表3-2）。其中，大宗商品进口略有下降，主要受国际市场价格波动影响。其中，石油和铁矿石进口量有所减少，但天然气进口量保持增长，反映了中国能源结构优化的趋势。机电产品进口增长显著，增幅达6.5%，显示出中国对高科技产品和先进设备的需求持续旺盛。这类产品主要来自欧盟、日韩等发达经济体。初级产品进口略有下降，但农产品进口保持稳定增长，特别是优质农产品进口增长明显，反映了中国消费升级的趋势。工业制品进口稳步增长，其中医疗设备和环保设备进口增长较快，显示出中国在医疗和环保领域的投入持续增加。

表3-2 2024年前三季度中国进口商品结构

商品类别	进口额（亿美元）	同比增长率（%）
大宗商品	4500	-3.2
机电产品	3200	6.5
初级产品	1800	-1.5
工业制品	2500	4.0

资料来源：中国政府网。

2024年前三季度中国贸易方式的变化反映了中国对外贸易的转型升级（见表3-3）。一般贸易占比继续上升，达到62.3%，反映出中国对外贸易自主性的增强。这种方式下，中国企业拥有更大的定价权和话语权，有利于提升整体贸易效益。进料加工贸易保持稳定增长，增幅为3.2%。这种贸易方式仍然是中国参与全球价值链的重要方式，特别是在电子信息、汽车制造等领域。其他贸易方式增长较快,增幅达 7.8%,其中跨境电商表现尤为突出。这种新兴贸易方式正在重塑全球贸易格局,为中国企业开拓国际市场提供了新的机遇。随着"一带一路"倡议的深入推进,中国与共建国家的贸易结构有望进一步优化,为双方经济发展注入新的动力。

表 3-3 2024 年前三季度中国贸易方式

贸易方式	贸易额(亿美元)	同比增长率(%)
一般贸易	9800.00	5.1
进料加工贸易	4500.00	3.2
其他贸易方式	1442.77	7.8

资料来源:中华人民共和国海关总署。

以上数据表明,中国与"一带一路"共建国家的经贸合作具有很好的韧性和潜力。未来,随着"一带一路"倡议的深入推进,中国与共建国家的贸易将会有更大的发展空间。

第二篇 低空经济的产业基础与发展

在科技与时代发展的双重驱动下,低空经济正逐步崛起为具有深远影响力的新兴力量,其发展态势不仅映射着现代科技的前沿突破,更蕴含着对未来经济格局重塑的巨大潜力。

第四章　全球低空经济发展现状与趋势

随着科技的飞速发展，低空经济正逐渐成为全球经济新的增长点，其蕴含的巨大潜力对推动城市建设和区域产业发展具有重要意义。近年来，在国家政策推动、市场规模巨大等多重因素叠加下，不少国家和地区对低空经济开展了前瞻性布局，竞相角逐低空经济产业新赛道。

第一节　国际低空经济市场动态

目前，eVTOL技术正稳步从理论探索迈向实践应用，引领着未来空中交通的变革。据统计，2021年全球民用无人机市场规模已达到约266亿美元，同比增长15.0%，并预计将在2025年增至390亿美元，2030年更是有望达到558亿美元。美国、欧盟、日本等发达经济体在通航产业方面起步较早，凭借政策支持、完善的基础设施、高效的空域管理、成熟的市场机制以及关键技术的突破，占据了全球通用航空器存量的约80%，从而在通用航空产业发展上具有一定的先发优势。[1]

2023年，eVTOL技术的商业化前景得到了进一步证实。多家厂商成功完成了首次全尺寸飞机的飞行测试，标志着eVTOL技术正逐步走向成熟。与此同时，生产线的建立、电池技术的革新以及监管体系的不断完善，共同加速

---

[1]　2021年全球无人机行业市场规模、竞争格局及发展前景分析　预计2026年市场规模将近500亿美元［EB/OL］. 前瞻产业研究院，(2022–01–07)［2025–03–20］. https://bg.qianzhan.com/trends/detail/506/220107-aaffe80e.html.

了 eVTOL 行业的快速发展。在此背景下，中国、欧盟和美国等国家和地区纷纷加强了对 eVTOL 行业的政策支持，为行业的持续健康发展提供了有力保障。随着 eVTOL 技术的不断突破和政策的持续支持，越来越多的 eVTOL 厂商开始积极抢占全球市场，探索城市飞行演示项目。同时，航空巨头也加强了对该行业的投资布局，进一步加剧了产业竞争。未来，随着技术的不断突破和政策的持续支持，eVTOL 有望成为低空经济的重要组成部分，开启全新的出行时代。

一、整机研发与制造

（一）多家 eVTOL 厂商完成全尺寸飞机的首次飞行测试

截至 2023 年底，包括美国电动空中出租车制造商乔比航空（Joby Aviation）① 和 Archer、德国 Volocopter 和 Lilium、英国 Vertical 以及中国亿航和峰飞在内的多家头部 eVTOL 制造商均成功推进了其全尺寸验证机型的首次飞行测试，展示了垂直起降、高速巡航、悬停飞行过渡到前飞等各项主要飞行任务，向公众宣告 eVTOL 技术的可行性和未来的商业化潜力。2024 年有更多 eVTOL 厂商推出全尺寸的原型机并开展试飞。②

（二）eVTOL 厂商与航空航天一级供应商合作加速上游产业链成型

航空航天一级供应商霍尼韦尔（Honeywell）在迪拜航展上宣布已经在未来空中交通业务上累计获得了价值 100 亿美元的订单，相关订单将带动整个上游产业链对 eVTOL 零部件的研发投入，加速低空产业生态成型。

（三）eVTOL 厂商加速建设生产制造产线并完成产品交付

Joby 宣布在美国俄亥俄州代顿市建立其首个 eVTOL 飞机生产工厂，预计

---

① 乔比航空（Joby Aviation）是一家飞行汽车公司，也是第一个获准进行空中出租车服务的飞行汽车企业，专为飞行员在纽约和洛杉矶等主要城市内乘坐多达 4 名乘客的短途航班而设计。
② eVTOL 产业链月度动态报告（2024 年 7 月版）［EB/OL］. 航空产业网，（2024-07-17）［2025-03-20］. https://www.chinaerospace.com/article/show/b950e790c169d9d3de19170d8fa3725d.

每年交付500架飞机,该工厂将于2025年正式投入使用,且已经将首架生产原型机按照合同交付给美国军方。Lilium也开始在德国慕尼黑的工厂生产线上制造生产原型机,将用于适航认证的各项飞行测试活动。巴航工业旗下的Eve Air Mobility也宣布将其首个eVTOL生产线设立在巴西圣保罗。

(四) 电池厂商开始布局适用于电动飞机的高能量密度电池

高能量密度电池技术被航空界认为是提升电动飞机续航里程的关键性技术。2024年4月,宁德时代发布了单体能量密度500瓦·时/千克的凝聚态电池,用于民用电动载人飞机项目的合作开发。[①] 海外的电池厂商如美国Amprius和德国lonblox也在研发可用于eVTOL的超高能量密度(约400瓦·时/千克)的硅阳极锂离子电池。

二、适航与监管

(一) 全球民航部门加速完善eVTOL监管体系

中国民用航空局(CAAC)、欧盟航空安全局(EASA)、美国联邦航空管理局(FAA)积极推动eVTOL监管政策体系完善,分别取得重要进展,为行业发展提供方向和指引。中国发布了具有标志性意义的《无人驾驶航空器飞行管理暂行条例》,CAAC公示了多家厂商的飞行器的适航基础文件。EASA在适航认证专用条件(SC-VTOL)基础上还从监管角度定义了飞行器运行要求、电池电量储备要求、飞行员执照、空域整合及合规要求等。FAA首次提出城市空中交通的管理框架,发布了针对eVTOL的适航审定专用条件(SC),提出专门的人员培训和考核标准。

---

① 程钰,张小敏. 宁德时代"电动飞机"加速?曾毓群:可飞约2000到3000公里[EB/OL]. 中国日报网,(2024-06-25)[2025-03-20]. https://cn.chinadaily.com.cn/a/202406/25/WS667a4f9ea3107cd55d268684.html.

（二）全球 eVTOL 厂商与监管机构合作推进适航取证

CAAC 颁发全球首个多旋翼无人驾驶 eVTOL 适航证，发布首个有人驾驶 eVTOL 适航标准。2023 年 10 月，CAAC 为亿航智能 EH216-S 载人无人驾驶 eVTOL 颁发型号合格证，成为全球首例适航证。亿航智能随后在广州、深圳、合肥等地举行了 EH216-SeVTOL 的商业载人首飞演示。另外，CAAC 针对沃飞长空的型号合格审定项目推出了全国首个有人驾驶的 eVTOL 项目专用条件并成立了审查组。

国外 eVTOL 厂商在适航取证上取得重要进展。例如，Joby 的原型机已经取得 FAA 颁发的航空器特许适航证（Special Airworthiness Certificate）和美国空军适航审批（Airworthiness Approval），完成提交 FAA 认证流程 5 个阶段中的前 3 个阶段的文件；Lilium 获得了 EASA 的设计组织批准（Design Organization Approval，DOA）和 FAA 颁布的 G-1 适航审定基础文件，离欧美双重取证更近一步。

（三）我国探索空域开放条件下的空中交通管理智能化

2024 年 11 月，粤港澳大湾区数字经济研究院（IDEA）发布了《低空经济发展白皮书 2.0-全数字化方案》，分享"异构、高密度、高频次、高复杂度"低空飞行安全和效率问题的解决思路，同时打造了相关管理平台，为未来空域管理数字化提供了新的思路和探索新的方案。①

三、市场与投资

（一）eVTOL 厂商积极进入全球市场抢占国际化先机

eVTOL 厂商早期的战略合作对象集中在欧美市场，和欧美通航产业比较

---

① 深圳特区报.深圳发布《低空经济发展白皮书 2.0-全数字化方案》［EB/OL］.深圳政府在线,（2023-11-24）［2025-03-20］. https://www.sz.gov.cn/cn/xxgk/zfxxgj/zwdt/content/post_10999324.html.

成熟、政策完善有关。然而随着新兴市场国家在绿色航空的关注度和投入大幅提升，各大企业陆续启动与中国、新加坡、迪拜等地政府和企业的合作。具有代表性的进展：Lilium 与深圳市宝安区和大湾区多家通航公司签订战略协议布局亚太地区业务，Volocopter 与新加坡政府合作大力推进空中观光服务及未来空中的士服务，亿航智能、峰飞参与了 2024 年巴黎奥运会启动的城市空中交通试运营。

（二）eVTOL 厂商启动城市人口密集场景的飞行演示

2023 年 11 月，Joby 在美国纽约曼哈顿地区的直升机场开展了城市环境内的首次演示飞行活动，纽约市政官员称此次试飞是纽约交通网络现代化进程的重要一步。在此之前，大部分厂商的飞行器主要在郊区或农村等人烟稀少的地方进行测试。2024 年巴黎奥运会和 2025 年大阪世博会主办方也确定使用 eVTOL 提供空中出租车服务，这预示着空中交通离大众日常生活越来越近。

（三）航空巨头加强行业投资引发产业竞争加剧

2023 年最受瞩目的 eVTOL 行业投资事件是飞机制造商巨头波音全资收购无人驾驶 eVTOL 制造商威思（Wisk）。波音此前投资了 Wisk，随着 2022 年停止运营的电动飞机制造商基蒂霍克（Kitty Hawk）（投资人之一是谷歌创始人拉里·佩奇）退出，波音收购了其余股份，有可能加速 Wisk 在无人驾驶 eVTOL 的研发和适航进展，与空中客车公司（以下简称"空客"）的 CityAirbus NextGen 机型、巴航工业的 Eve 形成更强的竞争态势。

四、低空行业发展现状

（一）市场应用与技术发展

低空经济的核心是飞行器与各类场景的融合与应用，无人机配送与 eVTOL 载人客运最具市场增长潜力。在无人机配送方面，亚马逊、美团和顺丰已经在物流配送中采用无人机，并继续在不同配送场景推广。而在载人客运方面，与汽车、高铁相比，eVTOL 在特定路程范围内具有高效便捷、低噪声、低碳排放、舒适私密等优点；与直升机相比，具有明显的成本和环保优势。部分厂商对于未来运营成本的预计是单座位 2 美元/千米，据此可估算，单程 60 千米的飞行距离单座定价约为 120 美元（约合 850 元人民币），用时约为 15 分钟，对于时间敏感型的高净值人群是性价比较高的出行选择。

eVTOL 在关键核心技术仍处于验证比较、市场选择到大规模应用的"前夜"，而电动化、长续航、智能化是下一阶段重要的创新方向。首先，eVTOL 的动力装置电推进系统向更高效、更轻量级的方向发展，基于电推进系统的多种构型中矢量推进构型成为业界主流方案。其次，高能量密度的锂电技术在接下来的突破有望推动 eVTOL 续航里程大幅提升，氢原料电池技术的创新突破也是推动航空业实现净零排放和超长续航值得关注的方向。最后，短期内有人驾驶是兼顾安全和乘客接受度的主流选择，但无人驾驶 eVTOL 有利于降低后期运营成本，未来 eVTOL 的竞争力关键既包括飞行器的设计和性能，也包括决策 AI 为核心的智能驾驶软件，同时还需要配备高效的数字化空中交通管理系统。

（二）企业布局与战略转型

适航进展快的头部企业或将进一步巩固其行业地位，但航空、汽车、物流、新能源企业利用已有业务优势切入行业也可能引发洗牌。对于物流企业而言，使用无人机替代人力或者作为运力补充是出于商业考量，但实际运行还面临运输成本较高、运力有限的瓶颈。对于民航公司而言，通过与 eVTOL 公司进行战略合作布局从机场到市中心"最初/最后一公里"的空中出租车接驳服务，这将在激烈的价格竞争中为民航公司增加利润增长点和巩固比较优势。对于汽车企业而言，eVTOL 制造生产的标准目前介于汽车和民航客机之间，汽车企业可发挥原有的产能/产线优势，Joby 早期也选择丰田在加利福尼亚州搭建 eVTOL 生产线；此外，诸如本田、现代等公司希望建立 eVTOL 与地面移动性协调融合的移动生态系统，重新定义出行。对于新能源企业而言，将电池核心技术及低成本量产能力嫁接在低空产业生态可以拓展业务范围。

（三）政策支持与行业监管

美国、欧盟和中国对未来空中交通和低空经济的行业支持继续加强，但支持的侧重点和力度会逐步调整。eVTOL 技术最早诞生在美国官方科研机构美国国家航空航天局（NASA），NASA 也借助科研项目支持了 eVTOL 的研发。随着技术成熟，2023 年至 2024 年官方的支持主要体现在通过订单来支持本土企业。例如，Joby 和 Archer 除获得了美国空军"敏捷至上"项目的支持之外，前者从国防部获得价值 1.31 亿美元的订单①，后者获得美国空军 1.42 亿美元的订单，两大订单使得两家企业在适航取证之前已经锁定业务收入。

相较于美国，欧盟在通过订单支持产业发展方面稍显落后。欧洲头部厂商高管直接在公开场合提出欧盟缺乏对企业的公共资金资助，企业"在紧缩的市场中依靠稀缺的私人资本"可能会让欧洲失去电动航空的领先地位。然而，欧盟并非忽视行业发展，甚至最早制定 eVTOL 专用条件作为适航认证基础、为 Volocopter 等发了 DOA。这种现象反映了欧盟对行业监管前瞻性与资本市场对市场的认知滞后的鸿沟，不利于行业和政府形成合力。

我国目前从空域开放、产业支持、适航认证多个方面给予全方位的政策支持，预示着我国在空中交通领域的重视程度以及潜在发展前景。2023 年以来，我国接连出台《无人驾驶航空器飞行管理暂行条例》《中华人民共和国空域管理条例（征求意见稿）》《绿色航空制造业发展纲要（2023—2035 年）》等文件，并且颁发了全球首个无人驾驶 eVTOL 适航证，积极传递发展低空经济的信号。地方层面超过 10 个省份将低空经济、通用航空等相关内容写入政府工作报告，为后续低空经济进一步爆发提供助力。

---

① 通航圈．美版军民融合：这家 eVTOL 公司已拿下美国军方 1.3 亿美元订单，首批 eVTOL 正准备交付［EB/OL］．网易，（2023-04-26）［2025-03-20］．https：//www.163.com/dy/article/I39EQFTS0530G3Q7.html.

第二节　技术创新与产业升级

低空经济作为新兴的经济形态，正以前所未有的速度蓬勃发展，其背后离不开技术的持续创新与突破。无人机技术、电动航空技术、自动驾驶技术以及新能源技术的不断革新，不仅推动了低空经济的多样化发展，更为其商业化运营提供了广阔的市场前景。从全球无人机产业的区域分布到先进空中交通产业的现状，再到世界主要城市群在先进空中交通的布局，低空经济正逐步构建起一个完整的产业链体系。从上游的核心零部件制造到中游的产品制造及系统服务，再到下游的各类应用场景，低空经济产业链上的每一个环节都蕴含着巨大的发展潜力。而低空经济的产业升级方向，更是涵盖了应用与需求侧的六大方向以及供给与建设侧的六大方向，为低空经济的未来发展指明了方向。

一、技术创新驱动

（一）全球无人机产业资源区域分布

无人机技术的快速发展和应用扩展，推动了低空经济的崛起。无人机在农业监测、农药喷洒和精准施肥，快递物流配送，环境监测，森林火灾预警，城市交通监测和管理，紧急救援等方面发挥了重要作用。这些应用不仅提高了生产效率和服务质量，还降低了运营成本，为低空经济的商业化运营提供了广阔的市场前景。当前，无人机制造业在全球范围内形成了3个主要的制造市场，分别是美国、东亚地区（中国、日本、韩国）以及西欧地区（德国、英国、法国、意大利等国家）。在研发创新方面，全球领先的5个国家分别为美国、中国、法国、德国以及以色列，这些国家在无人机技术的研发与创新上占据着举足轻重的地位。

美国在工业级无人机市场上占据领先地位，对该领域的投资活动较为活跃，并构建了一个全面的工业级无人机产业链。尽管美国的民用无人机发展相较于军用版本稍晚，但近年来，随着下游应用需求的急剧增加，无人机凭借其无须人员驾驶、体积小巧、成本效益高等特点，在美国公共事业领域的应用迅速扩大。这些无人机广泛应用于科学考察、农业林业保护、电力线路巡检、航空摄影、环境监测以及灾害响应等多个与民众生活和非传统安全密切相关的领域。在西欧，德国、奥地利、瑞士等国家集中了众多全球知名的"隐形冠军"企业，这些企业在制造业上具备显著竞争力，并已成功将这一优势延伸至无人机产业。

例如，活塞发动机技术的持续进步促进了汽油或重油航空发动机的研发，同时，飞行汽车与无人机的协同发展也彰显了西欧在无人机技术领域的深厚积累和创新能量。东亚地区的无人机制造业同样展现出蓬勃的发展动力。中国、日本、韩国等国家的无人机产业均在加速发展。尤其是韩国政府，早在2017年就规划在2022年前对无人机行业投资约1.2万亿韩元，目标是2025年前创造16.4万个新工作机会，并实现4.1万亿韩元的无人机市场规模。此外，韩国还计划在2027年前投入运营的工业级无人机数量突破6万架，这进一步凸显了东亚地区在无人机产业上的巨大潜力和广阔的发展前景。

（二）先进空中交通产业现状

美国知名投资机构摩根士丹利曾做出一项预测，指出至2040年，以eVTOL技术为核心的先进空中交通市场，其潜在经济价值有望跃升至1万亿美元的新高度，标志着这一领域已成为全球范围内备受瞩目的新兴战略焦点。eVTOL凭借其分布式电推进系统、垂直起降能力，以及电池驱动的环保特性，不仅实现了低噪声、高安全性的操作环境，还免去了对传统跑道的依赖。其紧凑的设计、出色的悬停性能，以及适宜中短途旅行的速度和航程，预示着它将成为未来城市及城际间交通的新宠。

目前，eVTOL的应用范围已扩展至多个关键领域，如直升机替代任务、紧急救援、环境监测、公共安全巡逻、医疗快速响应、搜救行动及海上作业支持等，展现了其广泛的实用性和灵活性。参考电动汽车对传统燃油车的逐步替代历程，采用eVTOL技术的城市空中交通（UAM）和区域空中出行（RAM）模式，预期将在长期运营中显著削减成本。欧洲民航监管机构的数据进一步强调，相较于地面交通，空中出租车不仅降低了事故风险，还能大幅缩短旅行时间（平均节省15~40分钟），在紧急医疗运输方面更是能节省超过70%的时间，同时减少碳排放，对环境更加友好。此外，eVTOL的安静运行特性也极大地减轻了对周边社区的影响。

2023年，美国白宫科技政策办公室在其发布的《国家航空科技优先事项》报告中，明确将小型无人机及先进空中交通工具，特别是eVTOL、电动短距起降飞机（eSTOL）等高度自动化电动客运飞行器，列为优先发展对象。这一政策导向不仅加速了eVTOL在民用领域的普及，也激发了军事应用的探索，如美国空军通过"敏捷至上"项目推动eVTOL无人机的军事化应用，并向Joby等企业下达了高额采购订单。

截至2023年底，全球已有超过800家企业或机构正在研发eVTOL产品，累计设计出超过700种型号。这一领域的领军企业覆盖了多个国际知名品牌，如美国的Joby、Archer、波音Wisk，德国的Lilium、Volocopter，英国的Vertical，空中客车公司的CityAirbus NextGen，以及日本的丰田、本田，韩国的现代等。值得注意的是，尽管2021年全球遭遇了新冠疫情的严峻挑战，但eVTOL行业的投资活动异常活跃，投资金额和交易数量均创历史新高。Joby、Archer、Lilium、Vertical等企业通过SPAC（特殊目的收购公司）成功上市，累计融资超过28亿美元。[1] 同时，未上市企业也通过Honeywell、英特尔（Intel）等企业的战略投资，以及红杉中国、GGV纪源资本、蓝驰创投等风险投资基金的支持，持续获得发展资金，推动了技术创新和产业升级。

（三）世界主要城市群在先进空中交通的布局

从长远角度来看，城市内的短途以及城际间的中途空中交通运输，属于一种既安全又便捷还兼具智能与环保特点的出行方式，对于提升城市群内部的可达性以及流动性颇有益处。湾区城市群有着人口密集、经济发达的特点，并且城市之间紧密分布、相互串联，拥有推广先进空中交通极为理想的场景。以下是世界主要城市群在先进空中交通方面的布局以及发展现状。

---

[1] Joby发展历史、融资、战略布局及产品定位分析［EB/OL］. 未来智库，（2024-05-08）［2025-03-20］. https://www.vzkoo.com/question/1715146604679170.

1. 硅谷湾区：加速成为全球 eVTOL 产业的"创新之都"

硅谷湾区正逐步确立其在全球先进空中出行技术创新版图中的核心地位。该地区聚集了众多顶尖 eVTOL 飞行器制造商，如 Joby、Archer、Wisk、Elroy、Kitty Hawk、Alef Aeronautics、Cora、Hoversurf、Vimana Global、Opener 及 Vahana 等，同时，华盛顿州的 Supernal 选择在此设立研发中心，韩国 Plana Aero 亦将全球总部设于此地，进一步强化了该区域的产业集聚效应。Uber，作为共享出行概念的先驱，其提出的空中出行网络愿景正逐步从理论走向实践。而美国联合航空亦规划自 2026 年起，在旧金山国际机场引入电动空中出租车服务，标志着城市空中出行（Urban Air Travel）时代的临近。

硅谷凭借其深厚的航空航天科技底蕴，为先进空中出行领域的创新探索奠定了坚实基础。NASA 的艾姆斯研究中心，自 1939 年起便植根于硅谷，持续引领未来交通系统以及新型航空器的研发进程。与此同时，加利福尼亚大学伯克利分校的航空未来实验室和斯坦福大学的智能系统实验室，正聚焦于基于 eVTOL 技术的未来空中交通系统以及可持续航空解决方案的深入研究。值得注意的是，太空探索技术公司（SpaceX）亦对空中出行领域表现出浓厚兴趣，通过投资飞行汽车公司展示了其在这一新兴领域的战略布局。该公司旗下的飞行汽车 Model A，已成功获得 FAA 颁发的特殊适航证书，允许在展览、研发及测试等特定应用场景中使用，这一成就进一步彰显了硅谷湾区在全球先进空中出行技术创新与发展中的领航地位。

2. 纽约湾区：通航基础雄厚为先发应用铺平道路

在航空领域，eVTOL 被普遍认为是未来可能首先替代传统通航直升机的创新技术，这一趋势使纽约湾区成为众多 eVTOL 制造商激烈竞争的核心区域，并引领着 AAM 的应用潮流。纽约湾区凭借其完善的航空基础设施和密集的网络布局，占据了独特的优势地位。这里不仅拥有 7 个大型运输机场和 20 余个通用机场，还广泛服务于公务飞行和直升机客运，凸显了其作为航空枢纽的重要角色。特别是在纽约都市圈，多个直升机起降点分布其间，曼哈顿地区的三个主要起降点尤为活跃。此外，纽约的三大核心机场与曼哈顿之间已建立起直升机快速通道，仅需 8 分钟即可到达，极大地缩短了城市间的通行时间。

此外，由于航空业在此地的长期发展，公众对空中交通方式持有较高的接受度。纽约湾区会聚了大量高净值人群和高端商务精英，拥有全美乃至全球领先的通航产业基础。在多数城市群尚未普及通航服务之时，纽约湾区已将通航融入日常商务出行，成为一种标志性的商务衔接方式，彰显了其在全球通航领域的卓越地位。

3. 东京湾区：综合性规划为牵引发展先进空中交通

东京湾区作为日本经济版图上的璀璨明珠，正逐步成为 AAM 领域的重要聚集地。这里不仅孕育了领先的 eVTOL 企业天空驾驶公司（SkyDrive），还吸引了本田、丰田及全日空航空等业界巨头积极参与空中交通的创新探索。与此同时，日本宇宙航空研究开发机构（JAXA）携手行业伙伴，在东京湾区推进 eVTOL 技术的研发，共同绘制 AAM 领域的未来图景。为了引领 AAM 的发展潮流，日本政府精心规划了《日本的先进空中交通发展蓝图》，明确了阶段性目标：计划在 2025 年大阪世博会上，率先展示并启动先进空中交通服务；并展望至 2030 年，实现 eVTOL 空中出租车及重型货运无人机的全面商业化运营，展现了日本在 AAM 领域的远见卓识与坚定决心。①

东京湾区的通航服务同样丰富多样，多家通航公司在此运营，提供从私人飞机出行、直升机观光体验到医疗紧急救援、警务空中支援等全方位服务，极大地拓宽了城市空中交通的应用场景。值得一提的是，东京在构建通用航空救援体系上展现出了极高的效率，仅用 5 年便构建起这一关键体系，相比之下，欧美国家往往需要更长的时间来完成这一过程，这进一步彰显了东京在通航服务领域的领先地位与创新能力。

二、产业升级方向

（一）低空经济产业链解读

低空经济涵盖了产业链的上、中、下游，构建起了完整的产业体系，各

---

① 飞行邦. 国内外 eVTOL 产业发展现状［EB/OL］. 网易，（2024-05-05）［2025-03-20］. https：//www.163.com/dy/article/J1DR8ART05503O4L.html.

环节相互依存,共同推动该领域蓬勃发展。首先,在产业链的起始端,即上游部分,聚焦于原材料的采集与关键零部件的研发制造。这些基础要素构成了低空经济稳健发展的根基,为整个产业链的后续环节提供了必要的支持。其次,在产业链的中游区域,主要活动围绕低空飞行产品的生产制造与系统整合展开。这一环节不仅包括了飞行载荷的设计、低空飞行器及地面配套设备的制造,还涵盖了相关的系统维护与服务。中游企业通过精湛的工艺和持续的技术革新,将上游的原材料与零部件转化为高质量的产品,为下游的应用提供了坚实的保障。最后,在产业链的末端,即下游部分,则专注于低空经济应用领域的拓展与实施,涵盖了飞行审批流程、空域管理等多个关键环节,以及物流配送、紧急救援、休闲观光等在内的多元化应用场景。下游企业通过与中上游的紧密协作,将低空飞行产品广泛应用于各类场景,推动了低空经济的多元化与全面发展,为整个产业生态链增添了源源不断的动力。低空经济产业链结构如图4-1所示。

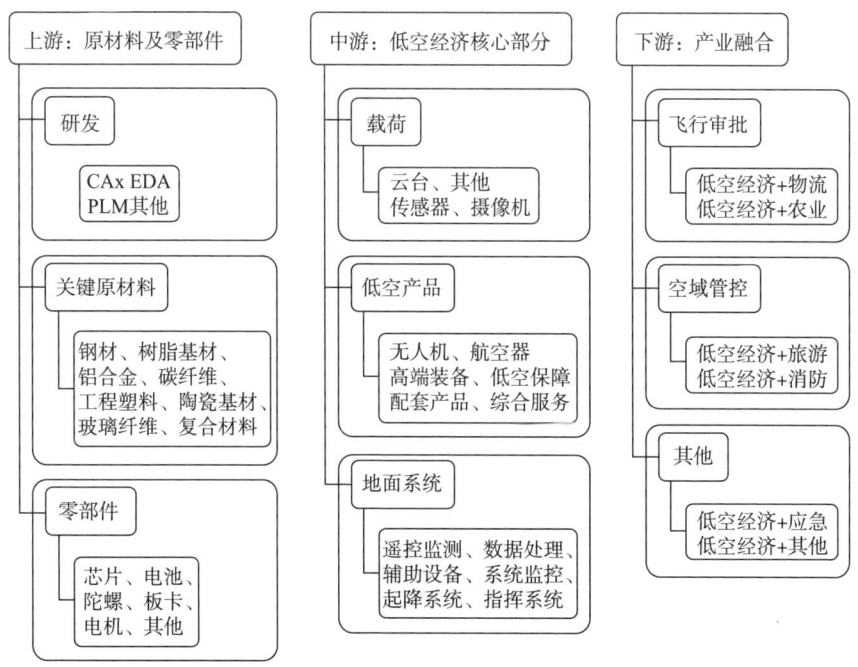

图4-1 低空经济产业链结构

资料来源:前瞻产业研究院、万联证券研究所、赛迪研究院。

低空经济产业链上游关键零部件企业包括德赛电池、欣旺达、零度智控等，航空材料主要企业有航材股份、航玻新材等，核心设备和系统企业包括航新科技、安达维尔等。产业链中游无人机制造商有大疆创新、纵横股份、亿航智能等，航空器制造企业包括北大荒、中信海直等，航空器部件制造企业主要有航发动力、中航机电等。产业链下游企业数量众多，包括各大航空公司、物流公司、测绘公司、建筑承包商以及消防应急部门等政府部门。低空经济产业链生态图谱如图4-2所示。

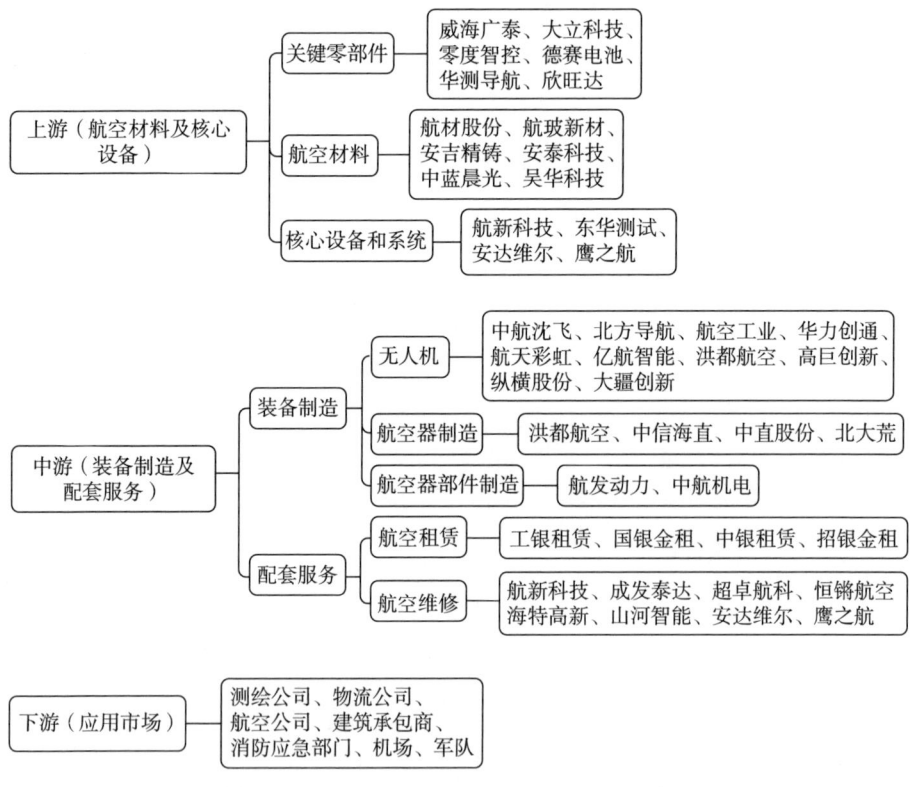

图4-2 低空经济产业链生态图谱

资料来源：前瞻产业研究院、万联证券研究所、赛迪研究院。

（二）低空经济的产业方向

低空经济作为一种新兴经济形态，涵盖了众多具有发展潜力的产业方向。其中，应用与需求侧有六大方向、供给与建设侧有六大方向（见表4-1、表4-2）。

表 4-1 应用与需求侧

序号	产业方向	应用场景	潜力
1	城市空中交通（UAM）	机场接驳服务、商业区和住宅区的快速连接以及高率度城市之间的空中穿梭等	eVTOL 技术的进步使得空中出租车、短途区域飞行等领域具有巨大的市场潜力
2	低空物流	无人机快递、医疗物资的快速运输、偏远地区物资配送、紧急救援物资运输等	无人机能提升货物运输的效率，尤其在远程地区或城市中的"最后一公里"配送
3	低空旅游与娱乐	空中观光、城市的全景飞行、特殊场景下的空中拍摄与体验等	低空飞行器能提供全新的旅游体验，吸引寻求新奇体验的游客
4	农林植保与监测	农业监测与作物健康评估、精准农业作业（喷洒农药、播种等）、森林防火监测、空气质量监测等	低空飞行器在农业中的应用能够极大提升农业生产力。此外，环境监测、灾害评估等也有很大潜力
5	基础设施巡检与维护	电力线巡检、铁路和桥梁的结构监测、油气管道的安全巡查、太阳能电站的维护与监控等	无人机能减少人力成本并提高安全性，尤其是在偏远和危险区域，无人机巡检具有显著优势
6	安全监控与应急救援	紧急救援、火灾监测、犯罪现场监控、自然灾害中的应急通信与物资配送等	无人机在公共安全和应急响应中的应用，可以迅速获取关键数据并执行紧急任务

资料来源：前瞻产业研究院、中国产业调研网。

表 4-2 供给与建设侧

序号	产业方向	应用场景	潜力
1	新兴航空器研发制造及维修改装	eVTOL 与其核心部件的研发制造、智能飞行导航系统的开发、航空器的维修、改装类业务	随着市场需求的增长，制造高性能、智能化的无人机和 eVTOL 将成为一个重要的产业方向
2	航空与空域管理服务	无人机交通管理系统、低空空域管理与监控服务、空域通信和导航设施开发与运营	低空空域管理的需求逐渐增加，无人机交通管理系统、空域规划等成为关键领域
3	基础设施建设	eVTOL 专用起降点、专用充电设施、空中交通管理系统等	随着低空飞行器的发展，基础设施的建设成为低空经济的重要支柱
4	低空相关的软件信息服务	飞行控制软件、安全与合规监测系统与数据分析与优化服务	随着低空相关软件需求的不断增加，信息技术的应用可以大幅提升效率并增强安全性

续表

序号	产业方向	应用场景	潜力
5	空天信息服务	空天信息与导航服务、天气预报与环境监测、卫星通信与监控等信息支持服务	低空经济的发展离不开空天信息服务的支持,这些服务能为低空经济提供更加安全的运行环境
6	教育与培训	无人机和 eVTOL 操作员培训、航空工程教育、认证与资质认证服务、模拟与实践训练设施等	随着市场对专业人才需求的增加,针对低空经济相关技术人员的教育产业将迎来巨大的发展空间

资料来源:前瞻产业研究院、中国产业调研网。

第三节 政策法规与监管环境

随着低空经济的快速发展,各国政府积极制定和实施相关政策法规。美国、德国、英国和日本等国家在这一领域尤为活跃,不仅建立了全面的政策法规框架,还通过补贴扶持、创新激励、基础设施建设等多种手段,为低空经济的繁荣提供了有力支持。这些政策不仅确保了空域管理、安全监管和环境保护等方面的有效实施,还通过维护公平竞争环境激发了市场活力。

一、美国

(一)政策法规

近年来,美国政府出台多项针对性法案,聚焦于推进低空经济发展。同时,通过补贴与扶持政策激励低空经济领域创新,具体政策法规如下。

1. 基础法律

美国低空经济的政策法规框架主要基于其联邦航空法规(FARs)和相关的国家空域系统(NAS)政策。这些法律和政策为低空飞行活动提供了基本的法律保障和监管依据。

2. 专项法案

近年来,美国已出台多部与低空经济相关的政策法案,如《先进空中交通协调及领导力法案》(Advanced Air Mobility Coordination and Leadership Act),该法案旨在加强美国 AAM 生态系统的建设,特别是载客 AAM 飞机产品的发展。FAA 还发布了《城市空中交通(UAM)运行概念 2.0》等文件,以适应未来的空中出租车和其他先进空中交通运营,为相关产业提供指导。

3. 补贴与扶持政策

美国政府还通过补贴与扶持政策来鼓励低空经济发展。例如,为鼓励企业研发环保型低空飞行器,投入了大量资金,推动了无人机等航空器在物流配送、城市巡逻等领域的应用。

(二)监管环境

美国低空经济监管包括开放空域管理,严格安全监管,注重环保与可持续发展,以及明确市场准入与竞争规则,确保飞行安全,促进绿色转型,推动低空经济健康发展。

1. 空域管理

美国空域管理相对开放,低空空域管理基本趋向民用化管理。FAA 根据地理区域、飞行活动类型和飞行器种类,划分了详细的低空飞行区域,并制定了针对性的准入准则。对于人口密集区、军事管制区等特殊区域,严格限制低空飞行;而在一些特定的商业运营区域和试验飞行区域,则放宽了限制条件,允许符合安全标准的低空飞行器开展活动。

2. 安全监管

美国对低空飞行活动的安全监管非常严格。FAA 负责对航空器的技术性能进行定期检查,对飞行员的资质进行认证,并对飞行计划进行审批。此外,FAA 还建立了完善的应急响应机制,以应对可能出现的突发事件。这些措施确保了低空飞行活动的安全进行。

3. 环境保护与可持续发展

美国在低空经济的监管中,同样注重环境保护和可持续发展。例如,对无人机等航空器的噪声、排放等环保指标进行严格控制，鼓励使用清洁能源和环保材料。同时，美国政府还积极推动低空经济与传统产业的融合，如利用无人机进行农业植保、环境监测等，促进经济的绿色转型。

4. 市场准入与竞争

美国政府通过设定明确的准入门槛和审批程序，确保进入低空经济市场的企业和个人具备相应的资质和能力。同时，美国政府还加强市场监管，加大执法力度，打击不正当竞争和违法行为，维护市场的公平竞争环境。这些措施有助于推动低空经济健康发展。

二、德国

（一）政策法规

德国作为欧洲航空业的"领头羊"，在低空经济领域同样展现出其前瞻性和创新性。德国的低空经济政策法规框架主要基于欧盟的统一法规，并结合本国实际情况进行细化与补充，形成了一个多层次、多维度的政策体系。

1. 欧盟层面的法规基础

欧盟通过一系列法规和政策文件，如《无人机监管框架》《通用航空安全规则》等，为低空经济提供了法律基础。这些法规不仅规范了无人机的操作、注册、飞行许可等关键环节，还强调了数据保护、隐私权益等敏感议题，为德国等成员国提供了指导和方向。

2. 德国国内法规细化

在德国，低空经济的具体监管由联邦航空局（LBA）负责。LBA根据欧盟法规，结合德国实际情况，制定了一系列详细的执行规定。这些规定涉及低空飞行活动的规划、审批、监控以及事故调查等多个方面，确保了低空经济活动的安全、有序进行。

3. 创新激励政策

为了促进低空经济的创新发展，德国政府还出台了一系列激励政策。例如，对研发新型航空器的企业提供资金支持，对开展低空物流、空中出租车等新兴业态的企业给予税收优惠，以及对参与低空经济相关项目的研究机构和高校提供科研经费等。

（二）监管环境

德国在低空经济监管方面值得参考的经验主要包括以下四个方面。

1. 空域管理

德国的空域管理遵循欧盟的统一标准，实行分层分区划设。在低空空域，LBA负责审批飞行计划，监控飞行活动，确保空域的安全使用。同时，德国还建立了完善的空域使用协调机制，确保军方、民航、地方政府等多方面的协同合作，提高空域使用效率。

2. 安全监管

安全是低空经济发展的前提和基础。德国政府通过严格的飞行计划审批制度、对航空器的技术性能进行定期检查、对飞行员的资质进行认证等措施，确保低空飞行活动的安全。此外，LBA还建立了完善的应急响应机制，以应对可能出现的突发事件。

3. 环境保护与可持续发展

德国在低空经济的监管中，同样注重环境保护和可持续发展。例如，对无人机等航空器的噪声、排放等环保指标进行严格控制，鼓励使用清洁能源和环保材料。同时，德国政府还积极推动低空经济与传统产业的融合，如利用无人机进行农业植保、环境监测等，促进经济的绿色转型。

4. 市场准入与竞争

为了促进低空经济的健康发展，德国政府还建立了完善的市场准入和竞争机制。一方面，通过设定明确的准入门槛和审批程序，确保进入市场的企业和个人具备相应的资质和能力；另一方面，通过加强市场监管和加大执法力度，打击不正当竞争和违法行为，维护市场的公平竞争环境。

三、英国

（一）政策法规

英国政府积极推动低空经济技术创新，重点扶持 eVTOL 和无人机等新型航空器的研发，并为其提供法律保障。同时，加大对低空经济基础设施的投资力度，兼顾环境保护与可持续发展，鼓励清洁能源使用，推动低空经济健康发展。

1. 推动技术创新与发展

英国政府高度重视低空经济的技术创新与发展，积极推动 eVTOL 和无人机等新型航空器的研发与应用。政府通过制定相关法规，为这些新型航空器的试验与发展提供了法律保障。例如，英国政府允许在特定区域进行 eVTOL 和无人机的飞行试验，并为其提供了与大型飞机相同认证的安全标准。

2. 支持基础设施建设

为了促进低空经济的发展，英国政府还加大了对低空经济基础设施建设的支持力度。这包括建设和完善低空飞行所需的起降设施、通信导航设施等，以及推动相关产业链协同发展。

3. 注重环境保护与可持续发展

英国政府在推动低空经济发展的同时，也注重环境保护与可持续发展。政府鼓励使用清洁能源和环保材料，对航空器的噪声、排放等环保指标进行严格控制，以减少对环境的负面影响。

（二）监管环境

英国政府在低空经济监管方面的经验主要包括以下四个方面。

1. 空域管理

英国的低空空域管理相对开放，政府允许在特定区域进行低空飞行活动。为了确保飞行安全，英国政府制定了详细的空域管理规定，对飞行高度、速度、航线等进行了明确限制。同时,英国政府还加强了对低空飞行活动的监控和预警,以确保及时发现和处理潜在的安全风险。

2. 安全监管

英国政府对低空飞行活动的安全监管非常严格。政府要求所有进行低空飞行的航空器必须经过严格的安全认证和审查,确保符合相关的安全标准。此外,英国政府还加强了对飞行员的资质认证和培训,提高了飞行员的飞行技能和应急处理能力。

3. 市场准入与竞争

为了维护低空经济市场的公平竞争环境,英国政府制定了严格的市场准入和竞争政策。政府要求所有进入低空经济市场的企业和个人必须具备相应的资质和能力,并遵守相关的法律法规和市场规则。同时,英国政府还加强了对市场行为的监管和执法力度,打击不正当竞争和违法行为,维护了市场的正常秩序。

4. 政策引导与支持

英国政府通过政策引导和支持来推动低空经济发展。政府鼓励企业加大研发投入,推动技术创新和产业升级。同时,英国政府还积极与高校、科研机构等合作,加强人才培养和科研攻关,为低空经济的发展提供了有力的人才保障和技术支持。

四、日本

(一)政策法规

日本政府积极推动低空经济发展,不仅制定了推动无人机与飞行汽车应用的战略规划,还修订相关民用航空法,为无人机技术升级至载人区飞行验证提供法律支持。

1. 战略规划

日本政府对低空经济给予了高度重视,并制定了明确的战略规划。例如,经济产业省和新能源·产业技术综合开发机构（NEDO）发布了"实现下一代交通方式的社会应用"计划，旨在通过技术开发和实证，进一步扩大无人机的应用，并力争在2025年大阪世博会上实现飞行汽车的商业应用。①

2. 法律修订

日本政府还修订了相关法律，以适应低空经济的发展。例如，2022年12月颁布了民用航空法修订版，进一步推进无人机从"无人区目视外飞行（等级3）"向"载人区目视外飞行（等级4）"的验证试验。

（二）监管环境

日本政府对低空经济实施严格而逐步放宽的空域管理，具体包括以下四个方面。

1. 空域管理

日本对低空空域的管理相对严格，但也在逐步放宽限制。日本政府根据飞行活动的类型和需求，划分了不同的空域，并制定了相应的准入准则。对于无人机等低空飞行器的飞行活动，政府进行了详细的规划和限制，以确保飞行安全。

2. 安全监管

日本政府对低空飞行活动的安全监管非常严格。政府要求所有进行低空飞行的航空器必须经过严格的安全认证和审查，确保符合相关的安全标准。此外，日本政府还加强了对飞行员的资质认证和培训，提高了飞行员的飞行技能和应急处理能力。

3. 环境保护

日本政府在推动低空经济发展的同时，也注重环境保护。政府鼓励使用清洁能源和环保材料，对航空器的噪声、排放等环保指标进行严格控制，以减少对环境的负面影响。

---

① 日本："下一代空中交通"的愿景［EB/OL］. 新浪财经，（2024-05-24）［2025-03-20］. https://finance.sina.com.cn/jjxw/2024-05-24/doc-inawhqwh5689254.shtml.

4. 市场准入与竞争

日本政府对低空经济市场实行了严格的市场准入制度。政府要求所有进入市场的企业和个人必须具备相应的资质和能力，并遵守相关的法律法规和市场规则。同时，日本政府也加大了对市场行为的监管和执法力度，打击不正当竞争和违法行为，维护了市场的公平竞争环境。

（三）主要政策举措与成效

日本政府积极推动低空经济技术创新合作，不断完善低空飞行基础设施，提升飞行条件。同时，努力拓宽无人机在物流、旅游、城市管理等多个领域的应用，为低空经济的持续繁荣提供全面有力的支持。

1. 推动技术创新

日本政府积极推动低空经济领域的技术创新，鼓励企业加大研发投入，推动 eVTOL 和无人机等新型航空器的研发与应用。政府还与企业、高校等合作，共同开展技术研发和人才培养，为低空经济的发展提供了有力的技术支持。

2. 完善基础设施

为了适应低空经济的发展，日本政府不断完善低空经济基础设施。例如，建设和完善低空飞行所需的起降设施、通信导航设施等，为低空飞行活动提供了良好的基础设施保障。

3. 拓展应用场景

日本政府积极推动低空经济在各个领域的应用拓展。例如，在物流领域，利用无人机进行快递配送；在旅游领域，利用直升机、热气球等低空工具为游客提供新奇体验；在城市管理领域，利用无人机进行应急救援、城市安防等。

第五章　中国低空经济开放进程与实践

在经济全球化和科技革命的推动下,低空经济正迅速崛起,成为推动区域经济发展的新引擎。

第一节　低空开放政策与进展

一、国家层面相关政策

近年来,中国政府高度重视低空经济的发展,已将其视为国家战略性新兴产业的重要组成部分。为促进该领域的健康发展,国家及地方政府制定了一系列政策,为低空经济的稳步发展提供了坚实的制度保障,推动其实现了从初步探索到逐步壮大、从相对弱小到日益强盛的显著转变。值得关注的是,2024年"低空经济"首次被纳入政府工作报告,工信部、科技部、财政部与民航局四部门联合发布了《通用航空装备创新应用实施方案(2024—2030年)》①,该方案明确提出,到2030年,将推动低空经济形成万亿元级市场规模的发展目标,进一步彰显了低空经济的重要性。在此背景下,2024年12月27日国家发展改革委内设机构低空经济发展司正式成立,以加强对低空经

---

① 工业和信息化部　科学技术部　财政部　中国民用航空局关于印发《通用航空装备创新应用实施方案(2024—2030年)》的通知［EB/OL］.中国政府网,(2024-03-27)［2025-03-20］.https://www.gov.cn/zhengce/zhengceku/202403/content_6942115.htm.

济的顶层设计和整体规划，确保其发展更加科学、有序。国家层面低空经济政策如表 5-1 所示。

表 5-1 国家层面低空经济政策

序号	时间	文件/会议	主要内容
1	2024 年 12 月	《西部地区鼓励类产业目录（2025 年本）》	主要分为国家既有产业目录中的鼓励类产业和西部地区新增鼓励类产业两部分，适用于在西部地区生产经营的企业
2	2024 年 3 月	《通用航空装备创新应用实施方案（2024—2030 年）》	包括增强产业技术创新能力、深化重点领域示范应用、推动基础支撑体系构建，积极打造商业航天、低空经济等新增长引擎
3	2024 年 3 月	第十四届全国人民代表大会第二次会议	提出打造生物制造、商业航天、低空经济等若干战略性新兴产业
4	2024 年 1 月	《无人驾驶航空器飞行管理暂行条例》	按照分类管理思路，加强对无人驾驶航空器的适航管理和质量管控，强化监督管理和应急处置，健全一体化综合监管服务平台等
5	2024 年 1 月	《关于推动未来产业创新发展的实施意见》	提出把握全球科技创新和产业发展趋势，重点推进未来制造、未来信息、未来材料、未来能源、未来空间和未来健康六大方向产业发展
6	2023 年 12 月	《国家空域基础分类方法》	将我国领空内空域划分为 7 类，明确各类空域的划设地域、飞行要求及有关要求等
7	2023 年 11 月	《中华人民共和国空域管理条例（征求意见稿）》	明确提出空域用户定义并提出空域用户的权利、义务等规定
8	2023 年 10 月	《民用无人驾驶航空器系统物流运行通用要求 第 1 部分：海岛场景》	规定了应用于海岛场景从事物流的民用无人驾驶航空器系统运行的通用要求
9	2023 年 10 月	《绿色航空制造业发展纲要（2023—2035 年）》	明确市场主导、政府引导等基本原则，提出到 2025 年和 2035 年的发展目标，确定构建四大体系、实施三项重点工程等主要任务
10	2023 年 5 月	《无人驾驶航空器飞行管理暂行条例》	包括民用无人驾驶航空器及操作员管理、空域和飞行活动管理、监督管理和应急处置等内容
11	2022 年 11 月	《民用航空空中交通管理规则》	明确立法目的、适用范围等总则内容，规定空域管理机构职责、划设与调整、使用、评估、保障等，同时明确了法律责任和处理措施等
12	2022 年 11 月	《低空飞行服务系统技术规范》	明确低空飞行服务系统技术要求和配置要求并建立测试方法

续表

序号	时间	文件/会议	主要内容
13	2022年6月	《"十四五"通用航空发展专项规划》	按照"五纵两横"组织框架明确重点任务并设定通用航空的具体指标
14	2021年12月	《"十四五"现代综合交通运输体系发展规划》	有序推进通用机场规划建设,构建区域运输网络,明确到2025年的发展目标
15	2021年12月	《"十四五"民用航空发展规划》	明确"十四五"时期民航总体工作思路,坚持基本原则,确定发展目标,构建更高质量、更可持续的现代民航体系
16	2021年2月	《国家综合立体交通网规划纲要》	包括优化国家综合立体交通布局、推进综合交通统筹融合发展、高质量发展等重点内容
17	2019年5月	《促进民用无人驾驶航空发展的指导意见(征求意见稿)》	以安全为前提,通过完善法规标准体系、构建运行管理体系、推进基础设施建设等措施,促进民用无人驾驶航空融入国家空域体系
18	2018年9月	《低空飞行服务保障体系建设总体方案》	包括低空飞行服务保障体系的布局、功能定位并加强其能力建设和运行管理等重点内容
19	2016年5月	《关于促进通用航空业发展的指导意见》	提出深化低空空域管理改革的主要任务和措施,明确到2020年的发展目标

资料来源:国家发展和改革委员会、中国民用航空局、中国政府网。

二、地方政府相关政策

在国家政策的指引下,各地政府积极响应,2024年以来,近30个省份将发展低空经济纳入地方政府工作报告或出台专项政策,重点围绕产业扶持、资金支持与空域开放等关键环节,构建有利于产业发展的政策环境。这些政策举措显著推动了相关产业链的快速扩张,催生了一批具有市场竞争力的企业和项目,为低空经济的规模化发展奠定了坚实基础。地方层面低空经济政策如表5-2所示。

表 5-2 地方层面低空经济政策

序号	地区	时间	文件	主要内容
1	北京市	2024年5月	《北京市促进低空经济产业高质量发展行动方案（2024—2027年）（征求意见稿）》	以确保安全为前提，明确创新能力、企业实力、应用场景、安防反制能力四个方面的目标，提出六大重点任务，力争通过3年时间使低空经济相关企业数量突破5000家，带动全市经济增长超1000亿元
2	上海市	2024年8月	《上海市低空经济产业高质量发展行动方案（2024—2027年）》	围绕打造具有全球影响力的低空经济创新发展高地这一目标，明确产业发展、创新驱动等多方面重点任务及相应举措，推动低空经济产业在上海高质量发展
3	广东省	2024年5月	《广东省推动低空经济高质量发展行动方案（2024—2026年）》	聚焦构建低空经济产业体系、拓展低空应用场景、强化基础设施建设等重点方面制定系列任务举措，旨在推动广东低空经济高质量、规模化发展，打造广东样板
4	浙江省	2024年8月	《浙江省人民政府关于高水平建设民航强省打造低空经济发展高地的若干意见》	围绕提升民航发展水平、壮大低空经济产业，从完善基础设施、拓展应用场景、强化科技创新等多方面明确相应举措与要求，以推动浙江建成民航强省并打造成为低空经济发展高地
5	江苏省	2024年8月	《关于加快推动低空经济高质量发展的实施意见》	提出推动低空空域管理改革、加快低空基础设施建设、增强低空产业创新能力、打造低空制造产业高地、积极拓展低空飞行应用场景等重点任务
6	山东省	2024年11月	《山东省低空经济高质量发展三年行动方案（2025—2027年）》	以构建服务保障新体系、激活创新驱动新引擎、拓展低空应用新场景、培育低空产业新业态为重点，实施四大行动，推进20项举措，打造战略性新兴产业集聚区
7	安徽省	2024年4月	《安徽省加快培育发展低空经济实施方案（2024—2027年）及若干措施》	明确了基础设施、产业规模、创新能力等发展目标，提出统筹共建低空智联基础设施、推进产业集群发展、拓展应用场景等主要任务，并出台了支持基础设施建设运营、场景开发开放、经济集群发展等的若干措施
8	湖南省	2024年6月	《关于支持全省低空经济高质量发展的若干政策措施》	从加大运营补贴、支持新质生产力发展、拓展应用场景、加强技术创新、积极招引低空企业等12个方面发力，助力低空经济成为战略性新兴产业

续表

序号	地区	时间	文件	主要内容
9	江西省	2024年8月	《江西省关于促进低空经济高质量发展的意见（征求意见稿）》	明确发展目标和基本原则，提出提升低空制造水平、培育低空应用场景等重点任务及保障措施，致力于将江西打造成为全国具有重要影响力的低空经济发展高地
10	黑龙江省	2024年7月	《黑龙江省加快推动低空经济发展实施方案（2024—2027年）》	明确发展目标，提出强化低空科技创新引领、推进低空空域管理改革、打造特色低空飞行应用场景等主要任务，并出台了一系列相关政策
11	湖北省	2024年7月	《湖北省加快低空经济高质量发展行动方案（2024—2027年）》	明确总体要求，提出加快建设低空基础设施"四网"、培育"低空+"经济新业态等重点任务及保障措施，力争到2027年产业规模突破1000亿元，使低空经济成为全省经济高质量发展的重要增长极
12	河南省	2024年7月	《促进全省低空经济高质量发展实施方案（2024—2027年）》	明确到2025年和2027年的阶段性目标，提出加快低空产业发展、完善基础设施网络体系、建立健全低空空域管理机制等八方面27条措施，助力现代化河南建设
13	陕西省	2024年7月	《推动低空制造产业高质量发展工作方案（2024—2027年）》	明确发展目标，提出5类15条具体措施，从产业升级、企业培育、技术攻关等方面推动陕西省低空制造产业能级全面跃升，打造更具竞争力的产业集群
14	四川省	2024年6月	《关于促进低空经济发展的指导意见》	明确到2027年和2030年的发展目标，提出培育壮大低空飞行应用市场、加快低空基础设施建设等重点任务，并给出保障措施
15	内蒙古自治区	2024年6月	《内蒙古自治区低空经济高质量发展实施方案（2024—2027年）（征求意见稿）》	明确发展目标与重点任务，围绕空域改革、基础设施建设、应用场景拓展、产业发展等多方面拟定系列举措，旨在推动内蒙古低空经济高质量发展，助力区域经济新增长
16	西藏自治区	2024年6月	《西藏自治区支持低空经济高质量发展的若干政策（征求意见稿）》	围绕通用机场建设、短途运输航线开通、低空物流、通航应用场景拓展、通航小镇建设等方面给予支持和补贴，推动西藏低空经济高质量发展

续表

序号	地区	时间	文件	主要内容
17	河北省	2024年5月	《关于加快推动河北省低空制造业高质量发展的若干措施》	从强化创新引领、企业培育、产业配套、试点示范、统筹保障五个方面出台15项具体措施,以推动河北省低空制造业高质量发展
18	山西省	2024年5月	《山西省加快低空经济发展和通航示范省建设的若干措施》	围绕通航应用场景、基础设施、研发制造、消费市场、人才培育等五个方面提出21条措施,以深化国家通用航空业发展示范省建设,推动低空经济高质量发展

资料来源:国家发展和改革委员会、中国民用航空局、中国政府网。

三、进展与成效

(一) 政策体系的逐步建立与完善

我国低空经济政策的制定与推行,深深植根于对通用航空产业的战略考量与细致规划之中。2016年,国务院办公厅正式颁布了《关于促进通用航空业发展的指导意见》,这一里程碑式的文件首次在国家战略高度上明确了通用航空业的发展目标、核心职责及一系列激励措施,为低空经济的茁壮成长铺设了坚实的基石。依据该意见,至2020年,我国旨在构建超过500个通用机场网络,确保地级及以上城市均享有通用机场服务或融合通用航空功能的运输机场,同时,这一网络将广泛覆盖至主要农产品产区、关键林区以及半数以上的5A级旅游景区,[①] 为通用航空业指明了发展方向,也为低空经济的蓬勃兴起预留了巨大潜力空间。

随着低空经济的快速发展,我国积极响应,不断完善政策架构,以适应并引领这一新兴领域的实际需求。2018年,民航局发布了《关于促进民航基础设施公私合作模式发展的指导意见》,积极鼓励社会资本投身通用机场建设,为低空经济引入更多元化的投资力量提供了政策导向。同年,国务院办

---

① 国务院办公厅关于促进通用航空业发展的指导意见[EB/OL].中国政府网,(2024-05-05)[2025-03-20]. https://www.gov.cn/zhengce/content/2016-05/17/content_5074120.htm.

公厅出台了《关于深化通用航空业若干发展政策的通知》，进一步放宽了低空空域使用条件，简化了通用机场的审批流程，并适度降低了通用航空企业的市场准入门槛，这一系列举措有效扫除了低空经济发展的障碍，为其加速前行开辟了道路。

（二）空域管理改革的深化与突破

空域管理改革是推动低空经济发展的关键所在。要突破制约低空经济发展的瓶颈，就必须在空域管理上进行大胆创新和改革。近年来，我国在空域管理改革方面取得了显著进展，为低空经济的发展提供了有力支撑。

一方面，我国不断优化空域资源配置，提高空域使用效率。通过实施军地空域协同管理，推动军民航深度融合发展，实现了空域资源的共享和优化配置。同时，中国政府还积极推进低空空域开放试点，为低空飞行活动提供了更加便利的条件。另一方面，中国政府不断深化审批制度改革，简化审批流程，提高了审批效率。通过实施"放管服"改革大幅减少了通用机场和通用航空企业经营许可的审批环节，降低了企业运营成本，激发了市场活力。

（三）基础设施建设的加速与升级

基础设施建设是低空经济快速发展的重要支撑。我国正不断加大对低空经济基础设施的投资与建设力度，以促进其迅速发展。在通用机场建设上，我国积极推动各地加速通用机场的布局规划与建设进程，依据国家层面的通用机场布局战略，科学合理地在全国范围内部署了一系列通用机场，为低空经济的蓬勃发展提供了坚实的物理支撑。同时，我国还积极鼓励社会资本融入通用机场建设，推动通用机场建设模式向更加多元化、市场化的方向演进。此外，我国也在不断推进飞行服务站网络的优化与完善。通过构建覆盖全国的国家级与区域级飞行服务站体系，为低空飞行活动提供了更为便捷、高效的飞行服务保障。与此同时，我国不断加大对飞行服务站的管理与监管力度，确保其能够安全可靠与高效运行，为低空经济的持续健康发展提供有力保障。

(四)技术创新的推动与应用

技术创新是推动低空经济发展的核心动力。我国在推动技术创新方面取得了显著成效,政府加大对无人机技术的研发投入力度,推动无人机技术的快速发展和广泛应用,鼓励企业加强技术创新和产品研发,推动无人机在农业植保、物流配送、应急救援等领域的广泛应用。同时,我国还加强了对无人机行业的监管和管理,确保其安全、有序发展。此外,我国积极推动人工智能、大数据、云计算等先进技术在低空经济领域的应用。通过实施"互联网+低空经济"行动计划,中国政府鼓励企业利用先进的信息技术提升低空经济的服务质量和效率。同时,中国政府还加强了对低空经济数据的收集和分析,为政府决策和企业经营提供了有力的数据支持

(五)应用场景的拓展与深化

应用场景的拓展与深化是推动低空经济发展的重要途径。在应急救援领域,我国积极推动无人机等低空飞行器在灾害侦察、物资投送等方面的广泛应用。通过实施无人机应急救援试点项目,提升了应急救援的效率和水平。同时,我国还加强了对无人机应急救援人员的培训和管理,确保其能够熟练掌握无人机操作技能并有效应对各类灾害。

在航空旅游领域,我国积极推动低空旅游项目的开发和推广。通过实施低空旅游发展规划和行动计划,鼓励企业开发低空旅游产品并拓展国内外市场。同时,中国政府还加强了对低空旅游项目的监管和管理,确保其安全、有序发展。

在农业植保领域,我国积极推动无人机在农业植保方面的广泛应用。通过实施无人机农业植保试点项目提升了农业植保的效率和水平。同时还加强了对无人机农业植保人员的培训和管理,确保其能够熟练掌握无人机操作技能并有效应对各类农作物病虫害。

(六)国际合作与交流的深化与拓展

国际合作与交流是推动低空经济发展的重要途径。我国积极推动低空经

济领域的国际合作与交流，为低空经济发展提供了新的机遇和平台。

一方面，通过积极参与国际低空经济组织和活动，加强与国际同行的交流与合作。另一方面，我国积极推动低空经济领域的国际合作项目。通过与国际知名企业、高校和研究机构开展合作，引进了一批先进的低空经济技术和产品，并推动了中国低空经济产业的升级和发展。

在一系列政策的推动下，我国通用机场数量不断增加，飞行服务站网络不断完善，无人机技术快速发展并广泛应用，低空经济应用场景不断丰富，国际合作与交流不断深化和拓展。随着政策体系的不断完善、空域管理改革的深化、基础设施建设的加速、技术创新的推动以及应用场景的拓展和深化，中国低空经济将迎来更加广阔的发展前景。

第二节　通用航空与无人机产业发展

一、通用航空产业发展现状

通用航空产业作为现代航空产业的重要组成部分，近年来在全球范围内取得了显著进展。随着经济的持续增长和人民生活水平的不断提高，通用航空产业也迎来了快速发展的机遇期。

（一）通用航空机场建设及分布情况

通用航空机场是通用航空产业发展的基础设施之一。近年来，中国通用航空机场建设取得了显著进展。截至2023年底，全国在册管理的通用机场数量达到449个，其中，A类通用机场163个，同比增长显著。这些机场主要分布在东北、华东、中南和华北地区，其中东北地区与华东地区通用机场数量最多，占比均为24%。华东地区与中南地区2023年通用机场数量分别新增19

个和18个，增速明显。华北地区年度新增7个通用机场，总数达到68个。①

从机场类型来看，A类通用机场主要承担民用航空器的起飞、降落、滑行、停放等任务，以及为飞行活动提供导航、通信、气象、气象探测、航行情报、飞行管制等保障服务；B类通用机场则主要承担除个人飞行、旅客运输和货物运输以外的其他飞行任务，如公务出差、空中旅游、空中表演、空中航拍、空中测绘、农林喷洒等特殊飞行任务。通用机场的建设投资额也相当可观。根据浙江、山西等省发展改革委公布的项目案例，A类通用机场建设投资额约10亿元，B类通用机场建设投资额约3亿元。以单个通用机场建设成本5亿元进行核算，2023年国内通用机场建设市场规模约250亿元。②这一庞大的市场规模为通用航空产业的发展提供了坚实的支撑。

（二）通用航空器数量及类型

通用航空器是通用航空产业发展的核心要素之一，近年来，中国通用航空器数量持续增长。有数据显示，通用航空器的重要领域eVTOL，其零部件有70%~80%与新能源汽车重合。新能源汽车业一路走来，研制出的高能量密度电池、高可靠电机、电控、自动驾驶技术，以及完备的充电基础设施等，都可以为低空经济所用。已经商用的国产大飞机C919，也为eVTOL研发提供了飞机工程设计、安全性等相关技术及人才储备。

截至2023年底，通用航空在册航空器总数达到3173架，同比增长显著。这些航空器类型多样，包括直升机、固定翼飞机、滑翔机、飞艇等多种类型。③ 其中，直升机因其垂直起降、空中悬停等特点，在通用航空领域应用广泛；固定翼飞机则因其速度快、航程远等特点，在短途运输、空中巡查等领域具有优势。随着通用航空产业的发展，未来中国通用航空器数量将继续保

---

① 2023年民航行业发展统计公报［EB/OL］.中国民用航空局，（2024-05-31）［2025-03-20］. https：//www.caac.gov.cn/XXGK/XXGK/TJSJ/202405/t20240531_224333.html.
② 2024—2029年全球及中国通用航空行业发展分析［EB/OL］.前瞻网，（2024-10-12）［2025-03-20］. https：//www.163.com/dy/article/JEAKSHIR051480KF.html.
③ 2023年度中国通用航空行业运行情况：在册通用航空器3173架（图）［EB/OL］.中商产业研究院，（2024-03-05）［2025-03-20］. https：//www.askci.com/news/chanye/20240305/161444270962648451083410.shtml.

持增长态势。同时，随着技术的进步和市场的拓展，新型通用航空器如电动飞机、无人机等也将不断涌现，为通用航空产业的发展注入新的活力。

（三）通用航空企业数量及分布情况

通用航空企业是通用航空产业发展的主体力量。近年来，中国通用航空企业数量持续增长，截至 2023 年底，获得通用航空经营许可证的传统通用航空企业达到 690 家，比 2022 年底净增 29 家。这些企业主要分布在华东、中南、华北地区，其中华东地区企业数量最多，占比达 27.1%；中南地区次之，占比为 22.7%；华北地区占比为 19.7%。[1] 2024 年新增注册企业 7000 多家，产业基金规模达千亿元。二级市场的热情也被点燃，A 股至少有 38 家低空经济概念股涨幅超过 30%，更有热门个股涨幅翻番。从企业类型来看，通用航空企业包括传统通航企业、无人机通航企业等多种类型。传统通航企业主要从事有人驾驶航空器的飞行活动，如短途运输、空中巡查、农林喷洒等；无人机通航企业则主要从事无人驾驶航空器的飞行活动，如航拍航测、物流配送等。

（四）通用航空飞行时间及应用领域

通用航空飞行时间是衡量通用航空产业发展水平的重要指标之一。近年来，中国通用航空飞行时间持续增长。2023 年我国通用航空共完成飞行 137.1 万小时，同比增长 12.4%。[2] 这些飞行活动涵盖了工业、农业、林业、渔业和建筑业的作业飞行以及医疗卫生、抢险救灾、气象探测、海洋监测、科学实验、教育训练、文化体育等多个领域。在应用领域方面，通用航空产业具有广泛的应用前景。例如，在农业领域，通用航空可以用于农作物病虫害防治、施肥、播种等作业；在工业领域，通用航空可以用于电力巡检、石油勘探等作业；在医疗卫生领域，通用航空可以用于紧急医疗救援等任务。

---

[1] 民航局发布《2023 年民航行业发展统计公报》[EB/OL]. 中国民用航空局，(2024-05-31) [2025-03-20]. https：//www.caac.gov.cn/XWZX/MHYW/202405/t20240531_224334.html.

[2] 2023 年民航行业发展统计公报 [EB/OL]. 中国民用航空局，(2024-05-31) [2025-03-20]. https：//www.caac.gov.cn/XXGK/XXGK/TJSJ/202405/t20240531_224333.html.

随着技术的进步和市场的拓展,未来通用航空产业的应用领域还将不断拓展和创新。

(五) 通用航空产业政策支持情况

我国高度重视通用航空产业的发展,并出台了一系列政策措施以支持其快速发展。这些政策措施涵盖了通用航空机场建设、通用航空器研发制造、通用航空企业培育、通用航空市场监管等多个方面。

在通用航空机场建设方面,中国政府鼓励各地加快通用航空机场建设步伐,提高机场设施和服务水平;在通用航空器研发制造方面,中国政府鼓励企业加强技术创新和研发投入,推动国产通用航空器的发展;在通用航空企业培育方面,中国政府鼓励企业加强合作与交流,推动产业协同发展;在通用航空市场监管方面,中国政府加强了对通用航空市场的监管和管理,保障了市场的健康有序发展。此外,中国政府还积极推动通用航空与运输航空的"两翼齐飞"战略,提升通用航空的战略地位和服务保障体系配套水平。这些政策措施为通用航空产业的快速发展提供了有力的保障和支持。

(六) 通用航空产业国际化发展路径

随着全球化的深入发展,通用航空产业的国际化发展已成为必然趋势。未来,中国通用航空产业将积极寻求国际化发展路径,加强与国际先进国家和地区的合作与交流,推动产业的国际化进程。

一方面,中国通用航空产业将积极参与国际市场竞争。通过提升产品质量和服务水平,增强国际竞争力;同时积极参与国际通用航空展会、论坛等活动,展示中国通用航空产业的实力和成果,拓展国际市场空间。另一方面,中国通用航空产业将加强与国际先进国家和地区的合作与交流。通过引进先进技术和管理经验,提升产业水平;同时加强与国际通用航空组织的合作与交流,参与国际标准的制定和修订工作,推动中国通用航空产业与国际接轨。此外,中国通用航空产业还将积极推动"一带一路"共建国家的通用航空产业发展。通过加强与共建国家的合作与交流,共同推动通用航空机场建设、通用航空器研发制造、通用航空企业培育等方面的发展;同时推动共建国家通用航空产业的协同发展，形成区域性的通用航空产业联盟和生态系统。

二、无人机产业发展现状

无人机产业作为近年来快速发展的新兴领域，已经成为全球范围内战略性新兴产业的重要组成部分。其广泛的应用领域和不断的技术创新，使得无人机产业在全球范围内呈现蓬勃发展的态势。

（一）市场规模与增长趋势

近年来，无人机市场呈现高速增长的态势。2023 年，中国民用无人机产业规模更是达到了 1174.3 亿元，同比增长 32%。预计 2029 年，中国无人机市场规模有望突破 6000 亿元，2024—2029 年的复合年增长率达到 25.6%。[①] 这一快速增长的背后，是无人机在多个领域的广泛应用。无人机在国防安保、农林植保、航空拍摄、物流运输、城市规划、环境监测、巡检应急等领域都发挥着重要作用。随着技术的进步和成本的降低，无人机在城市空中交通、无人机物流等方面的应用也将进一步拓展。

（二）技术创新与突破

无人机技术的不断创新和突破，是推动无人机产业快速发展的重要动力。近年来，无人机产业链企业在无人机材料和技术研发方面取得了丰硕成果，提升了无人机自主飞行、远程控制、载荷搭载、通信传输、智能感知与避障等各项能力。特别是随着人工智能和机器学习技术的不断进步，无人机的智能化水平得到了显著提升，能够更精确地进行自主飞行、避障操作、目标识别以及执行任务。

在广东珠海举办的第十五届中国国际航空航天博览会上，一款我国企业研制的大型智能货运无人机——白鲸航线 W5000 展出亮相。这款无人机翼展

[①] 柯素芳．预见 2024：《2024 年中国无人机行业全景图谱》（附市场规模、竞争格局和发展趋势等）[EB/OL]．前瞻产业研究院，（2024-11-08）［2025-03-20］．https：//www.qianzhan.com/analyst/detail/220/241108-7f9d89a2.html．

20多米，载重量达5吨，商载航程可达2600千米，未来在物流运输等领域具有较大应用价值。这样的技术创新不仅提升了无人机的性能，也拓展了其应用场景。此外，无人机与5G、人工智能、数字孪生等新技术的深度融合，也进一步推动了无人机产业的转型和升级。这些新技术的引入使无人机能够具备更高的自主飞行能力、更精准的定位能力和更强大的数据处理能力。这将进一步提升无人机的应用能力和用户体验。

（三）产业链发展与完善

无人机产业链的不断发展与完善，也是推动无人机产业快速发展的重要因素。无人机产业链大致可分为研发、生产、销售、服务等细分领域，具体可分为产品研发试验、飞控系统开发、发动机等关键零部件生产、载荷制造、无人机整机组装、无人机销售、无人机操控培训、运营服务业务、一体化应用服务等环节。在产业链上游，无人机的设计和研发以及关键原材料的制造是核心环节。这包括任务载荷、零部件和分系统的开发等。在产业链中游，无人机系统集成商扮演着重要角色，他们负责整合安防、消防、植保、影视拍摄、电力巡检、测绘等多种类型的无人机。而在产业链下游，无人机服务供应商和应用领域则构成了无人机产业的重要组成部分。这些应用领域广泛，包括但不限于影视制作、地理测绘、安全监控、石油天然气勘探、竞技娱乐以及电力检测等多个方面。目前，中国无人机产业已经形成了较为完整的产业链。据统计，截至2023年底，中国民用无人机研制企业已超过2300家，量产的无人机产品超过1000款。① 这些企业在技术研发、生产制造、市场推广等方面都取得了显著进展，推动了无人机产业的快速发展。

（四）政策环境与支持

我国高度重视无人机行业的发展，陆续出台了多项政策鼓励和规范无人机行业的发展。这些政策为无人机行业的发展提供了良好的政策环境。例如，

---

① 张辛欣，严赋憬. 去年我国交付民用无人机超317万架［EB/OL］. 中国政府网，（2024-04-18）［2025-03-20］. https：//www.gov.cn/lianbo/bumen/202404/content_ 6946135.htm.

《中国制造2025》《关于促进民用无人驾驶航空发展的指导意见（征求意见稿）》《"十四五"民用航空发展规划》等政策的出台，为无人机行业的发展提供了明确的指导和支持。这些政策不仅推动了无人机技术的研发和创新，也促进了无人机产业的快速发展。

此外，各地政府也相继发布具体的无人机发展方案，全国近30个省份将发展低空经济写入政府工作报告或出台相关政策。如《深圳市低空经济产业创新发展实施方案（2022—2025年）》等，进一步推动了无人机产业的快速发展。这些政策的出台和实施，为无人机产业的发展提供了有力的保障和支持。

（五）应用领域拓展

无人机在多个领域的广泛应用，是推动无人机产业快速发展的重要因素。除传统的国防安保、农林植保、航空拍摄等领域外，无人机还在物流运输、城市规划、环境监测、巡检应急等领域发挥着重要作用。

在物流运输领域，无人机凭借其快速、便捷的特点，已成为物流行业的重要辅助手段。低空物流配送逐渐常态化，美团无人机在北京、深圳、上海、广州等城市成功开通了53条航线，累计完成订单量已超过40万单。[①] 同时，京东、顺丰等电商与物流企业也在积极推广无人机物流服务，以提升物流效率和服务质量。

在城市规划领域，无人机利用高空拍摄技术和先进的数据处理技术，能够获取城市的高清影像和精确的三维模型，为城市规划者提供详尽而准确的数据支持。这些数据有助于规划者深入洞察城市的空间布局、建筑密度、交通流线等关键信息，从而制定出更加符合城市发展需求、科学合理的城市规划方案。

在环境监测领域，无人机可搭载多种高精度传感器和设备，对大气、水、土壤等环境要素进行实时监测。这不仅能够及时发现潜在的环境问题，还能

---

① 年终盘点，2024年低空经济重大事件［EB/OL］.低空经济网，（2024-12-30）［2025-03-20］. https：//mp.weixin.qq.com/s/rGQ-ZIriVJspBbLAl9wAGw.

为生态环境部门提供科学的决策依据,有效保护生态环境和人民健康。

在巡检应急领域,无人机凭借其快速响应、高效作业的特点,在应急救援工作中发挥着越来越重要的作用。在地震、洪水等自然灾害发生时,无人机能够迅速抵达灾区,进行现场勘查、灾情评估、救援物资投放等工作,为救援人员提供宝贵的现场信息和支持。

随着人工智能、物联网和大数据等前沿技术的持续进步,无人机行业将迎来重大变革。这些技术的发展将赋予无人机更强的自主飞行能力、更精确的定位技术以及更高效的数据处理能力,从而拓展无人机的应用范围和增强用户体验。未来,无人机有望在多个新兴领域扮演关键角色,包括空中旅游、空中交通管理和智能化电站运维等。这些新兴应用场景的拓展,将进一步推动无人机产业的增长。随着无人机产业的持续发展,其上下游产业链也将逐步完善,构建起一个更加成熟的产业生态系统。这不仅将增强整个行业的竞争力,还将促进行业的可持续发展。同时,随着无人机应用的日益广泛,政府也将加强对该行业的监管,以确保公众安全和隐私得到保护。此外,政府有望出台更多政策,以鼓励和支持无人机行业的发展,为行业的健康成长提供坚实的政策基础。

三、通用航空与无人机产业的融合发展

通用航空与无人机产业在多个方面存在交集和融合发展的可能性。随着技术的进步和市场的拓展,两个产业将更加紧密地结合在一起,共同推动低空经济的发展。

(一)发展现状

在技术层面,无人机技术快速发展,包括自主导航技术的日益成熟、远程通信能力的显著提升以及智能感知系统的不断完善,为通用航空飞行器提供了更为精确、高效的操控方式。与此同时,通用航空领域的成熟技术,如航空发动机的高性能设计、飞行控制系统的先进算法等,也为无人机的性能提升和可靠性增强提供了坚实的基础和有力保障。这种技术上的相互借鉴与

深度融合，极大地推动了航空技术的整体发展和创新。

在应用层面，无人机在农业植保领域的广泛应用，实现了病虫害的精准防治；在电力巡检中，无人机能够高效检测线路故障；在物流配送领域，无人机提高了送货速度和效率；在环境监测方面，无人机为环境保护提供了重要数据。而通用航空则在应急救援中发挥着关键作用，为受灾地区提供及时的空中支援；在商务出行和旅游观光方面，通用航空提供了便捷、舒适的空中交通服务。两者在应用领域的交叉与融合，使航空服务更加多元化、个性化，满足了不同领域和消费者的多样化需求。

在市场层面，无人机市场的快速增长给通用航空企业带来了新的发展机遇和增长点，推动了通用航空企业向多元化、创新化方向发展。同时，通用航空市场的成熟与扩大也为无人机企业提供了更广阔的市场空间和潜在用户群体。两者在市场层面的融合互动，不仅促进了航空产业的整体繁荣与发展，也为消费者提供了更加丰富多样的航空产品和服务选择。

（二）面临的挑战

1. 政策法规

政策法规是制约通用航空与无人机产业融合发展的主要因素之一。目前，国内外对于通用航空与无人机的管理政策尚未完全统一，导致两者在飞行空域、飞行高度、飞行时间等方面存在诸多限制。此外，不同国家和地区对于无人机的监管标准也存在差异，给跨国运营带来了诸多不便。因此，完善政策法规体系，推动通用航空与无人机产业的规范化、标准化发展，是当前亟待解决的问题。

2. 技术标准

技术标准的不统一也是制约通用航空与无人机产业融合发展的关键因素。两者在技术层面存在的差异，导致在数据传输、通信协议、飞行控制系统等方面存在兼容性问题。这不仅增加了两者在融合过程中的技术难度，也影响了航空服务的整体性能和可靠性。因此，加强技术标准体系建设，推动两者在技术层面的深度融合，是提升航空服务质量的关键所在。

3. 安全保障

安全保障是通用航空与无人机产业融合发展过程中必须高度重视的问题。随着两者在应用领域和市场层面的深度融合，航空活动的复杂性和不确定性也随之增加。如何确保航空活动安全有序进行，防止空难事故发生，是当前面临的重要挑战。因此，加强安全保障体系建设，提高航空活动的安全性能，是保障通用航空与无人机产业持续健康发展的基础。

4. 人才短缺

人才短缺是制约通用航空与无人机产业融合发展的又一重要因素。随着两者在技术、应用和市场层面的深度融合，对于具备跨学科知识、创新能力和实践经验的高素质人才的需求日益迫切。然而，当前航空领域的人才培养和储备尚不能完全满足这一需求。因此，加大人才培养和引进力度，提高人才素质和创新能力，是推动通用航空与无人机产业融合发展的关键所在。

（三）发展趋势与展望

在技术创新的驱动下，通用航空与无人机产业正逐步迈向深度融合的新阶段。人工智能、大数据、物联网等前沿技术的持续进步，将赋予无人机更高级别的智能化、自主化能力，使其在农业植保、环境监测、物流配送等多个领域发挥更大的作用。在应用场景方面，通用航空与无人机产业的融合将推动航空服务的多元化和便捷化。随着技术的不断成熟，无人机将在更多领域展现其独特优势，如应急救援、交通出行、旅游观光等，为用户提供全新的体验。而通用航空则将继续在商务出行、远程运输等方面发挥重要作用，两者在应用场景上的互补将为用户提供更加全面、高效的航空服务。

产业链协同发展将是通用航空与无人机产业未来发展的重要趋势。随着两者在技术、应用和市场层面的深度融合，产业链上下游企业将更加紧密地合作，共同推动产业链的优化升级和整体竞争力的提升。这将有助于形成更加完善的航空产业生态体系，为产业的持续健康发展提供有力保障。在政策环境方面，随着国内外对通用航空与无人机产业的重视程度不断提高，政策环境将持续优化。政府将出台更加完善、更具针对性的政策法规和管理措施，为两者的发展提供有力支持。同时，国际合作与交流也将更加频繁和深入，为通用航空与无人机产业的国际化发展创造有利条件。

通用航空与无人机产业的融合发展是当前航空领域的重要趋势之一。两者在技术、应用和市场层面的深度融合，不仅推动了航空技术的创新和发展，也为航空产业的转型升级提供了新的契机。然而，其在融合发展过程中也面临着诸多挑战和问题。因此，我们需要加强政策法规建设、技术标准体系建设、安全保障体系建设以及人才培养和引进等方面的工作，推动通用航空与无人机产业持续健康发展。未来，随着技术的不断进步和应用领域的不断拓展，通用航空与无人机产业将迎来更加广阔的发展前景和无限可能。

第三节　低空经济在区域经济发展中的作用

一、增添经济增长动力

低空经济在全球范围内呈现快速增长的态势。根据行业研究，2023年中国低空经济市场规模已达到5059.5亿元，同比增长33.8%。这一显著的增长速度表明，低空经济已成为推动经济发展的重要力量。预计在未来几年内，这一市场将继续保持强劲的增长势头。据预测，到2026年，中国低空经济市场规模有望突破万亿元大关。这一巨大的市场潜力不仅吸引了众多企业的关注，也成为新的投资热点。①

从全球范围来看，低空经济同样展现出广阔的发展前景。随着技术的进步和应用场景的扩大，无人机、eVTOL等新兴产品和技术不断涌现，为低空经济的发展注入了新的活力。特别是在中国，随着政策的逐步完善和市场的逐步成熟，低空经济已成为推动区域经济发展的重要引擎。它利用无人驾驶

---

① 中国证券报.2023年中国低空经济规模超过5000亿元［EB/OL］.央广网，（2024-04-02）［2025-03-20］.https://tech.cnr.cn/techyw/kan/20240402/t20240402_526649079.shtml.

航空器在 1000 米以下进行载人、载货及其他作业等多场景飞行，通过促进相关产业的发展、优化产业结构、提升交通运输效率、改善环境形象等多种方式，为区域经济注入新的活力。主要体现在以下四个方面。

（一）促进相关产业发展

低空经济的发展带动了相关产业的快速发展。在低空经济产业链中，上游主要包括材料与核心零部件的制造，如电池、航空材料等；中游集中在航空器的设计制造及其地面系统服务；下游则涵盖了各类应用场景，如物流、测绘和应急服务等。这一完整的产业链条不仅提高了低空经济的运行效率和市场竞争力，还促进了相关产业的协同发展。例如，无人机作为低空经济的重要组成部分，在物流、测绘、影视航拍等领域得到了广泛应用。随着技术的进步和应用场景的拓展，无人机在应急救援、通信中继、气象探测等新的应用场景中也发挥着越来越重要的作用。这些应用不仅提升了传统产业的效率，还为相关产业带来了新的增长点。

（二）创造巨大的经济效益

低空经济的发展为区域经济创造了巨大的经济效益，产业基金规模达千亿元。一方面，低空经济通过提升货物运输效率、降低物流成本和时间成本，直接促进了企业生产和消费者服务水平的提升。另一方面，低空经济还推动了新型服务模式的诞生，如空中救援、农业植保等，这些新服务模式不仅拓展了市场需求，还创造了新的就业机会。以无人机为例，启信宝数据显示，截至 2024 年 2 月，中国低空经济领域企业超过 5.7 万家，近 5 年新成立企业数量达 2.1 万家。这些企业不仅为低空经济的发展提供了强大的动力，还为区域经济创造了巨大的经济效益。此外，随着低空经济的不断发展，越来越多的资本涌入这一领域，为产业的快速发展提供了强大的资金支持。

（三）促进产业结构转型升级

低空经济的发展促进了产业结构的转型升级。通过推动相关技术的创新与应用，低空经济不仅提升了传统产业的效率和质量，还催生了众多新兴产业。例如，eVTOL作为未来空中交通的创新代表，正在激发全新的市场潜力。这一领域的发展不仅推动了航空制造业的转型升级，还带动了新能源、智能制造等相关产业的发展。此外，低空经济还推动了服务业的快速发展。随着无人机等低空飞行器的广泛应用，物流、测绘、应急救援等服务业领域得到了显著提升。这些服务不仅满足了市场需求，还提高了服务质量和效率，为区域经济的发展注入了新的活力。

（四）加强区域间的经济交流

低空经济的发展加强了区域间的经济交流。通过空中运输网络，低空经济促进了经济要素（如人、货、资金、信息）的流动，加强了区域间的物流连接和信息交流。这不仅促进了区域经济的协调发展，还推动了区域经济一体化进程。例如，在灾害救援、医疗救护等紧急情况下，低空经济的介入能够迅速提供支持和服务。这种快速响应能力不仅提高了应急救援的效率和质量，还加强了区域间的合作与协调。此外，低空经济还推动了区域旅游业的快速发展。通过开发城市空中旅游项目，如玻璃栈道、空中索道等，低空经济吸引了大量游客，促进了地方经济的发展。

二、优化交通运输体系

低空经济在优化交通运输体系方面发挥着重要作用。利用航空交通工具可以有效弥补地面空间的不足，充分利用垂直空间打造立体化的交通格局。这不仅可以提高交通运输效率，还可以保证交通运输体系的稳定性和安全性。

（一）集约利用空间资源

利用航空交通工具可以有效弥补地面空间的不足，充分利用垂直空间打造立体化的交通格局。例如，无人机配送、空中游览、紧急救援等低空飞行活动，不仅可以提高运输效率，还能减少地面交通拥堵，优化城市交通布局。《中国低空经济发展研究报告（2024）》显示，随着无人机产业的快速发展，无人机配送已经成为城市物流的重要组成部分。在一些试点城市，无人机配送的时效性和安全性得到了显著提升,有效缓解了地面交通压力。

(二)提高交通运输效率

低空经济通过提高交通运输效率,优化稳定性和安全性,为经济发展注入了新的动力。空中交通运输方式不仅节省时间,还能够减轻地面交通的压力,缓解交通拥堵问题。以深圳为例,深圳作为低空经济的重要试点城市,率先推出促进低空经济产业发展的专项法规,并简化审批流程。通过发展"空中的士"等低空交通工具,深圳有效缓解了地面交通拥堵,提高了交通运输效率。据初步统计,深圳的"空中的士"服务在高峰时段可以节省约30%的通勤时间。此外,由电池、电机驱动的飞行器还可以代替价格高昂的燃油,从而降低运输成本。根据相关数据,电动飞行器的运营成本比传统燃油飞行器低约20%,这对于降低物流成本和提升运输效率具有重要意义。

(三)优化区域环境形象

低空经济的发展可以促进人们绿色出行,缓解空气污染、噪声污染等环境问题,改善生活环境。低空产业的发展可能会推动城市规划中更多绿色基础设施的建设,如停机坪周围的绿地公园等。以北京市为例,北京市经济和信息化局等部门联合印发了《北京市促进低空经济产业高质量发展行动方案(2024—2027年)》,明确提出将北京市打造成全国低空经济示范区。通过发展低空经济,北京市将推动绿色基础设施建设,提升城市环境形象,吸引更多的投资和人才。

三、我国低空经济应用代表性案例

(一)广东低空经济的快速发展

广东作为中国低空经济发展的先行者,近年来在低空经济领域取得了显著成就。作为国内发展低空经济起步较早的省份之一,广东不仅拥有大疆创新等无人机领域的领军企业,还形成了包括深圳、广州、珠海在内的全产业集群和产业生态。启信宝数据显示，截至2024年11月，在低空经济领域广东是产业链上企业数量最多的省份之一，有1600多家，主要集中在深圳、广州、珠海、东莞和佛山等城市。这些企业不仅为低空经济的发展提供了强大的动力，还为区域经济创造了巨大的经济效益。此外，广东省政府还出台了一系列政策措施以推动低空经济的发展。例如，《深圳经济特区低空经济产业促进条例》的正式实施为全国低空经济的发展树立了标杆。这一政策举措不仅为广东低空经济的发展提供了有力保障，也为全国其他地区提供了可借鉴的经验和模式。

（二）深圳无人机外卖的成功实践

深圳作为中国的创新之都，其低空经济的发展走在了全国前列。深圳率先推出促进低空经济产业发展的专项法规，并简化了审批流程。同时，深圳还加强了低空基础设施的建设和拓展低空经济的应用领域。比较突出的是，在无人机外卖领域取得了丰硕成果。通过铺设数十条固定航线，深圳的无人机外卖服务已经覆盖了多个区域。用户下单后最快约10分钟就能拿到货，这一创新模式不仅提高了物流配送的效率和质量，还为城市物流配送提供了新的解决方案。此外，深圳还在积极探索无人机在更多领域的应用。例如，在海南成功实现无人机公共货运物流跨海飞行的案例中，深圳的无人机技术发挥了重要作用。这一成功案例不仅展示了无人机在物流领域的巨大潜力，还为低空经济的发展提供了新的思路和方向。

（三）武冈市通用航空低空经济业态项目的推进

武冈市依托当地机场优势，积极推进低空经济业态项目。武冈市审议并通过《武冈市通用航空低空经济业态项目合作协议书》等文件，旨在辐射带动周边地区经济发展，进一步完善低空经济产业链。这一项目的推进不仅促进了当地经济的发展，还为低空经济在更广泛区域的应用提供了有益的探索和经验。通过深化低空改革、建立军地民协同运行机制等措施，武冈市为低空经济的发展提供了强有力的政策保障和支持。

(四) 成都低空经济的发展实践

成都作为全国首批低空空域协同管理改革试点区之一,其低空经济的发展也取得了显著成效。成都聚焦建设西部低空经济中心,加强在研发制造、低空空域、场景创新、融合发展等环节的探索。通过引入先进的航空技术和设备,推动产业转型升级和高质量发展。同时,成都还积极推广无人机等新兴业态的应用和发展。例如,在成都科创生态岛,无人机配送咖啡外卖已经成为一种时尚的生活方式。这些实践不仅提升了成都的城市形象和生态环境质量,还为区域经济增添了新的增长点。

第三篇　高质量共建"一带一路"对低空经济的需求

习近平总书记在第四次"一带一路"建设工作座谈会①上指出，共建"一带一路"已经进入高质量发展新阶段。要坚持稳中求进工作总基调，完整准确全面贯彻新发展理念，加快构建新发展格局，高举人类命运共同体旗帜，坚持共商共建共享、开放绿色廉洁、高标准惠民生可持续的指导原则，以高质量共建"一带一路"八项行动为指引，以互联互通为主线，坚持高质量发展和高水平安全相结合、政府引导和市场运作相结合、科学布局和动态优化相结合、量的增长和质的提升相结合，统筹深化基础设施"硬联通"、规则标准"软联通"和同共建国家人民"心联通"，统筹推进重大标志性工程和"小而美"民生项目建设，统筹巩固传统领域合作和稳步拓展新兴领域合作，完善推进高质量共建"一带一路"机制，不断拓展更高水平、更具韧性、更可持续的共赢发展新空间。

---

① 不断拓展共赢发展新空间：习近平总书记在第四次"一带一路"建设工作座谈会上的重要讲话凝聚共识指引方向［EB/OL］. 求是网，（2024-12-04）［2025-03-20］. http://www.qstheory.cn/qshyjx/2024-12/04/c_ 1130224929.htm.

第六章 "一带一路"共建国家的经济发展需求

"一带一路"倡议为中国及共建国家产业升级带来诸多红利。贸易与投资便利化通过提升基础设施质量、应用信息技术、优化经济政治环境、强化金融服务和海关边境管制等措施，降低成本、提升效率，促进区域经济繁荣发展，在"一带一路"建设中发挥着重要作用。2024年前三季度，"一带一路"倡议下的贸易往来展现出强劲的增长势头，成为全球经济复苏的重要引擎。根据最新数据，2024年1—9月中国与"一带一路"共建国家的贸易总额达到15742.77亿美元，同比增长4.53%，[①] 增速继续高于对外贸易总体增速。

第一节 基础设施互联互通

构建全方位、多层次、复合型的互联互通网络，实现"一带一路"共建国家间的硬件联通、软件联通、人文联通三大目标，有助于"一带一路"共建国家突破经济增长和贸易投资的瓶颈。深化全球基础设施互联互通，完善陆、海、天、网"四位一体"互联互通布局，具有重要的意义。

---

① 国务院新闻办就2024年前三季度进出口情况举行发布会［EB/OL］.中国政府网，(2024-10-15)［2025-03-20］. https：//www.gov.cn/lianbo/fabu/202410/content_ 6981433.htm.

一、助力促进各国贸易发展

目前，全球各国间基础设施发展水平差异显著，且普遍存在发展不均衡现象，东南亚地区基础设施相对落后，尤其是公路、铁路、港口、机场等，缅甸等国的道路基础设施尤为薄弱。中国与东南亚国家在铁路、信息互联互通等方面的合作尚待深化。同时，"一带一路"沿线中亚、西亚地区与中国交通联系不足，直航路线少、机场和公路设施落后。此外，"一带一路"战略项目常受外部环境制约，如墨西哥高铁项目因国内政治斗争、国际贸易竞争及媒体负面报道而夭折，凸显了项目实施过程的艰难与挑战。

二、为各国更好融入全球产业链提供基础

基础设施互联互通是"一带一路"建设的优先领域，是各项合作的重要基础和支撑。以高标准、可持续、惠民生为目标，巩固互联互通合作基础，为促进全球互联互通做增量，可以激发"一带一路"共建国家和地区的经济内生动力，使各国更好融入全球产业链、供应链、价值链，有助于改变全球经济低迷现状，为世界经济增长开辟新空间。

近年来，我国有序推进与"一带一路"共建国家的投资合作。2023 年，我国企业在"一带一路"共建国家的非金融类直接投资达 2240.9 亿元人民币，比 2022 年增长 28.4%。对外承包工程方面，我国企业在"一带一路"共建国家新签承包工程合同额 16007.3 亿元人民币，增长 10.7%；完成营业额 9305.2 亿元人民币，增长 9.8%。① 2024 年 1—10 月，我国企业在"一带一路"共建国家的非金融类直接投资为 1894.5 亿元人民币，同比增长 4.3%。对外承包工程方面，我国企业在"一带一路"共建国家新签承包工程合同额

---

① 2023 年我国对"一带一路"共建国家投资合作情况［EB/OL］. 中华人民共和国商务部，(2024-01-29)［2025-03-20］. https：//m.mofcom.gov.cn/article/tongjiziliao/dgzz/202401/20240103469619.

10566.7亿元人民币，增长17.1%；完成营业额7167.2亿元人民币，增长2.1%。①诸多重点项目取得重大突破。全长1000多千米的中老铁路②让老挝从"陆锁国"变成区域枢纽国，为老挝经济实现跨越式增长、更好融入全球经济发展提供了动力。雅万高铁③所在的爪哇岛是印度尼西亚经济文化最为发达的地区，全长142千米、设计最高时速350千米的雅万高铁令当地交通体系实现升级，能够大幅加速沿线各地区人员流动、货物流通，铺就融合之路、开放之路、共富之路。

三、为畅通国内国际双循环提供有力支撑

我国不断加快完善各具特色、互为补充、畅通安全的陆上通道，优化海上布局，为畅通国内国际双循环提供有力支撑。2024年前10个月，中欧班列累计开行数量达到16389列，比2023年同期增长了12.5%。累计发送的货物总重量达到1753202标准箱，同比增长11%。2024年1—10月累计开行中亚班列9706列，同比增长9.2%，累计发送货物715416标准箱，同比增长10.5%。陆海新通道运输箱量同比增长20.8%，铁海联运班列、国际铁路班列、跨境公路班车三种物流形态均已常态化运行，目的地拓展至124个国家和地区的523个港口。④

同时，中国企业不断加强海外通道布局，逐步提升我国国际运输网络的互联互通和安全运行水平。针对中欧班列运输需求不断增长的实际，国铁集

---

① 2024年1—10月我国对共建"一带一路"国家投资合作情况 [EB/OL]. 中华人民共和国商务部，（2024-11-26）[2025-03-20]. https：//www.mofcom.gov.cn/tjsj/gwjjhztj/art/2024/art_7ebb1db7a1f4440e87781c4cce26f494.

② 跨越山河 联结友谊：写在"一带一路"标志性工程中老铁路开通运营之际 [EB/OL]. 中国政府网，（2021-02-04）[2025-03-20]. https：//www.gov.cn/xinwen/2021-12/04/content_5655780.htm.

③ 中印尼共建"一带一路"合作的"金字招牌"：记习近平主席关心推动的雅万高铁正式开通运营 [EB/OL]. 中国一带一路网，（2023-10-18）[2025-03-20]. https：//www.yidaiyilu.gov.cn/p/0O5QP581.html.

④ 2024年中欧班列累计开行1万列 [EB/OL]. 中国政府网，（2024-07-10）[2025-03-20]. https：//www.gov.cn/yaowen/liebiao/202407/content_6962308.htm.

团制定了完善中欧班列境外通道布局的实施方案。中国远洋海运集团在"一带一路"沿线投资建设了包括希腊比雷埃夫斯港、阿联酋阿布扎比码头等重要枢纽港在内的20余个集装箱码头,覆盖北欧、南欧、远东、东南亚、中东、南美、非洲等区域。

第二节　产业合作与升级

一、产业合作现状

中国与"一带一路"共建国家在产业合作方面的规模不断扩大,领域持续拓宽,这一现象在近年来越发显著。从农业、工业到服务业,各个产业领域内都涌现出了大量的合作项目,不仅促进了中国与相关国家的经济发展,还加深了彼此之间的友好关系。中国与"一带一路"共建国家产业部分合作项目如表6-1所示。

表6-1　中国与"一带一路"共建国家产业部分合作项目

合作领域	措施	案例
农业	中国通过提供先进的技术、设备和经验,帮助这些国家提升农业生产效率和质量	①帮助巴基斯坦改良了灌溉系统,引入了高效的滴灌技术,大大减少了水资源的浪费,同时提高了农作物的产量; ②与多个国家开展了联合农业研发项目,针对当地的土壤和气候条件,培育出更适合的农作物品种; ③中国农业企业积极参与国际农业市场竞争,通过与共建国家的深度合作,打造具有国际竞争力的农业品牌
工业	在基础设施建设、能源、化工等领域,双方的合作取得显著成效	①在巴基斯坦,中国企业承建了多个电力和基础设施项目,有效缓解了当地的能源短缺问题; ②在中亚地区,中哈原油管道等项目的建设不仅促进了油气资源的开发利用,也加强了中俄、中欧之间的能源贸易往来
高科技产业	双方在人工智能、大数据、云计算等新兴科技领域展开深入研究与交流,共同推动产业升级和创新发展	中泰双方合作在泰国打造了一个5G智能示范工厂,运用先进的5G通信技术,实现了工业应用的创新。该项目的成功实施为泰国乃至整个东南亚地区的工业升级和数字化转型提供了有益的借鉴与示范

续表

合作领域	措施	案例
服务业	服务贸易逐渐成为国际贸易的重要组成部分，双方推动服务业合作深化	①中国电信企业与多国运营商开展了深入的互联互通合作，推动了区域通信网络的升级和优化；②中国银行等金融机构在共建国家设立分支机构，提供全方位的金融服务

资料来源：中国一带一路网。

中国在推进与"一带一路"共建国家的产业合作时，始终注重实现互利共赢的目标。通过共享中国大市场机遇，相关国家得以扩大对华出口，促进本国产业发展。同时，中国也积极引进共建国家的优质产品和服务，丰富国内消费市场，满足人民日益增长的美好生活需要。中国与"一带一路"共建国家在产业合作方面的规模不断扩大、领域持续拓宽的现象是多方面因素共同作用的结果。这种合作不仅促进了中国和相关国家的经济发展与社会进步，也为全球经济的繁荣稳定做出了重要贡献。

二、产业升级路径

在"一带一路"倡议的框架下，共建国家的产业升级成为推动区域经济一体化的关键动力。产业升级不仅意味着经济结构的优化，更是提升国家竞争力的核心途径。技术创新与转移、产业链整合与优化、绿色低碳发展，构成了产业升级的三大核心路径与策略。

（一）技术创新与转移：产业升级的引擎

技术创新是推动产业升级的根本动力。在"一带一路"共建国家中，技术水平的差异为技术转移提供了广阔的空间。中国作为技术创新的活跃国，通过技术输出与合作，有效促进了共建国家的产业升级。以中国高铁为例，中国高铁技术的快速发展与广泛应用为共建国家提供了高效、安全、环保的交通解决方案。以印度尼西亚雅万高铁为例，这是中国高铁技术首次全系统、全要素、全产业链走出国门，标志着中国高铁技术输出进入新阶段。雅万高铁全长142千米，设计时速350千米，于2023年通车。该项目的实施不仅将极大提升了印度尼西亚的交通运输能力，还带动了当地相关产业链的发展，如建筑材料、机械制造、电子信息等，从而推动了整个经济结构的优化升级。

为促进技术转移，中国与"一带一路"共建国家建立了多层次、宽领域的合作机制。包括建立技术转移中心、举办国际技术博览会、开展联合研发项目等。截至2023年底，我国与东盟、非洲、拉美等地区搭建了9个跨国技术转移平台，累计举办技术交流对接活动300余场，促进千余项合作项目落地，[①] 部分依托我国优势技术所开展的合作项目已取得良好成效。

（二）产业链整合与优化：提升产业竞争力的关键

产业链整合与优化是提升"一带一路"共建国家产业竞争力的重要途径。通过加强上下游产业的协同合作，推动产业集群发展，可以有效降低生产成本，提高产品质量，增强市场竞争力。以中哈产能合作示范区为例，中哈产能合作示范区位于哈萨克斯坦首都努尔苏丹附近，是中国在海外建设的首个产能合作示范区。该示范区以汽车制造、食品加工、新材料等为主导产业，吸引了包括中国一汽、中粮集团在内的多家国内外知名企业入驻。通过整合上下游产业链，示范区形成了从原材料供应、零部件生产到整车组装、销售的完整产业链体系。这不仅提升了哈萨克斯坦的制造业水平，还带动了当地就业，促进了经济多元化发展。

为实现产业链整合与优化，中国与"一带一路"共建国家采取了多种策略。一是建立产业园区，通过集中布局、资源共享，形成产业集群效应。二是推动跨国产业链合作，鼓励企业"走出去"，在"一带一路"共建国家设立生产基地或研发中心，实现产业链上下游的紧密衔接。三是加强政策协调，为产业链整合提供政策支持与便利化服务。据统计，截至2022年底，中国已在共建国家建设了上百个产业园区，涉及制造业、农业、服务业等多个领域，有效促进了共建国家的产业升级与经济发展。

---

① 深化"一带一路"科技创新合作 [EB/OL]. 中国一带一路网，（2024-09-22）[2025-03-20］. https://www.yidaiyilu.gov.cn/p/01EN85E8.html.

(三) 绿色低碳发展：产业升级的新方向

绿色低碳发展是产业升级的重要方向，也是实现可持续发展的关键。在"一带一路"建设中，绿色丝绸之路的提出标志着中国与共建国家在绿色低碳领域的合作迈上了新台阶。以中巴经济走廊绿色能源项目为例，中巴经济走廊是"一带一路"倡议的重要组成部分，其中绿色能源项目成为亮点之一。巴基斯坦拥有丰富的太阳能和风能资源，中国企业在该国投资建设了多个光伏电站和风电场。以巴基斯坦首个大型风电项目——旁遮普省萨菲尔风电场为例，该项目由中国电建集团投资并建设，总装机容量为90万千瓦，年发电量可达22亿千瓦·时，相当于每年减少二氧化碳排放约200万吨。[①] 这不仅为巴基斯坦提供了清洁、可靠的能源供应，还推动了当地绿色能源产业的发展。

为推进绿色低碳发展，中国与"一带一路"共建国家采取了多项措施。一是加强绿色基础设施建设，如建设绿色公路、铁路、港口等，减少对环境的影响。二是推动绿色能源合作，共同开发太阳能、风能等可再生能源项目。三是发展绿色金融，为绿色项目提供资金支持。据统计，截至2022年底，中国已与"一带一路"共建国家共同实施了数百个绿色基础设施和能源项目，累计投资额超过千亿美元。这些项目的实施不仅促进了共建国家的绿色低碳发展，还为全球应对气候变化做出了积极贡献。

三、"一带一路"倡议助力各国产业升级

(一) "一带一路"倡议与中国产业升级

"一带一路"倡议秉承"政策沟通、设施联通、贸易畅通、资金融通和民心相通"的"五通"理念，不断推进"五通"能力与水平的提升。在"五

---

① 中国电建：点亮"中巴走廊"的美好未来［EB/OL］. 央视网，(2021-05-23) ［2025-03-20］. https://news.cctv.com/2021/05/23/ARTIpoGkImOgNzKqB8F5TawW210523.

通"高质量建设过程中,中国与"一带一路"共建国家的联系更加紧密,设施联通使得交通更加便捷,贸易往来更加频繁。在国内供给侧方面,"一带一路"倡议降低了产品"走出去"的成本,提供了更多产品与产业"走出去"的机会,加快了中国产品"走出去"的步伐,进一步优化了国内产能结构,促进国内产能合理有效利用。在全球价值链和新国际化分工体系下,"一带一路"倡议加快了国内产业升级,推动产业价值链攀升和产业结构优化。内生增长理论认为,技术是促进经济增长的重要因素,同样,产业升级的实现关键在于技术进步。在"一带一路"倡议的背景下,政府对"一带一路"对口产业的政策支持加强,对"一带一路"对口产业发展的扶持力度加大,政策导向作用引领中国产业发展转向更多依靠技术创新推动。同时,"一带一路"倡议倡导资金融通,金融效率得以提高,产业链上下游融资约束得以缓解,进而促进研发投入增加,推动技术创新效应。此外,在"一带一路"倡议架构下,作为世界上最大的发展中国家,中国对外投资主要表现为顺向投资。中国对外直接投资规模不断扩大,对外直接投资效率提高,从而形成产业聚集效应,推动技术创新。如此一来,在"一带一路"倡议背景下,中国产业技术创新水平和能力不断提高,产业发展重心逐渐由劳动密集型向资本密集型与技术密集型转变,产业迈向高端化,从而逐步实现产业升级。

区域贸易方面,2024年前三季度,中国与主要贸易伙伴的贸易关系呈现复杂而多变的态势(见表6-2)。东盟、欧盟和美国作为中国最重要的贸易伙伴,东盟继续保持中国第一大贸易伙伴地位,双方贸易总值同比增长7.4%,增速高于"一带一路"整体水平。这主要得益于中国—东盟自贸区升级版的实施,以及双方在数字经济、绿色发展等新兴领域的合作不断深化。欧盟作为中国第二大贸易伙伴,贸易总额略有下降,但考虑到全球经济形势,这一表现仍属稳健。中欧班列的持续开行,以及双方在新能源汽车和可再生能源领域的合作,为中欧贸易提供了新的增长点。中美贸易虽然保持增长,但增幅仅有2.3%,较去年同期大幅收窄。这反映出中美经贸关系面临的挑战,包括贸易摩擦、地缘政治因素等。然而,双方在农产品、能源等领域的贸易依然保持稳定增长。与日韩等国的贸易出现下滑,其中对日本出口下降5.7%,对韩国出口下降3.2%。这主要受全球经济增长放缓、半导体行业周期性波动等因素影响。但值得注意的是，中日韩自贸区谈判正在稳步推进，未来有望为三方贸易注入新的动力。

表6-2 2024年前三季度中国主要贸易伙伴

国家/地区	贸易总额（亿美元）	同比增长率（%）	出口额（亿美元）	同比增长率（%）	进口额（亿美元）	同比增长率（%）
东盟	7157.69	7.4	3980.00	8.2	3177.69	6.5
欧盟	5880.63	-0.5	3420.00	-1.2	2460.63	0.3
美国	4900.00	2.3	3200.00	3.1	1700.00	0.8

资料来源：中国政府网。

2024年前三季度，在传统市场增长放缓的背景下，中国与新兴市场的贸易合作日益密切，成为推动"一带一路"贸易增长的新动力（见表6-3）。

表6-3 2024年前三季度中国主要新兴市场贸易合作

地区	贸易总额（亿美元）	同比增长率（%）	出口额（亿美元）	同比增长率（%）	进口额（亿美元）	同比增长率（%）
非洲	2000	-1.7	1200	-2.5	800	-0.5
大洋洲	1500	-1.8	900	-2.0	600	-1.5
拉美地区	2500	5.1	1500	6.7	1000	3.2

资料来源：中国政府网。

中国与非洲的贸易略有下降，但双方在基础设施、能源矿产等领域的合作依然紧密。中非合作论坛的持续举办为中非经贸关系发展提供了重要平台。中国与大洋洲的贸易也出现小幅下滑，主要受国际大宗商品价格波动影响。然而，中国与澳大利亚、新西兰等国家的自贸协定升级谈判正在进行，未来有望为双方贸易注入新的活力。值得注意的是，中国与拉美地区的贸易增长显著，增幅达5.1%。这主要得益于中国与拉美国家在农产品、能源矿产等领域的合作不断深化，以及双方在"一带一路"框架下的合作日益密切。

2024年前三季度，中国各省市在"一带一路"贸易中的表现呈现明显的区域特征。沿海省份继续发挥着引领作用，而内陆省份的贸易增长也不容忽视。2024年前三季度国内重点省市分析如表6-4所示。

表6-4 2024年前三季度国内重点省市分析

省份	贸易总额（亿美元）	同比增长率（%）	出口额（亿美元）	同比增长率（%）	进口额（亿美元）	同比增长率（%）
广东	4500	5.2	2800	6.0	1700	4.0
江苏	3800	4.8	2200	5.5	1600	3.8
浙江	3200	6.1	2000	7.0	1200	4.8

资料来源：中国政府网。

广东作为中国对外贸易的"领头羊"，在"一带一路"贸易中继续保持领先地位。贸易总额同比增长5.2%，其中出口增长6.0%，进口增长4.0%。广东的电子产品、机械设备等优势产业在"一带一路"共建国家市场表现强劲。江苏的"一带一路"贸易增长稳健，贸易总额同比增长4.8%。江苏在高端制造、新能源等领域的出口增长显著，同时积极扩大先进技术设备和关键零部件的进口，推动产业升级。浙江的"一带一路"贸易增长最为强劲，贸易总额同比增长6.1%。浙江的小商品、纺织品等传统优势产品在国际市场保持竞争力，同时跨境电商等新业态发展迅速，为贸易增长注入新动能。其他重点省市的"一带一路"贸易也呈现良好的发展势头：福建贸易总额同比增长5.5%，其中对东盟国家的贸易增长尤为显著；山东贸易总额同比增长4.0%，在农产品、能源矿产等领域的贸易表现突出；上海贸易总额同比增长3.8%，作为国际金融中心和航运枢纽，在服务贸易领域表现亮眼。值得注意的是，内陆省份的"一带一路"贸易增长势头强劲；四川、重庆、陕西等省份积极融入"一带一路"建设，在基础设施建设、产能合作等领域取得显著成效。

（二）"一带一路"倡议与共建国家产业升级

"一带一路"倡议的合作国家已遍布亚洲、非洲、欧洲、北美洲、南美洲和大洋洲。在"五通"理念的引领下，"一带一路"倡议也能为共建国家的产业升级带来政策红利。

政策沟通是"一带一路"倡议推动共建国家产业升级的基础。截至2024

年底，中国已同150多个国家、30多个国际组织签署共建"一带一路"合作文件，成功举办三届"一带一路"国际合作高峰论坛，成立20多个专业领域多边合作平台，① 这在共商共建共享原则的基础上，建立了中国与参与国的友好合作关系。政策协同增进了各参与国之间的交流，基于平等的合作关系，提升了各国之间的政治互信，并形成了国际共识。共建"一带一路"的各种制度和机制逐步建立，为"设施联通、贸易畅通、资金融通"铺平了道路，进一步推动了基于各共建国家比较优势的产业分工与合作，为共建国家的产业升级奠定了基础。

设施联通是"一带一路"倡议推动共建国家产业升级的关键要素。10余年来，"一带一路"倡议的重点项目已经显著改善了共建国家的基础设施，成功构建了"六廊六路、多国多港"的互联互通网络，为各共建国家之间的合作和交流提供了便利条件。中巴经济走廊作为"一带一路"的标志性项目，其第一阶段已经创造了约3.8万个工作岗位，其中75%以上是本地就业，包括能源项目吸纳的1.6万名巴基斯坦工人和工程师，以及交通基础设施建设创造的约1.3万个工作岗位。② 此外，中欧班列作为有效链接"一带一路"参与国家的载体，其在便利共建国家物流方面的作用明显增强。2016—2021年，中欧班列年开行数量由1702列增至15183列；运输货物品类扩大到汽车配件及整车、化工、机电、粮食等5万余种；年运输货值由80亿美元提升至749亿美元，在中欧贸易总额中的占比从1.5%提高到8%。③ 这充分说明了设施联通对"一带一路"共建国家产业发展的巨大推动作用。随着各类基础设施的提升，产业集聚效应逐渐显现，进一步加速了共建国家融入全球价值链分工的步伐，进而提高其产业升级水平。

贸易畅通是"一带一路"倡议推动共建国家产业升级的关键环节。"一带一路"倡议实施10余年来，中国已成为25个参与国家的最大贸易伙伴，并

---

① 高质量共建"一带一路"拓展共赢发展新空间［EB/OL］. 中国政府网，（2024-12-04）［2025-03-20］. https：//www.gov.cn/zhengce/202412/content_ 6990900.htm.

② 共建"一带一路"的典范：中巴经济走廊建设成果丰硕［EB/OL］. 中国一带一路网，（2022-04-18）［2025-03-20］. https：//www.yidaiyilu.gov.cn/p/236159.html.

③ 中欧班列累计开行超5万列［EB/OL］. 中国政府网，（2022-01-30）［2025-03-20］. https：//www.gov.cn/xinwen/2022-01/30/content_ 5671290.htm.

且已经与13个参与国家签订了7份自由贸易协议，同时也与欧盟、新加坡等31个经济体签署了互认协议。2013—2021年，中国与"一带一路"共建国家之间的进出口总值从6.5万亿元提升至11.6万亿元，年均增速达到了7.5%，这一增速超过了同期整体货物贸易的年均增速。在同期的中国外贸总值中，这一比重从25%提升到了29.7%。在"一带一路"倡议的推动下，中国为共建国家提供了广阔的市场空间和便捷的贸易条件，共建国家得以通过出口价值链中的低端产品来提升出口贸易收入，扩大国内贸易规模。一方面，利用规模经济效应，共建国家可以发挥自身资源优势，加速产业集群的形成；另一方面，通过市场竞争效应，共建国家可以不断提升出口规模和出口质量，开发新的市场，从而推动本地产品的附加值提升和产业结构的优化。同时，共建国家通过进口产业链中高端产品，可以利用经济溢出效应和技术溢出效应，推动国内产品附加值的提高和技术创新水平的提升，从而实现产业升级。

资金融通是"一带一路"倡议推动共建国家产业升级的关键支撑。当前，29个参与国家的财政部已经联合批准了《"一带一路"融资指导原则》，推动金融合作并构建多元化的融资体系。同时，"一带一路"倡议推动了AIIB和丝路基金等金融合作机构的设立，为双边和多边的互联互通提供了投融资支持。截至2020年底，丝路基金已签约了以股权投资为主的49个各类项目，覆盖多个"一带一路"共建国家，其中70%的签约资金被用于电力电站开发、基础设施建设、港口航运、高端制造等大型国际合作项目。截至2021年底，AIIB已经批准了158个项目，累计投资总额达到319.7亿美元。这些资金在"一带一路"共建国家的生产交易、进出口贸易、技术创新等关键环节中起着重要作用。"一带一路"倡议通过深化金融合作为发展中国家提供了更多的资金获取机会，推动了基础设施建设和技术创新，为共建国家的产业升级奠定了基础。在多元化的融资体系下，资金流动的速度加快，金融效率得到提高，资金的使用效率增强。同时，金融业的发展本身就是产业结构优化升级的体现。

民心相通是"一带一路"倡议中推动共建国家产业升级的战略基础。根据中国国家统计局的数据，截至2019年底，中国已与24个"一带一路"共建国家签署了高等教育学历学位互认协议，并在23个共建国家的60所大学开展了境外办学活动。①"一带一路"倡议不仅带来了经济效益,而且催生了社会文化效益。各共建国家的优秀文化在交流和互相借鉴中得到了传播,通过文化交流和科技合作,培养了高级人才,并吸引了人才集聚。人才推动了科技进步和效率提升,是推动产业升级的重要因素。因此,通过文化效应和人才效应,民心相通亦可以推动共建国家的产业升级。

第三节　贸易与投资便利化

贸易与投资便利化是主要针对贸易和投资的相关程序和手续的精简化,让贸易投资的国际环境更加透明,从而极大地降低贸易成本。贸易与投资的相互影响和联系能提升贸易额的增长,此外也能直接扩大贸易的投资需求。随着全球化的不断深入,"一带一路"倡议在促进国际贸易与投资方面发挥着越来越重要的作用。贸易与投资便利化作为"一带一路"的核心目标之一,通过优化基础设施建设、加强信息技术应用、改善经济与政治环境、提升金融服务和强化海关边境管制等措施,有效推动了区域经济的繁荣发展。

一、基础设施建设

(一) 交通网络的建设与优化

依托"一带一路"倡议,中国与共建国家共同推进交通基础设施建设,显著提高了物流效率,促进了贸易往来和人员流动。"一带一路"倡议不仅加强了中国与周边国家的互联互通,还推动了区域经济的繁荣与发展。中国与"一带一路"共建国家共同推进交通基础设施建设案例如表6-5所示。

---

① "一带一路"建设成果丰硕　推动全面对外开放格局形成:党的十八大以来经济社会发展成就系列报告之十七 [EB/OL]. 国家统计局,(2022 – 10 – 09) [2025 – 03 – 20]. https://www.stats.gov.cn/xxgk/jd/sjjd2020/202210/t20221009_1889044.

表6-5　中国与"一带一路"共建国家共同推进交通基础设施建设案例

交通类型	具体案例
铁路	①吉布提—埃塞俄比亚铁路是"一带一路"倡议的标志性项目之一，吉布提和埃塞俄比亚之间的铁路连接了两个国家的主要港口和经济中心，通过使用智慧物流技术，包括物联网和大数据分析，这条铁路能够实现货物追踪、库存管理和运输优化等功能，提高了货物运输的效率和可靠性。 ②青泉铁路采用了智慧物流技术，包括物联网、人工智能和大数据分析等，实现了货物追踪、运输计划和库存管理等功能。这条铁路连接了中国西南地区和东南亚，为两国之间的贸易提供了高效便捷的物流通道
公路	①由中企承建的马普托大桥全长约3千米，横跨马普托海湾，之后干线公路向南延伸至南非边境口岸，全长187千米。马普托大桥的建成将马普托老城区与规划中的新城区卡腾贝区连在了一起，促进了当地的经济社会发展。 ②黑山南北高速公路项目优先段长约41千米，由中国路桥工程有限责任公司承建，于2022年7月正式通车。优先段共有16座隧道、20座桥梁和3座互通立交，项目桥隧比例约60%，是南北高速公路项目中技术和施工难度最大的一段。该公路建成后将并入国际公路交通网，连接中部欧洲的多个国家，对黑山具有重要意义。 ③巴基斯坦PKM高速公路项目（苏库尔—木尔坦段）是巴基斯坦南北交通大动脉。它南起信德省苏库尔，北至旁遮普省经济中心城市木尔坦，全长392千米，设计时速120千米，为巴基斯坦首条具有智能交通功能的双向6车道高速公路。项目连接的木尔坦和苏库尔是巴基斯坦重要城市，项目的建成将两地通车时间从11小时压缩至4小时以内
海运	①安徽省芜湖港积极推进智慧港口建设，加快港产城联动发展，整合港航资源，深度融入"一带一路"，形成通江达海、航运五洲的发展新格局。 ②中巴经济走廊的终点在巴基斯坦瓜达尔港，这个港口的建设和运营对于提升中巴贸易效率具有重要意义。瓜达尔港不仅为中巴两国提供了便捷的物流通道，还成为南亚、中亚、北非、海湾国家等通过经济、能源领域合作紧密联系在一处的关键枢纽
航空	截至2024年10月，中国已与132个国家和地区签署了政府间航空运输协定，与98个共建国家签订了航空运输协定。这些新开辟的国际航线为中国与共建国家的贸易往来提供了更加便捷的空中通道

资料来源：中国政府网、芜湖市人民政府网、中国一带一路网。

（二）通信设施的完善

高速互联网、移动通信等现代通信技术的迅猛发展，正以前所未有的方式改变着全球贸易投资的格局。中国与中亚国家合作建设的数据中心，便是此趋势下的例证之一，它不仅促进了跨境电商的蓬勃发展，还推动了整个数字经济的快速增长。高速互联网和移动通信技术不仅缩短了信息传递的时间，还提高了信息的准确性和可靠性，使贸易投资活动更加高效和便捷。企业可以通过电子邮件、即时通信软件等工具，迅速了解国内外市场的需求和竞争动态，同时也能够实时传达自身的产品、技术和服务信息给国外合作伙伴。这种信息的即时交流极大地促进了商务合作的达成，加速了贸易投资的进程。

中国与中亚国家合作建设的数据中心，不仅促进了跨境电商的蓬勃发展，还推动了整个数字经济的快速增长。这一趋势不仅加速了全球经济的数字化转型，也为各国之间的经济合作提供了新的机遇和挑战。这些数据中心不仅提供了高效的数据存储和处理能力，还通过高速互联网连接，实现了数据的实时共享和传输。这对于跨境电商来说，无疑是一个巨大的福音。据统计，自数据中心建成以来，中亚的跨境电商交易额实现了快速增长。其中，与中国之间的贸易额更是屡创新高。这不仅带动了中亚国家的经济增长，也为中国消费者提供了更多元化的购物选择。数据中心的建设还推动了整个数字经济的快速发展。随着大数据、云计算等技术的广泛应用，数字经济已经成为全球经济增长的新引擎。中国与中亚国家合作建设的数据中心，为这些技术的落地提供了坚实的基础。通过数据中心，各国可以更加高效地利用数据资源，推动产业升级和创新发展。例如，中亚的农业企业可以利用大数据技术进行精准种植和养殖，提高农产品的产量和质量；而中国的科技企业则可以通过云计算平台，为中亚的企业提供智能化的解决方案和服务。此外，数据中心的建设还促进了各国之间的文化交流和教育合作。通过高速互联网连接，人们可以轻松地访问到各国的文化资源和教育资源，促进了文化的多样性和教育的普及。

二、信息技术应用

在"一带一路"倡议的推动下，中国与共建国家在信息技术应用方面展开了广泛的合作，尤其是在电子政务的推广以及大数据、人工智能等技术的应用上，取得了显著的成效。这些技术的应用不仅提高了行政效率，还促进了贸易投资的精准度和效率，为区域经济的繁荣与发展注入了新的活力。为了促进信息技术的广泛应用和深入发展，中国与共建国家加强了人才培养和合作交流。通过举办培训班、研讨会等活动，提高了政府和企业对信息技术的认识和应用能力。同时，还加强了与国际组织的合作与交流，借鉴国际先进经验和技术成果，推动了信息技术的创新与发展。

（一）电子政务的推广

电子政务作为信息技术与政府服务深度融合的产物，已经成为提高政府服务效率、简化审批流程的重要手段。在"一带一路"倡议的推动下，中国与共建国家在电子政务领域展开了广泛的合作，共同推进政府服务的数字化转型。

通过电子政务平台，政府服务实现了在线办理，极大地简化了审批流程，提高了行政效率。例如，中国已与多个国家签署了电子签名互认协议，这意味着跨境交易中的电子签名具有法律效力，从而降低了跨境交易成本，促进了贸易的便利化。以"粤省事"为例，这是广东省数字政府"指尖计划"的技术实现，也是人工智能技术和方法在电子政务公共服务领域的典型应用。该平台集成了小程序和公众号两大模块，通过"实名+实人"身份核验登录，实现民生服务一站式办理。用户只需在手机上操作，即可完成各类政府服务的申请和办理，大大节省了时间和精力。此外，中国政府还积极推动电子政务平台的国际化进程，与"一带一路"共建国家共同建设跨境电子政务平台。这些平台不仅实现了政府服务的在线办理，还促进了政府间的信息共享和协同办公，提高了政府服务的透明度和公信力。在"一带一路"共建国家，电子政务的推广也取得了显著成效。例如，巴基斯坦政府通过电子政务平台实现了税务、海关、工商等部门的在线办理服务，大大提高了政府服务的效率和质量。同时，这些平台还促进了政府与民众之间的互动和交流，增强了政府的公信力和民众的满意度。

（二）大数据、人工智能等技术应用

大数据、人工智能等技术在市场分析、风险管理等方面的应用，提升了贸易投资的精准度和效率。在"一带一路"倡议的推动下，中国与共建国家在大数据、人工智能等领域展开了广泛的合作，共同探索新技术在贸易投资中的应用。一方面，大数据分析技术可以帮助企业深入了解市场需求、预测市场趋势、优化供应链管理等。在"一带一路"共建国家，大数据分析技术已经被广泛应用于贸易领域。以阿里巴巴为例，该公司利用大数据分析技术预测市场需求变化，辅助企业做出更明智的投资决策。通过收集和分析海量的市场数据、消费者行为数据等，阿里巴巴能够准确地预测市场需求的变化趋势，从而帮助企业制订更加科学的生产和销售计划。此举不仅提高了企业的市场竞争力，还能够促进贸易的繁荣和发展。另一方面，大数据分析技术还可以帮助企业优化供应链管理。通过收集和分析供应商、生产商、分销商等各个环节的数据，企业可以更加精准地掌握供应链的运营情况，及时发现潜在的风险和问题，并采取相应的措施进行应对。这不仅提高了供应链的可靠性和稳定性，还降低了企业的运营成本和风险。

通过利用人工智能技术对市场数据、消费者行为数据等进行深度学习和分析，企业可以更加准确地识别潜在的风险和问题，并采取相应的措施进行应对。在"一带一路"共建国家，人工智能技术也被应用于风险管理和投资决策领域。通过利用人工智能技术对市场数据、政策变化等进行深度学习和分析，企业可以更加准确地预测潜在的风险和问题，更加准确地预测市场走势和企业表现，从而做出更加明智的投资决策。这不仅促进了资本的流动和配置效率，还推动了区域经济的繁荣与发展。

三、经济与政治环境

（一）政策沟通的加强与政策环境的优化

"一带一路"倡议自 2013 年提出以来，便致力于倡导共商共建共享的原则，强调共建国家在政策沟通、设施联通、贸易畅通、资金融通和民心相通等方面的合作。这一倡议不仅为各国提供了一个共同发展的平台，还通过加强政策沟通，显著优化了政策环境，减少了贸易壁垒和投资风险。

在经贸合作协议方面，中国与"一带一路"共建国家签订了一系列多边和双边经贸合作协议，为贸易投资创造了更加稳定的政策环境。这些协议涵盖了贸易便利化、投资保护、海关合作、电子商务等多个领域，为双方企业提供了更加透明、可预期的营商环境。例如，中国与东盟国家签订的《中国—东盟全面经济合作框架协议》，为双方贸易投资提供了制度性保障。该协议规定了双方将逐步降低关税和非关税壁垒，促进商品、服务、投资等领域的自由化便利化。此外，中国与中亚国家签订的《中国—中亚天然气管道合作协议》等，也为能源领域的合作提供了法律保障。

在贸易便利化方面，中国与"一带一路"共建国家共同实施了一系列措施。例如，中国与巴基斯坦签订的《自由贸易协定》规定，双方将相互给予对方最惠国待遇，并对大部分商品实行零关税。此外，中国与俄罗斯、哈萨克斯坦等国家还签署了《关于推进国际道路运输便利化的协定》，为国际道路运输提供了更加便捷的条件。

在海关合作方面，中国与"一带一路"共建国家共同推进了"单一窗口"建设，实现了通关流程的简化和效率的提升。同时，双方还加强了海关监管合作，共同打击走私和假冒伪劣商品，维护了市场秩序和消费者权益。

在投资保护机制方面，中国与"一带一路"共建国家共同建立了投资保护机制。例如，中国与印度尼西亚签订的《投资保护协定》规定，双方将相互保护对方的投资者在本国的合法权益，包括投资财产、投资收益和投资经营活动的保护。此外，双方还设立了投资争端解决机制，为投资者提供了更加公正、透明的纠纷解决渠道。

（二）政治互信的增进与安全风险的降低

在"一带一路"框架下，中国与共建国家通过高层互访、多边对话等活动，不断增进政治互信，降低了投资风险。这些活动不仅加深了双方对彼此政治体制、发展战略和合作需求的理解，还为双方企业提供了更加安全、稳定的投资环境。中国与"一带一路"共建国家领导人频繁开展互访活动，就共同关心的国际和地区问题交换意见，推动双边关系不断向前发展。例如，中国国家主席习近平多次出访中亚、东南亚、中东等地区国家，与各国领导人就加强经贸合作、推进基础设施建设、维护地区和平稳定等议题进行深入探讨。这些互访活动不仅加深了双方之间的友谊和互信，还为双方企业提供了更加广阔的合作空间。

多边对话机制的构建。为了加强多边合作，中国与"一带一路"共建国家还共同建立了多个多边对话机制。例如，中国与中亚国家共同构建了"中国—中亚合作对话会"机制，就加强政策沟通、推进贸易投资便利化、深化人文交流等议题进行深入探讨。此外，中国与东盟国家还共同构建了"中国—东盟对话关系"机制，就加强政治互信、推进经济合作、维护地区和平稳定等议题进行定期磋商。这些多边对话机制的构建，不仅为双方提供了更加广泛的合作平台，还推动了双方在政治、经济、文化等领域的深入交流与合作。

共同打击跨国犯罪的合作。在"一带一路"框架下，中国与共建国家还共同打击跨国犯罪，维护了地区和平稳定。双方通过加强执法合作、情报交流等方式，共同打击了走私、贩毒、恐怖主义等跨国犯罪活动。例如，中国与巴基斯坦在执法合作方面取得了显著成效。双方通过加强边境管控、打击跨国犯罪等措施，有效遏制了边境地区的走私和贩毒活动。同时，双方还加强了情报交流，共同打击了恐怖主义等极端势力。

四、金融服务

（一）金融市场的互联互通

"一带一路"倡议自提出以来，不仅促进了共建国家的基础设施建设和贸易往来，还推动了金融市场的互联互通，这不仅拓宽了企业的融资渠道，降低了融资成本，也增强了共建国家金融体系的稳定性和抗风险能力。"一带一路"倡议通过政策沟通、设施联通、贸易畅通、资金融通和民心相通，促进共建国家的经济合作与发展。其中，金融市场的互联互通是资金融通的重要组成部分，对于推动共建国家的经济发展具有重要意义。"一带一路"倡议下，金融市场的互联互通取得了显著进展和成效。通过货币互换、本币结算、金融机构合作等方式，共建国家金融市场的互联互通程度不断提高，为企业提供了更加便捷、高效的金融服务。

在货币互换方面，共建国家通过货币互换可以相互提供流动性支持，降低汇率风险，促进贸易与投资便利化。中国与多个"一带一路"共建国家建立了货币互换机制。例如，中国与俄罗斯、巴基斯坦、印度尼西亚等国家签署了双边本币互换协议，为双方贸易和投资提供了更加便利的结算方式。这些货币互换协议的签署，不仅有助于降低汇率风险，还促进了双边贸易和投资的增长。例如，中国与俄罗斯签署了双边本币互换协议。根据协议，双方可以在一定额度内使用本国货币进行贸易和投资结算。这一举措不仅降低了汇率风险，还促进了双边贸易和投资的增长。据统计，截至2023年底，中国与俄罗斯的双边贸易额已经超过了1000亿美元。此外，中国与俄罗斯金融机构之间的合作也不断深化。例如，中国工商银行与俄罗斯储蓄银行签署了多项合作协议，共同开发新的金融产品，为企业提供了多样化的融资方式。这些合作不仅促进了双方金融机构的发展，还为两国企业提供了更加便捷的金融服务。

在本币结算方面，使用本国货币进行国际贸易和投资结算的方式可以降低汇率风险，提高贸易和投资效率。在"一带一路"倡议的推动下，共建国家纷纷推广本币结算。例如，中国与俄罗斯、哈萨克斯坦等国家签署了双边贸易本币结算协议，为双方贸易提供了更加便利的结算方式。此外，中国与新加坡、马来西亚等国家也开展了跨境人民币业务，为双方企业和个人提供了更加便捷的跨境金融服务。例如，中国与新加坡签署了跨境人民币业务合作协议，双方可以在一定范围内使用人民币进行跨境贸易和投资结算。这一举措不仅促进了双边贸易和投资的增长，还提高了人民币的国际地位。据统计，截至2023年底，新加坡已经成为中国跨境人民币业务的重要合作伙伴之一。例如，中国银行与新加坡星展银行签署了多项合作协议，共同开发新的金融产品，为企业提供多样化的融资方式。这些合作不仅促进了双方金融机构的发展，还为两国企业提供了更加便捷的金融服务。

在金融机构合作领域，强化合作机制对于优化金融资源配置、提升金融服务效率与质量具有显著作用。特别是在"一带一路"倡议的催化下，共建国家金融机构间的协作日益深化，为区域经济发展注入了新的活力。具体而言，中国与多个共建国家，如新加坡、马来西亚等，在金融领域展开了广泛的合作。双方金融机构通过签署多项合作协议，共同研发创新金融产品，极大地丰富了企业的融资选择，满足了其多样化的金融需求。此外，中国与俄罗斯、哈萨克斯坦等国家还携手设立了合资银行或金融机构，这些机构作为金融合作的桥梁，为两国企业提供了更加便捷、高效的金融服务，进一步促进了经贸往来。中国与东盟国家共同设立了东盟—中国投资基金，该基金为区域内企业提供了强有力的资金支持，促进了项目落地和产业升级。同时，中国工商银行等中国大型金融机构与哈萨克斯坦国家银行等国外金融机构的深入合作，也推动了双方金融市场的进一步互联互通。这些合作不仅涉及传统银行业务，还涵盖了跨境金融、金融科技等多个领域，为双方企业搭建了更加宽广的金融服务平台。从数据上看，截至2023年底，中国与东盟国家的双边贸易额已经突破了7000亿美元大关，[①] 显示出双方经济合作的强劲势头。其中，跨境人民币业务在双边贸易中的占比持续上升，成为推动贸易便利化和金融合作的重要力量。这些成就不仅促进了双方经济的快速增长，也为区域内企业提供了更加便捷、高效的金融服务，增强了其国际竞争力。

（二）金融机构的合作与发展

在"一带一路"倡议的推动下，银行、保险等金融机构在该区域内的合作日益紧密，共同为企业提供全方位的金融服务。这种合作不仅促进了金融资源的优化配置，还提升了金融服务的效率和质量，为"走出去"的企业提供了更加便捷、高效的金融支持。金融机构作为经济体系的重要组成部分，其在"一带一路"区域内的合作与发展具有重要意义。

银行作为金融机构中的主体，在"一带一路"区域内的合作尤为显著。一方面，为了支持"一带一路"倡议的实施，中国银行、中国工商银行等中国大型商业银行纷纷在共建国家设立分支机构，为"走出去"的企业提供便捷的金融服务。中国银行在共建国家设立了多个分支机构，包括哈萨克斯坦、俄罗斯、印度尼西亚、马来西亚等国家。这些分支机构不仅为企业提供了传统的银行业务，还开展了跨境贸易融资、外汇交易等特色服务。中国工商银

---

① 2023年度中国对外直接投资统计公报［EB/OL］. 国家统计局，（2024-09-26）［2025-03-20］. https://cif.mofcom.gov.cn/cif/html/upload/20240926142744007.

行也在共建国家（如新加坡、越南、泰国等）设立了多个分支机构。这些分支机构通过提供多元化的金融服务，满足了当地企业和个人的金融需求。另一方面，银行还积极开展跨境金融合作，推动共建国家金融市场的互联互通。例如，中国银行与新加坡星展银行、马来西亚马来亚银行等金融机构签署了多项合作协议，共同开发新的金融产品，为企业提供多样化的融资方式。

保险机构在"一带一路"区域内的合作也日益紧密。一方面，为了支持"一带一路"倡议的实施，中国保险机构纷纷在共建国家设立代表处或分支机构，为"走出去"的企业提供跨境保险服务。例如，中国人民保险集团、中国平安保险集团等中国大型保险机构在共建国家设立了代表处或分支机构，为企业提供财产保险、责任保险、信用保险等跨境保险服务。另一方面，为了满足共建国家企业的多样化保险需求，保险机构积极推动保险产品创新。例如，中国人民保险集团推出了"一带一路"共建国家投资保险，为企业在共建国家的投资提供风险保障。此外，中国平安保险集团还推出了跨境医疗保险、跨境旅游保险等创新产品，满足了个人客户的跨境保险需求。

五、海关边境管制

（一）海关合作的加强与通关便利化

在全球化日益加深的今天，海关合作与通关便利化成为促进国际贸易、推动经济发展的重要手段。通过加强与共建国家海关部门的合作，推行联合监管、一次申报等模式，可以提高通关效率，降低非法贸易风险，为国际贸易的顺畅进行提供有力保障。

近年来，中国海关积极与共建国家海关部门开展合作，签署了一系列合作协定，为双方海关的合作提供了法律保障和制度支持。例如，中国与印度尼西亚、新加坡、巴基斯坦等国家签署了原产地电子信息交换系统合作协议。这些协议的实施使双方海关可以实时传输原产地证书和流动证明电子数据，有效打击了低价报关等违法行为，提高了通关效率和准确性。以中国与印度尼西亚的原产地电子信息交换系统为例，自 2020 年 10 月 15 日正式运行以来，双方海关实现了实时传输《中国—东盟全面经济合作框架协议》项下原产地证书和流动证明电子数据。① 印度尼西亚海关总署（DJBC）表示，两国同意交换 FormE 数据、承认书（Acknowledgment，ACK）、信息反馈（Feedback Information）3 种类型的数据。这一系统的运行不仅提高了通关效率，还有效打击了非法贸易活动，保障了双方企业的合法权益。此外，中国海关还与俄罗斯、欧盟、蒙古国、哈萨克斯坦等国家签署了海关合作文件。这些文件涵盖了推动贸易便利化、支持中欧陆海快线建设和中欧班列发展、中欧安全智能贸易航线试点计划（简称"安智贸"）、风险管理、打击走私、"经认证的经营者"（AEO）合作、监管结果互认、能力建设等多个重要合作领域。这些合作文件的签署和实施，为中国与共建国家海关的合作提供了法律依据和机制化保障。具体而言，这些协定涵盖了信息互换、执法互助、联合监管等多个方面。

首先是实施信息互换和执法互助。通过信息互换，各国海关可以实时共享进出口货物的相关信息，提高监管的准确性和效率。执法互助则使各国海关可以协同打击跨国走私和非法贸易活动，维护国际贸易秩序和安全。以中国与新加坡的海关合作为例，双方共同召开了两国海关"单一窗口"联合工作组会议，分享了两国"单一窗口"最新建设成果，并审议通过了相关技术标准和业务方案。通过这一合作，双方海关实现了货物申报数据交换、海运集装箱通关物流信息交换等功能的互联互通，有效提高了通关效率和准确性。此外，中国海关还与欧亚经济联盟成员国中央海关签署了《欧亚经济联盟与中国国际运输货物和交通工具信息交换协定》。根据该协定，双方海关将交换除个人物品之外的所有出口及过境申报数据，信息交换将通过电子形式完成。这一协定的实施不仅提高了通关效率，还有助于加强风险管理，查处逃避海关监管相关案件。

其次是降低非法贸易风险。通过加强海关合作，各国海关可以协同打击跨国走私和非法贸易活动，有效降低非法贸易风险。这些活动不仅损害了国

---

① 海关总署公告 2020 年第 100 号（关于中国与印度尼西亚原产地电子联网有关事宜的公告）[EB/OL]. 中华人民共和国海关总署，（2020-09-02）[2025-03-20]. http：//gdfs.customs.gov.cn/customs/ztzl86/302310/302319/302319/6273300/index.html.

际贸易秩序和安全，还可能导致企业遭受重大经济损失。因此，加强海关合作对于维护国际贸易的健康发展具有重要意义。以江门海关为例，该海关持续加强对通过中欧班列输往"一带一路"共建国家货物知识产权状况的关注度。通过风险分析布控，江门海关查获了多起涉嫌侵犯知识产权的案件。例如，2019年江门海关查获了以一般贸易方式向海关申报出口至土耳其的涉嫌侵犯"JIALING"商标专用权的跨骑式摩托车387辆，案值153.2万元。这些案件的查处不仅保护了知识产权权利人的合法权益，还有效打击了跨国走私和非法贸易活动。此外，中国海关还与共建国家海关部门共同开展了多次联合执法行动。例如，2015年中国海关在世界海关组织（WCO）发起的第二期全球"天网行动"中，与108个WCO成员海关、10个地区情报联络办公室、4个国际和地区组织共同参与了行动。该行动共查获案件876起，查缴各类毒品和易制毒化学品约9.3吨，[①] 有效打击了跨国走私和非法贸易活动。

最后是提高通关效率。通过推行联合监管、一次申报等模式，各国海关可以协同工作，减少重复检查，缩短通关时间，提高通关效率。这不仅有助于降低企业的贸易成本，提升国际竞争力，还可以促进国际贸易的顺畅进行。以中欧班列为例，中国海关通过建立中欧班列沿线海关联络与合作机制，与哈萨克斯坦、波兰等主要中欧班列共建国家海关签署了便捷通关合作文件和共识。这些合作文件的签署和实施，使中欧班列的通关成本大幅降低，运营顺畅度显著提高。例如，"渝新欧"班列从最初的每周1班发展到现在的每周5班常态化运营，得益于中国海关与共建国家海关的紧密合作。此外，中国海关还积极推动AEO互认合作。中国海关通过与欧盟、新加坡、中国香港等国家（地区）海关签署AEO互认合作安排，并不断优化互认便利措施及实施机制，使企业可以享受到所在国（地区）海关提供给本国（地区）企业的通关便利化措施。例如，中国与欧盟AEO互认后，中国近3000家AEO认证企业出口到欧盟的货物均可以享受到和对方境内AEO认证企业一样的通关便利。

---

① 中国海关推动"一带一路"沿线国家海关的互联互通［EB/OL］. 中国政府网，（2017-05-11）［2025-03-20］. https：//www. gov. cn/xinwen/2017/05/11/content_ 5192979.

据估算，通关平均查验率降低约 50%，通关速度提高 30% 以上。①

（二）技术手段的应用与通关成本的降低

在全球化的浪潮中，国际贸易的快速发展对海关监管和通关效率提出了更高要求。各国海关纷纷引入现代信息技术手段，如智能审图、自助通关等，以简化通关手续、降低成本，并提升贸易效率。这些技术的应用不仅为海关工作带来了革命性的变化，也为国际贸易的顺畅进行提供了有力保障。

1. 使用智能审图提升通关效率与准确性

智能审图是基于人工审图经验和人工智能技术，对机检扫描图像进行实时自动识别的人工智能系统。它可以通过自动识别申报货物、禁限类货物和夹藏，辅助海关人员进行人工判断，从而大大提高通关效率和准确性。以天津海关为例，该海关引入了 H986 机检设备和智能审图系统，实现了对进出口货物的非侵入式查验。通过该系统，集装箱的扫描图像可以实时传输至审像中心，由智能审图系统自动判别货物是否存在异常。据统计，智能审图的平均审图时间仅为 5~7 秒/幅，大大提高了通关效率。此外，天津海关还针对天津口岸主要进出口商品完成了 300 多种识别算法的选配工作，使智能审图系统的作业效能得到了进一步提升。在天津港的实践中，一票共 22.6 吨的进口椰子水从集装箱通过 H986 扫描至海关放行仅用时 10 分钟，② 充分展示了智能审图系统在提高通关效率方面的显著成效。新加坡海关通过引入大数据分析和物联网技术等手段，实现了对进出口货物的全程监控与管理。同时，新加坡海关还推出了"无纸化"通关服务，降低了企业的运营成本和时间成本。

2. 利用自助通关简化手续并提升旅客体验

自助通关系统是一种利用现代信息技术手段，实现旅客自助完成通关手续的系统。它通常包括自助验票、自助查验、自助放行等环节，可以大大简

---

① 11月1日中国—欧盟 AEO 互认安排正式实施［EB/OL］. 中国政府网，（2015-10-31）［2025-03-20］. https：//www.gov.cn/xinwen/2015/10/31/content_2957316.htm.
② "智能审图"持续发力 监管通关更加高效［EB/OL］. 中华人民共和国海关总署，（2023-06-06）［2025-03-20］. http：//gdfs.customs.gov.cn/customs/xwfb34/302425/5067764/index.html.

化通关手续，提升旅客的通关体验。在中国，自助通关系统已经在多个口岸得到广泛应用。例如，广州白云国际机场、上海浦东国际机场等大型国际机场都配备了自助通关设备，为旅客提供了便捷的通关服务。通过自助通关系统，旅客只需要扫描护照、登机牌等证件，即可快速完成通关手续，避免了人工查验的烦琐和长时间等待。此外，一些海关还推出了手机 App 等移动自助通关服务，旅客可以通过手机 App 提前预约通关时间、查询通关状态等信息，进一步简化了通关手续。这些自助通关系统的应用，不仅提高了通关效率，还提升了旅客的满意度和体验感。波兰海关通过引入智能审图系统和自助通关设备等措施，提高了通关效率和旅客的满意度。

3. 使用电子申报与预录入系统优化数据处理流程

电子申报和预录入系统是海关监管工作的重要组成部分。通过推广电子申报系统，企业可以通过互联网或其他电子方式提前提交申报资料，避免了纸质申报的烦琐和不便。同时，优化预录入系统可以提高数据处理的自动化程度，减少人工录入环节，从而加速申报流程。以深圳海关为例，该海关推出了"单一窗口"平台，整合了海关、检验检疫、税务等部门的信息资源和服务功能，实现了数据共享和流程优化。通过该平台，企业可以一次性提交所有进出口相关手续的申报资料，避免了重复申报和多次审核的烦琐。据统计，深圳海关的"单一窗口"平台已经覆盖了90%以上的进出口业务，大大提高了通关效率。此外，一些海关还推出了"无纸化"通关服务，即企业可以通过电子方式提交所有申报资料，无须提交纸质单证。这一措施不仅简化了通关手续，还降低了企业的运营成本和时间成本。

4. 通过大数据分析加强风险管理与信用管理

大数据分析是现代信息技术在海关监管工作中的又一重要应用。通过收集和分析大量的进出口数据，海关可以对企业和货物进行风险评估和分类管理，从而实现对高风险企业和货物的重点监管以及对低风险企业和货物的快速放行。以宁波海关为例，该海关构建了完善的风险管理工作体系，通过大数据分析对企业的进出口数据进行实时监测和预警。对于高风险企业和货物，宁波海关会加大监管力度，进行重点查验和审核；对于低风险企业和货物，则会采取快速放行措施,提高通关效率。这一措施不仅提高了海关的监管水平,还降低了企业的通关成本和时间成本。此外,宁波海关还构建了信用管理体系,对信用良好的企业给予更多的通关便利。例如,对于信用等级较高的企业,宁波海关会优先安排查验、优先办理通关手续等,进一步降低了企业的运营成本和时间成本。

5. 利用物联网技术实现货物全程监控与管理

物联网技术是一种通过传感器、RFID 等技术手段实现物体之间互联互通的技术。在海关监管工作中,物联网技术可以应用于货物的全程监控与管理,提高通关效率和准确性。以中欧班列为例,中国海关通过引入物联网技术,实现了对中欧班列货物的全程监控与管理。通过安装传感器和 RFID 标签等设备,海关可以实时监测货物的位置、状态等信息,确保货物的安全和准确运输。同时,物联网技术还可以应用于货物的快速查验和放行等环节,提高通关效率。此外,物联网技术还可以应用于海关仓库的管理中。通过安装传感器和 RFID 标签等设备,海关可以实现对仓库内货物的实时监测和管理,提高仓库的利用率和管理效率。

第七章　高质量共建"一带一路"的重点领域

2022年10月，党的二十大报告提出了"推动共建'一带一路'高质量发展"的要求。2024年12月2日，习近平总书记在北京出席第四次"一带一路"建设工作座谈会并发表重要讲话，充分肯定了共建"一带一路"取得的重大成就，对当前及今后一个时期推动共建"一带一路"高质量发展做出全面部署。高质量共建"一带一路"推动了全球经济发展与合作，通过深化各国经济联系，完善基础设施建设并提升贸易投资自由化、便利化水平，构建高效产业链、供应链，为世界经济增长注入新动力、拓展新空间以促繁荣；促进了区域协调与可持续发展，依据各国资源禀赋与需求开展多领域合作，助力共建国家绿色转型与可持续发展，缩小区域差距实现共同富裕，为全球可持续发展目标贡献力量；增进了不同文明交流互鉴与民心相通，借高质量合作项目推动文化、教育、科技等交流合作，加深各国相互理解信任友谊，消除文化隔阂误解，筑牢友好民意基础，构建人类命运共同体并维护世界和平稳定。

第一节　绿色与可持续发展

共建"一带一路"倡议自提出以来，始终以高标准、可持续、惠民生为目标，秉持绿色、开放、廉洁理念，聚焦绿色基建、绿色能源、绿色金融等重点领域合作，为共建国家推动生态环境和生物多样性保护、应对气候变化挑战、落实联合国2030年可持续发展目标、实现绿色低碳转型注入了强大动力。在中国与"一带一路"共建国家的共同努力下，绿色丝绸之路建设不断取得新进展。这些进展推动了绿色基础设施的"硬联通"、绿色规则标准的"软联通"、绿色交流合作的"心联通"，探索出了经济发展与环境保护"双赢"的新路径，人与自然和谐共生的理念已融入"一带一路"建设的各领域与全过程。2019年，中外合作伙伴共同发起"一带一路"绿色发展国际联盟，截至目前已吸引来自40余个国家的170多家合作伙伴加入，包括20多个共建国家的环境与气候主管部门。[1]

第二节　数字化与智能化转型

"一带一路"倡议自提出以来，已经成为推动全球经济合作与发展的重要平台。在这一倡议下，新技术的应用和推广不仅促进了共建国家的经济发展，还加强了全球互联互通。在"一带一路"倡议提出12年后的今天，5G、大数据、云计算、人工智能等新兴数字技术的重要性已不言而喻，"数字丝绸之路"成功结合"一带一路"倡议和发展数字经济议题，可以说是"一带一路"发展史上的又一座里程碑。中国与"一带一路"共建国家的部分数字技术合作项目如表7-1所示。

表7-1　中国与"一带一路"共建国家的部分数字技术合作项目

合作类目	合作内容	具体案例
云计算	通过建设云计算中心，中国助力共建国家实现数字化转型，提升数字经济基础设施水平	①中国与巴基斯坦合作建设的中巴经济走廊云计算中心，旨在提供高效、可靠的云计算服务，促进巴基斯坦的数字化转型。 ②中国在印度尼西亚建设的云计算中心，满足了当地对数字化服务的需求，推动了数字经济的发展

---

[1] 孙奕．"一带一路"绿色发展国际联盟在京成立　打造绿色发展合作沟通平台［EB/OL］．中国政府网，（2019-04-25）［2025-03-20］．https：//www.gov.cn/xinwen/2019-04/25/content_5386323.htm．

续表

合作类目	合作内容	具体案例
大数据技术	在智慧城市建设、跨境电子商务、远程医疗等领域中发挥着重要作用，通过大数据分析，可以优化资源配置，提高决策效率	①中国与肯尼亚作物分子生物学联合实验室，利用大数据技术推进优良品种及先进技术落地非洲，致力于保障全球食物供应安全。②中国企业积极参与承建"一带一路"国家数据中心、宽带网络等项目，助力共建国家和地区提升数字基础设施发展水平
物联网技术	推动了智能制造和智慧城市的发展	中国与韩国开展的工业物联网技术及标准联合研究，推动了工业物联网时间敏感网络、工厂能耗管理、数字孪生等基础理论、关键技术、核心产品和示范应用的联合研究和技术转化。这些技术的应用不仅提高了生产效率，还优化了资源利用，减少了能源消耗
人工智能技术	通过人工智能技术，可以提高城市管理效率，优化居民生活质量	中国与奥地利人工智能与先进制造联合实验室，将中国数字经济及人工智能技术与奥地利传统制造技术深度融合，研发了滑坡地质灾害协同监测系统等多项先进成果
5G	5G 技术能够提供更快的数据传输速度和更低的延迟，为数字经济的发展提供了强有力的支持	中国在多个"一带一路"共建国家建设 5G 基站，包括沙特阿拉伯、阿联酋等海湾地区，推动了当地数字经济的发展
区块链	以其去中心化、不可篡改的特点，在"一带一路"项目中被用于提高交易的安全性和透明度	中国央行的数字人民币（e-CNY）试点项目在共建"一带一路"国家得到了推动，这些试点项目有望促进数字货币在跨境贸易和支付领域的使用

资料来源：中国一带一路网。

在政府、企业及社会组织的共同努力下，中国在推动"一带一路"智慧城市共建的过程中发挥着越来越大的作用。在政府层面，除了中国内部的相关支持政策，中国也积极通过政策沟通加强与"一带一路"共建国家合作。据统计，我国开展的智慧城市、信息惠民、信息消费等相关试点城市超过 500 个，超过 89% 的地级及以上城市、47% 的县级及以上城市均提出建设智慧城市。"一带一路"共建国家信息化发展指数平均得分为 53.09，新加坡、以色列、爱沙尼亚位列前三。①

---

① 依托智慧服务共创新型智慧城市——2022 智慧城市白皮书［EB/OL］.人民网，（2022-05-24）［2025-03-20］. http：//download.people.com.cn/jiankang/nineteen16533217151.pdf.

第四篇　低空经济赋能高质量建设"一带一路"的主要路径

本篇聚焦低空经济推动"一带一路"高质量共建的有效途径，包括低空物流与供应链优化、低空旅游与文化交流、低空监测与环境保护等。

第八章　低空物流与供应链优化

在全球化与区域经济一体化的浪潮中,"一带一路"倡议以其独特的魅力和深远的战略意义,引领着共建国家共同迈向更加紧密的经济合作与文化交流的新时代。作为新经济形态的重要组成部分,低空经济以其高效、灵活、环保的特性,正逐步成为推动"一带一路"建设高质量发展的新引擎。特别是在物流与供应链领域,低空经济的引入不仅极大地拓宽了物流网络的覆盖范围,还深刻改变了传统物流模式的运作方式,为共建国家的经济发展注入了新的活力。

第一节　无人机物流在"一带一路"建设中的应用场景分析

随着"一带一路"倡议的深入推进,共建国家之间的贸易往来日益频繁,物流需求持续增长。在这样的背景下,无人机物流作为一种新兴的物流技术手段,正逐渐崭露头角并展现出巨大的潜力。无人机物流不仅能够突破传统物流运输中的一些地理和基础设施限制,还能显著提高物流效率、降低成本,为"一带一路"沿线的物流与供应链优化提供创新的解决方案。

一、无人机配送技术的优势

(一) 高效快速

在全球物流网络不断拓展的当下,无人机物流展现出其独特的时间优势。其能够在短时间内穿越复杂地形,直接抵达目的地,完全不受地面交通拥堵状况的制约。例如,在城市物流配送场景中,无人机可巧妙避开繁忙的街道和拥堵的路口,从而大幅缩短配送时间,显著提升货物的周转效率。特别是在紧急物资运输方面,像医疗用品、救援物资这类对时间要求极为苛刻的货物,无人机的快速配送能力显得尤为关键,往往能够在关键时刻挽救生命、最大限度地减少损失。

(二) 灵活性强

无人机具备根据不同的任务需求和货物特性进行灵活配置的能力。它们能够在极为狭小的空间内顺利起降,这意味着即使面对山区、海岛以及偏远地区等复杂多变的作业环境,只要存在合适的起降场地,或者可以通过空中投放的方式,就能轻松实现货物的运输。这种与生俱来的灵活性使无人机物流能够从容应对多样化的物流需求,极大地拓展了物流服务的覆盖范围,让那些物流原本难以触及的区域也能够被纳入服务范畴。

(三) 成本效益高

相较于传统的运输方式,无人机在特定场景下有着极为明显的成本优势。一方面,其运营过程中不需要大量的人力投入,从而在很大程度上减少了人力成本的支出;另一方面,其运营和维护成本相对较低,尤其是在执行长距离、低运量的运输任务时,无人机的单位运输成本可能远低于传统的航空运输以及公路运输。此外,无人机的广泛应用还可以降低对大型物流基础设施的依赖程度,进而减少建设和维护相关基础设施的费用,这对于一些基础设施建设尚不完善的地区来说,无疑是一个极具吸引力的优势。

（四）数据采集与监控能力

现代无人机通常配备了先进的传感器和通信设备，使其在配送过程中能够实时采集货物运输的相关数据，例如位置、速度、温度（对于冷链运输至关重要）等信息，并且可以将这些数据及时传输回控制中心。通过对这些海量数据的深入分析和处理，可以实现对物流过程的精准监控和管理，一旦出现异常情况，能够迅速发现问题并做出相应的调整，从而大大提高了物流运营的可靠性和安全性，确保货物能够准确、及时、安全地送达目的地。

二、无人机物流在"一带一路"建设中的具体应用场景

（一）偏远地区物资配送

"一带一路"沿线涵盖众多偏远山区、广袤沙漠地带以及散落的海岛地区，这些区域往往交通状况极为不便，物流基础设施建设不仅成本高昂，而且难度极大。无人机在此时就成了连接这些偏远地区与外界不可或缺的重要物流纽带。例如，在中亚地区的一些山区，当地村落分布极为分散，交通基础设施建设滞后，无人机可以轻松地将生活必需品、农业生产资料等物资精准运送到各个村落，有效改善当地居民的生活条件，积极推动当地农业生产的顺利开展。而在海岛地区，无人机能够为岛上居民持续提供日常用品、食品、药品等各类物资的配送服务，切实保障居民的基本生活需求得到满足，同时对海岛旅游业的发展也起到助力作用，为前来旅游的游客提供更为优质的服务体验，提升海岛的整体吸引力。

（二）应急救援物资运输

在自然灾害突发（如地震、洪水等）以及公共卫生事件等紧急情况之下，快速、高效的物资运输成了救援工作的生命线。无人机在应急救援物流领域展现出独特的优势。当地面交通因灾害而遭受严重破坏时，无人机可以迅速出动，将帐篷、食品、饮用水、急救药品等各类救援物资及时运送到受灾区

域，为救援工作争取宝贵时间，提供及时有力的支持。在新冠疫情期间，无人机还可以承担起运输检测试剂、防护用品等医疗物资的重任，有效减少人员之间的直接接触，降低感染风险，显著提高疫情防控的效率。此外，在一些边境地区的突发事件中，无人机也能够快速响应，将应急物资火速运送到事发地点，对于维护地区的安全与稳定发挥着重要作用。

（三）跨境电商小件货物运输

随着"一带一路"共建国家跨境电商行业蓬勃发展，小件货物的跨境运输需求呈现日益增长的态势。无人机物流为跨境电商提供了一种全新的、快速且灵活的运输解决方案。在一些相邻国家或地区之间，无人机具备跨越边境的能力，能够将电商商品直接从卖家的仓库安全、迅速地运送到买家手中。例如，在欧洲东部与亚洲西部的接壤地区，无人机可以高效运输跨境电商平台上销售的电子产品、美妆产品、时尚饰品等小件商品，大幅缩短运输时间，有效提高客户满意度，进一步增强客户对跨境电商平台的忠诚度。同时，无人机物流还可以推动跨境电商的本地化发展进程，通过在当地建立专门的无人机配送中心，实现货物的快速分拣和精准配送，进一步提高物流效率，降低物流成本，为"一带一路"沿线跨境电商行业的持续繁荣注入强大动力。

（四）农业生产物资配送与农产品运输

农业在"一带一路"共建国家的经济结构中占据着举足轻重的地位。无人机物流在农业领域的应用前景十分广阔。在农业生产过程中，无人机可以按照预设的航线和投放量，将种子、化肥、农药等生产物资精准地投放到广袤的农田中，不仅能够显著提高农业生产效率，还能有效减少资源浪费，实现农业生产的精细化管理。例如，在一些大规模农场，无人机根据农田的土壤肥力、作物生长状况等实际情况，均匀地撒播化肥，确保每一寸土地都能得到适量的养分供应。在农产品收获季节，无人机可以第一时间将新鲜采摘的水果、蔬菜等农产品从田间地头快速运输到附近的加工中心或物流仓库，最大限度地缩短农产品的运输时间，确保农产品的新鲜度和品质不受影响，有利于提高农产品的市场附加值，推动农业产业的升级换代，促进农业经济的可持续发展。

我国无人机产业作为低空经济的核心支柱，在全球范围内处于领先地位，尤其在民用无人机领域表现不俗。截至2023年末，我国从事无人机设计制造的单位数量约为2000家，运营企业数量接近2万家。注册无人机数量同比增幅达32.2%，飞行小时数也有11.8%的同比增长。同时，我国量产无人机产品超过1000款，2023年交付民用无人机数量超过317万架，产业规模高达1174.3亿元，据预测，2025年这一产业规模将突破2000亿元。在全球商用与消费无人机市场中，国产品牌占据着主导地位。例如，大疆创新在全球商用无人机市场份额高达54%，在消费无人机市场份额更是达到了70%。此外，我国还拥有众多实力雄厚的无人机系统集成及服务提供商以及工业级无人机重点企业，表8-1展示了我国工业级无人机重点代表企业。

表8-1 我国工业级无人机重点代表企业

应用领域	代表企业
测绘与地理信息领域	深圳大疆创新、成都纵横股份、深圳飞马机器人、广州南方测绘、西安大地测绘等
巡检	深圳大疆创新、深圳科比特航空、武汉易瓦特、成都纵横股份、深圳飞马机器人、广州华科尔、北京云圣智能、上海复亚智能等
安防监控	深圳大疆创新、北京观典防务、成都纵横股份、深圳科比特航空、武汉易瓦特、苏州星逻智能等
农林植保	深圳大疆创新、广州极飞科技、上海极翼机器人、深圳翔农创新、深圳高科新农、北京臻迪科技、深圳赛为智能（A股）、无锡汉和航空等
应急救援	威海广泰等
城市空中交通（载人交通和物流运输）	深圳大疆创新、深圳智航无人机、杭州迅蚁网络、武汉易瓦特、北京零度智控、广州亿航智能、深圳丰翼科技（顺丰旗下末端配送无人机公司）、重庆丰鸟无人机科技（顺丰旗下无人机技术公司）、京东X事业部、美团无人机、上海峰飞航空科技、小鹏汇天（电动飞行汽车）等

资料来源：我国工业无人机市场 领军企业一览［EB/OL］.直通园区，（2025-03-20）［2024-06-04］.https://mp.weixin.qq.com/s/G-pTl6uO5ylgCH7T9C5Txw。

无人机物流在"一带一路"建设中展现出广阔的应用前景和巨大的发展潜力。通过充分发挥其独特技术优势，在实际应用中不断探索创新模式，紧密结合各种具体的应用场景，无人机物流将为"一带一路"共建国家的物流与供应链优化、经济发展、民生改善等诸多方面做出积极且不可替代的贡献，成为推动"一带一路"高质量发展的重要力量。在未来的发展进程中，还需要进一步加强共建国家之间的国际合作，共同制定相关的政策法规和统一的标准体系，促进无人机物流技术的不断完善和广泛普及，以实现其在"一带一路"更大范围内的有效应用，释放其全部潜力。

第二节 通用航空在冷链物流中的创新

冷链物流是指以冷冻工艺为基础，以制冷技术和蓄冷技术为手段，使冷链物品从生产、流通、销售到消费者的供应链各环节中始终处于规定的温度环境下，以保证冷链物品品质，减少冷链物品损耗的物流活动。传统通用航空在冷链物流中存在很多难以解决的问题，而低空物流的发展有助于解决这些问题。

一、传统通用航空在冷链物流中出现的问题

通用航空在冷链物流中的应用，尽管带来了快速、高效的运输优势，但同时也面临着一系列弊端和挑战。

（一）成本高昂

航空运输本身由于燃油消耗、飞机维护、机组人员薪酬等因素，成本相对较高。而冷链物流在运输过程中需要保持低温环境，需要额外配备制冷设备并消耗大量能源，进一步增加了运输成本。李梦瑶等（2023）的研究显示，在跨境航空冷链物流中，还需缴纳高额的关税和税费，这无疑进一步推高了成本，使冷链物流的费用在某些情况下甚至可能达到普通货物运输的数倍之多，这对于物流企业和客户来说都是一个不小的负担，在一定程度上限制了冷链物流的大规模应用。

（二）效率不高

虽然航空运输速度较快，但在冷链物流中，由于需要确保货物在低温环境下运输，往往需要进行额外的准备工作，如预冷、装箱等，这些环节无疑延长了整体运输时间。此外，中转和等待时间，以及天气、交通拥堵等不可控因素，也可能导致运输时间延长。例如，在一些小型机场，由于缺乏足够的冷链设施，货物在中转过程中可能需要等待较长时间才能进行下一步运输，这使得冷链物流的效率大打折扣，无法充分发挥其快速运输的优势。

（三）通用航空冷链物流存在"断链"风险

冷链物流是一种多节点全链条的供应链物流形式，涉及众多参与主体，包括航空公司、机场、货代以及海关和检验检疫等部门，节点流程衔接极为复杂。任何一个节点处理不当或衔接不畅，都可能影响温敏性货物的质量。在航空冷链物流中，飞机起飞、降落和飞行过程中的温度变化，以及搬运、装卸等环节，都可能导致货物温度波动或包装破损，进而影响货物质量，出现所谓的"断链"现象。例如，在装卸过程中，如果工作人员操作不当，导致冷链设备短暂断电，就可能使货物温度升高，影响其品质，对于一些高价值的医药产品或易腐食品来说，这种损失是极为严重的。

二、低空物流是通用航空在冷链物流中的创新

从通航产业到低空经济，这一转变不仅带来了航空器的革新和空域的开放，更为冷链物流领域带来了前所未有的发展机遇。新型航空器的应用使冷链物流的覆盖范围更广、响应速度更快、服务方式更多样化；基础设施的建设和政策支持则为冷链物流的创新发展提供了有力保障。

（一）技术进步引领航空器革新与冷链物流变革

在通用航空时代，航空器主要用于公务、私人出行及特定行业的专业服务，而在冷链物流领域的应用相对有限。然而，步入低空经济时代，新型航

空器的出现为冷链物流带来了前所未有的变革。无人机、无人驾驶航空器以及 eVTOL 等新型航空器，凭借其灵活性和高效性，成为冷链物流中不可或缺的一环。它们能够快速穿越复杂地形，将生鲜、医药等需要冷藏冷冻的产品迅速送达目的地，极大地缩短了运输时间，降低了损耗率。航空器结构的变革，不仅拉近了航空与普通民众的距离，更在冷链物流领域实现了突破性的创新。新型航空器的应用使冷链物流的覆盖范围更广、响应速度更快，满足了现代社会对高效、安全、便捷冷链物流的迫切需求。

（二）新型航空器助力低空空域开放与冷链物流网络优化

新型航空器专注于低空飞行的特点，不仅为低空空域的开放提供了可能，也为冷链物流网络的优化带来了新机遇。在冷链物流中，时间就是生命，尤其是对于易腐、易变质的生鲜产品而言。新型航空器能够利用低空空域进行快速穿梭，避免了传统地面运输中的交通拥堵和延误问题，为冷链物流提供了更加高效、可靠的运输通道。同时，低空空域的开放也为冷链物流的多元化发展提供了可能。例如，无人机可以在城市内部进行短途配送，而 eVTOL 则可以在更远的距离上进行快速运输。这种多元化的运输方式使冷链物流网络更加灵活、高效，能够更好地满足市场需求。

（三）新型航空器拓展应用场景与冷链物流服务的多样化

在通用航空时代，冷链物流的应用场景相对有限，主要集中在特定行业和特定区域。然而，低空经济的兴起为冷链物流的应用场景带来了极大的拓展。新型航空器不仅能够用于生鲜、医药等产品的冷链物流，还可以用于其他需要快速、安全运输的领域，如紧急救援物资、贵重物品等。此外，新型航空器的应用还推动了冷链物流服务的多样化。例如，无人机可以实现门到门的配送服务，使冷链物流更加便捷、个性化；而 eVTOL 则可以为大型冷链物流中心提供快速、高效的运输支持，提高整体运营效率。这些多样化的服务方式，使冷链物流更加贴近市场需求，提高了客户满意度。

(四) 基础设施建设与冷链物流的融合发展

新型航空器的出现对基础设施的要求也产生了深远影响。为了支持低空经济的发展，各地政府和企业纷纷加强基础设施建设，包括通航机场、起降站点、通信基站、能源供给站等。这些基础设施的建设不仅为新型航空器的运行提供了保障，也为冷链物流的融合发展提供了有力支持。例如，通过建设覆盖广泛的通航机场和起降站点，可以为冷链物流提供更加便捷、高效的运输网络；而通过完善通信导航和空域管理网络，可以确保冷链物流的安全性和可靠性。此外，能源供给站的建设也为新型航空器的运行提供了必要的能源支持，保障了冷链物流的连续性和稳定性。

(五) 政策支持力度显著增强与冷链物流的创新发展

国家及地方政府对低空经济的政策支持力度显著增强，为冷链物流的创新发展提供了有力保障。通过出台一系列政策措施，如简化审批流程、提供资金支持、加强技术研发等，为冷链物流的创新发展营造了良好的政策环境。在冷链物流领域，这些政策措施有力地推动了新型航空器的研发和应用，促进了冷链物流技术的创新和升级。例如，通过研发更加高效、节能的航空器，可以有效降低冷链物流的运输成本；而通过应用先进的物联网技术和大数据分析技术，可以显著提高冷链物流的智能化水平和运营效率。这些创新技术的应用使冷链物流更加高效、安全、可靠，为行业的持续发展注入了新的活力。

三、低空物流助力医疗冷链物流

低空物流在医疗冷链物流中的应用解决了当前医疗冷链物流面临的多个问题。首先，低空物流大幅提高了医疗冷链物流的时效性。医疗冷链物流对时间的要求极高，因为许多医疗产品需要在特定的温度条件下快速运输，以确保其有效性和安全性。低空物流能够迅速响应运输需求，将运输时间大幅缩短，从而确保医疗产品能够及时、准确地送达目的地。例如，在运输一些急需的器官移植样本或特殊药品时，低空物流可以在最短时间内完成运输任务，为患者的救治争取宝贵时间。

其次，低空物流有效降低了医疗冷链物流的成本。传统的医疗冷链物流通常需要经过多个中转站和复杂的运输流程，导致成本高昂。而低空物流能够利用小型飞机或无人机进行短途、高频次的运输，缩短了中转和等待时间，降低了运输成本。此外，低空物流还能够利用先进的物联网技术，实现对货物的实时追踪和监控，减少了因货物丢失或损坏而产生的额外费用。例如，通过物联网技术，物流企业和医院可以实时掌握医疗物资的位置和状态，提前做好接收准备，提高运输效率，降低运营成本。

最后，低空物流显著提高了医疗冷链物流的安全性和可靠性。传统的医疗冷链物流在运输过程中可能会受到各种因素的影响，如天气、交通拥堵等，导致运输质量下降。而低空物流能够利用先进的无人机技术和物联网技术，实现对货物的精确控制和全程监控，确保运输过程的安全性和可靠性。例如，在运输一些高价值的医药产品时，低空物流可以通过加密通信技术和实时监控系统，防止货物被盗或被篡改，保障医疗物资的安全。

四、低空经济助力冷链物流的具体应用场景及案例

（一）应用场景

冷链物流在"一带一路"共建国家有较为广泛的需求，具有较好的市场前景。已有的应用场景包括鲜活农产品冷链物流和医药冷链物流等。"一带一路"共建国家拥有丰富的农产品资源，这些农产品往往需要快速送达市场以保持新鲜度。通用航空通过搭载温控集装箱，可以实现鲜活农产品的快速、安全运输。在中亚某国，通用航空公司与当地农产品企业合作，将新鲜的水果、蔬菜等农产品通过航空冷链物流快速送达欧洲市场。这些农产品在运输过程中始终保持适宜的温度和湿度，确保了其新鲜度和品质。医药产品对温度控制要求极高，通用航空通过搭载先进的温控设备，可以实现医药产品的快速、安全运输。这有助于"一带一路"共建国家之间的医药贸易合作和医

疗援助。在南亚某国，一家医药公司通过通用航空将一批急需的疫苗运往邻国。这批疫苗在运输过程中始终保持适宜的温度，确保了其有效性和安全性。

（二）具体案例

1. 獐子岛海鲜冷链运输项目

大连獐子岛渔业集团与当地的北方通用航空有限公司展开合作。以往獐子岛的海鲜通过传统公路运输运往沈阳等内陆城市时，由于路途遥远且交通状况复杂，运输时间通常需要6~8小时，海鲜损耗率高达15%左右。在2023年的合作项目中，采用新型无人机与eVTOL相结合的方式，无人机负责将海鲜从獐子岛海边养殖场快速运送到附近的长海大长山岛机场临时冷链处理中心，在此进行简单包装和预冷处理后，eVTOL直接将海鲜运往沈阳的大型冷链物流枢纽，运输时间缩短至3~4小时，海鲜的损耗率降至5%左右。这得益于新型航空器灵活高效、能穿越复杂地形以及低空空域快速穿梭的特点，同时，当地完善的通航机场和起降站点也为运输网络的构建提供了便利，政府在低空飞行审批流程简化等方面的政策支持也推动了该项目的落地实施。

2. 欧洲空中救援医药物流项目

由欧洲空中救援（EAA）这一专业的通用航空冷链物流公司运营，利用新型的、配备高精度温控系统的eVTOL飞行器。2022年，在一次从法国里昂制药厂运送一批贵重且对温度敏感的抗癌药物至德国慕尼黑医院的跨国运输任务中，物流公司采用先进的物联网技术，全程监控药品所处环境温度和飞行器飞行状态，确保药物在运输过程中温度波动控制在极小范围内，最终运输时间比传统航空冷链物流缩短了约30分钟，极大地提高了药品的时效性和安全性。该项目的开展离不开欧盟在低空经济方面统一的政策支持，如资金补贴促进新型航空器研发应用、统一的空域管理规范保障飞行安全等，以及各国完善的通航基础设施建设，如专门的医药物流通航机场和能源补给站等。

第三节　供应链透明度与效率提升策略

在"一带一路"倡议的宏大框架下,供应链的有效运作对于促进共建国家的贸易往来、经济合作以及资源优化配置起着至关重要的作用。

一、降低信息不对称风险

在跨国供应链中,涉及众多环节、不同国家的供应商、制造商、分销商以及物流服务提供商等。信息在各环节之间的传递往往存在延迟、失真或不完整的情况。供应链透明度的提高有助于打破这种信息壁垒,使各参与方能够实时共享货物的位置、状态、运输条件等关键信息。例如,一家位于中国的电子产品制造商向欧洲出口产品,通过低空经济中的无人机监测与物联网技术结合,能够让欧洲的经销商随时知晓货物在运输途中是否遭遇恶劣天气、是否在中转枢纽正常停留等信息,从而提前做好销售计划与库存准备,避免因信息不对称导致的缺货或积压风险。

二、增强信任与合作关系

透明的供应链能够向合作伙伴、消费者以及监管机构展示企业在运营过程中的合规性、社会责任履行情况以及产品质量控制等方面的努力。对于"一带一路"沿线不同文化、法律和商业环境下的企业合作,信任尤为关键。当企业能够提供透明的供应链信息时,如原材料的来源可追溯性、生产过程中的环保措施等,有助于在国际市场上树立良好的品牌形象,吸引更多的合作伙伴,促进长期稳定的合作关系建立。例如,一些国际知名品牌在东南亚地区采购原材料时,借助区块链技术记录原材料从种植或开采到加工的全过程信息,并通过低空物流网络快速传递这些信息,向全球消费者证明其产品的可持续性与高品质,增强消费者对品牌的信任度。

三、提升风险管理能力

从宏观层面来看,"一带一路"共建国家面临着政治、经济、自然等多种风险因素。供应链透明度的提升使企业能够更敏锐地感知风险,并及时采取应对措施。例如,在中东地区,由于地缘政治局势不稳定,物流路线可能随时受到影响。通过低空经济中的卫星定位与无人机监控系统,企业可以实时监测运输路线的安全性,一旦发现潜在风险,如某地区出现军事冲突或社会动荡迹象,能够迅速调整运输计划,将货物转运至安全的备用路线或临时仓储设施,从而保障供应链的连续性,降低因外部风险导致的损失。

第四节 长三角区域物流提质增效降本方案对低空物流的启示

2024年12月10日,长三角区域合作办公室联合上海、江苏、浙江、安徽等省(市)发展改革委共同印发了《长三角区域物流提质增效降本行动方案》,标志着全国首个跨省域物流降本增效方案的诞生。此方案的核心目标是通过一系列创新行动,降低长三角区域的物流成本,提升经济运行效率。

在区域物流科技创新联合攻关行动方面,该行动方案特别强调了新型物流基础设施的建设、智能物流装备的应用以及物流大数据的应用,共同推动物流行业的数智化和绿色化转型。这不仅加快了物流新质生产力的发展,而且为长三角物流信息数据的共享开放奠定了基础。表8-2展示了该行动方案的主要内容。

表8-2 《长三角区域物流提质增效降本行动方案》主要内容

行动名称	主要内容
区域物流基础设施互联互通行动	优化"通道+枢纽+网络"现代物流运行体系,强化国家物流枢纽核心组织作用,实施长三角铁路货运网络工程,实施内河水运体系联通工程,支持枢纽机场加强与国际航司合作

续表

行动名称	主要内容
区域物流运输方式多式协同行动	协同推动运输结构优化调整，强化货物运输"公转铁""公转水"，提升多式联运水平，推动龙头企业开展"一单制""一箱制"交通强国试点
区域物流科技创新联合攻关行动	围绕新型物流基础设施建设、智能物流装备应用、物流大数据应用等领域，共同推动物流数智化、绿色化转型，推进长三角物流信息数据共享开放
产业链供应链融合发展行动	支持物流企业与制造企业供应链协同，促进物流资源集聚共享，有效降低物流全链条成本，大力发展临空经济、临港经济
区域物流规则标准贯通行动	聚焦跨区域物流规划、基础设施、货物运输载具、货物运输通行等方面，促进规则互认标准统一，开展集装箱、冷链、滚装等标准化、专业化船舶研发应用
国际物流网络畅达提升行动	提升口岸物流功能效率，支持物流龙头企业和供应链上下游企业协同"走出去"，提升国际物流竞争力和供应链韧性
区域物流高质量发展协同保障行动	在投融资、用地等方面优化完善支持政策体系，持续优化区域营商环境，加强重大物流项目谋划储备，鼓励金融机构加强金融产品和服务创新

资料来源：物流降本方案中的低空经济：鼓励发展与低空经济、无人驾驶等相结合的物流新模式[EB/OL].通航信息，（2025-03-20）[2024-12-11］. https://mp.weixin.qq.com/s/0COZMiD4e9MwH7f52nCEEQ。

对于低空物流而言，《长三角区域物流提质增效降本行动方案》提供了重要的启示和行动指南。首先，低空物流作为新型物流基础设施的重要组成部分，其发展将受益于区域物流基础设施的互联互通，特别是在低空飞行基础设施的建设方面。其次，区域物流运输方式多式协同行动将促进运输结构的优化，提高物流效率。再次，区域物流科技创新联合攻关行动为低空物流的数智化和绿色化转型提供了支持，特别是在无人机配送技术和新能源航空器的应用上。此外，长三角区域物流规则标准贯通行动也将为低空物流的标准化和规范化发展提供保障。国际物流网络畅达提升行动则为低空物流在"一带一路"共建国家的推广和应用提供了机遇。最后，区域物流高质量发展协同保障行动将为低空物流项目提供投融资和政策支持，进一步推动低空经济在"一带一路"建设中的高质量发展。

通过这些行动方案的实施，低空物流将更好地融入长三角区域物流体系，为"一带一路"建设提供强大的物流支持和创新动力。

第九章　低空旅游与文化交流

　　随着低空技术的快速发展与普及，空中观光不再仅仅是高端旅游的代名词，而是逐渐成为推动地方经济发展、增进国际友谊的生动实践。在这一背景下，"空中观光与'一带一路'旅游合作"部分将深入探讨如何利用低空飞行平台，如直升机、小型飞机及无人机等，开发多样化、个性化的旅游产品，促进"一带一路"共建国家旅游资源的共享与互补，共同打造具有国际吸引力的旅游品牌，为区域经济一体化注入新活力。

　　文化遗产作为民族记忆和历史传承的宝贵财富，其保护与传承是"一带一路"建设中不可或缺的一环。"文化遗产保护与数字化展示"部分聚焦低空技术在文化遗产记录、监测、修复及展示方面的创新应用，如何通过高精度航拍、三维建模等手段，为古老的文化遗址赋予新的生命力，同时利用数字化平台，跨越时空界限，让全球观众都能近距离感受"一带一路"沿线丰富多彩的文化遗产，促进文化的传承与创新。

第一节　空中观光与"一带一路"旅游合作

一、以往"一带一路"旅游合作的不足

(一) 交通便捷性瓶颈

传统旅游交通模式在"一带一路"框架下凸显出诸多局限。地面交通受地理条件制约显著，如在东南亚的群岛区域，岛屿间的渡轮运输受天气影响大，航班频次有限且机场分布不均衡，游客辗转于各岛之间耗时费力。陆地上，一些山区和偏远内陆地区道路基础设施薄弱，交通网络稀疏，导致旅行时间成本高昂。跨国境交通的复杂性更是一大阻碍，不同国家的交通规则、签证政策以及边境检查程序各异，使游客在跨境旅行时面临诸多不确定性与烦琐手续，严重制约了旅游行程的连贯性与高效性，限制了沿线旅游资源的整合开发与游客流量的自由流通。

(二) 旅游资源开发失衡

"一带一路"沿线旅游资源开发呈现明显的两极分化态势。部分热门旅游目的地，如泰国曼谷、意大利罗马等，长期聚焦于大众旅游市场，旅游产品同质化严重，过度依赖传统观光项目，对新兴旅游需求和小众特色资源挖掘不足。而大量鲜为人知却极具潜力的旅游瑰宝，如中亚的古老商道遗迹、非洲之角的原始生态景观等，因地处偏远、基础设施匮乏、宣传推广缺位，处于旅游开发的边缘地带。这种开发失衡导致旅游市场竞争加剧，资源利用效率低下，无法形成沿线旅游资源的协同互补效应，阻碍了旅游合作的全面深化与可持续发展。

(三) 文化交流浮于表面

过往旅游合作中的文化交流深度与广度均有所欠缺。游客与当地文化的互动多局限于表面观光，难以深入体验文化内涵与精髓。在西亚的一些宗教圣地，游客虽置身于宏伟的宗教建筑之中，但因缺乏专业讲解与深度体验活动，对宗教文化背后的历史传承、社会价值与生活方式知之甚少。旅游产品设计中，文化元素的融入往往流于形式，未能将当地独特的民俗风情、传统技艺与现代旅游需求有机结合。文化交流的单向性问题突出，多为游客的单向接收，缺乏游客与当地居民的双向互动与情感共鸣，难以真正促进不同文化间的相互理解与包容，不利于构建基于文化认同的长期旅游合作关系。

二、空中观光如何带动"一带一路"共建国家旅游合作

(一) 突破交通限制

空中观光凭借其灵活性和高效性，有效突破了传统交通的诸多桎梏。低空飞行器可在短时间内跨越复杂地形，如飞跃喜马拉雅山脉周边区域，将尼泊尔的加德满都与中国西藏的旅游景点紧密相连，开辟全新的跨境旅游线路。在东欧地区，小型飞机能够穿梭于各个历史名城之间，避开地面交通拥堵，大大缩短城市间的旅行时间。同时，空中观光可实现点对点的直达运输，减少中转候机的烦琐环节，提高旅游行程的舒适度与便捷性。此外，随着"一带一路"倡议下航空基础设施逐步完善、空中交通管制协同优化，空中观光将进一步推动共建国家间的旅游交通无缝对接，促进区域旅游一体化发展。

(二) 优化资源开发格局

空中观光作为一种新兴的旅游模式，为沿线旅游资源的开发格局带来了前所未有的创新视角与强大推动力。低空飞行平台，诸如直升机、小型飞机以及无人机等，在优化资源配置、提升旅游体验方面展现出独特优势，为旅游业的发展开辟了新路径。

直升机以其高效、灵活的特点，成为定制化高端旅游服务的理想选择。例如，从阿联酋迪拜的摩天大楼群中起飞，游客可以乘坐直升机穿越沙漠，直达阿曼那隐匿于沙丘之间的绿洲，体验别样的沙漠风情。又如，从土耳其伊斯坦布尔的博斯普鲁斯海峡上空掠过，直飞保加利亚的中世纪古镇，感受穿越时空的震撼。这些高端定制的包机服务，不仅满足了高消费群体对于私密性、便捷性以及个性化旅游体验的追求，更将原本遥不可及的目的地变得触手可及。

小型飞机则更适合于区域性旅游环线的开辟。在东南亚地区，一条以泰国清迈为起点，串联老挝琅勃拉邦、越南下龙湾等著名景点的空中旅游环线应运而生。这条环线不仅涵盖了多元的文化与自然景观，更促进了"一带一路"共建国家和地区旅游资源的共享与互补，为游客提供了丰富多样的旅行选择。无人机技术则在旅游资源的前期勘探与特色景点的发现中发挥了重要作用。通过无人机的航拍镜头，我们可以捕捉到柬埔寨吴哥窟周边鲜为人知的古遗迹群落，或是太平洋岛国密克罗尼西亚独特的环礁地貌。这些精美的旅游宣传素材，通过网络平台的广泛传播，成功吸引了全球游客的关注，为当地旅游业的发展注入了新的活力。

借助这些低空飞行平台，旅游业得以开发出更加多样化、个性化的旅游产品。这些产品不仅整合了"一带一路"沿线分散的旅游资源，更共同打造出了具有国际吸引力的旅游品牌，为区域经济一体化注入了新的动力。从空中俯瞰，那些曾经被忽视的小众旅游资源展现出了独特的魅力。东欧喀尔巴阡山脉的原始森林、中东的神秘盐湖等自然景观，在航空摄影和航拍视频的记录下，变得生动而迷人，其知名度和吸引力也随之提升。此外，空中观光线路还成为连接热门与冷门旅游资源的纽带。例如，将地中海沿岸的著名海滨度假胜地与内陆的古老城堡遗迹通过空中线路巧妙连接，形成了一条"海与陆的历史文化之旅"。这种差异化的旅游产品组合不仅丰富了游客的旅行体验，更促进了沿线旅游资源的均衡开发与协同利用。

（三）深化文化交流内涵

空中观光为"一带一路"沿线文化交流创造了更为丰富多元的平台与机

遇。飞行过程中，游客可纵览不同国家和地区的文化景观全貌，如在一次横跨亚洲的空中之旅中，领略东亚的儒家文化、中亚的游牧文化、西亚的阿拉伯文化在建筑风格、城市布局与生活方式上的显著差异与内在联系，直观感受文化的多元共生与交融演变。依托空中观光项目，开展丰富多彩的文化体验活动，如在飞行途中举办文化讲座、民俗表演展示等，让游客在旅途中深入了解当地文化的历史渊源与精神内涵。同时，空中观光促进了"一带一路"共建国家旅游从业者与社区居民的交流互动，通过共同开发与运营旅游项目，增进彼此文化的认知与尊重，推动文化交流从浅层次的观光体验向深层次的精神共鸣与价值共享转变，为"一带一路"旅游合作注入持久的文化动力。

（四）创新旅游营销模式

空中观光为"一带一路"旅游营销带来全新思路。将空中拍摄的震撼美景制作成精美的宣传视频和图片，在社交媒体、旅游展会等平台广泛传播，能够迅速吸引全球游客的目光。例如，拍摄阿拉伯半岛的壮丽沙漠景观、印度洋上的明珠海岛等空中影像，引发潜在游客的好奇心与探索欲。以空中观光体验为卖点，与在线旅游平台合作推出特色旅游套餐，如"'一带一路'空中奢华游""古丝路探秘飞行之旅"等，借助互联网的强大传播力扩大影响力。同时，举办空中观光主题的旅游推介会，邀请各国旅游博主、媒体记者参与空中体验并进行报道分享，通过口碑传播和网络效应，快速提升"一带一路"旅游品牌形象与知名度，吸引更多游客前来探索共建国家的独特魅力。

（五）带动旅游服务升级

空中观光的兴起促使"一带一路"沿线旅游服务全面升级。为满足空中游客的需求，各国机场及航空服务公司提升服务质量，包括优化候机环境、提供个性化的空中餐饮服务、完善机上娱乐设施等。地面旅游服务也相应改进，酒店与旅游景区加强与空中观光运营商的合作，提供一站式的旅游服务套餐，如包含空中观光、地面接送、景区门票与住宿预订等服务。旅游从业人员接受更专业的培训，不仅要熟悉空中观光旅游产品的特点与流程，还要具备跨文化交流能力，以便更好地服务来自不同国家和地区的游客。此外，旅游服务监管部门加强对空中观光旅游服务质量的监督与管理，制定统一的服务标准与规范，确保游客在整个旅游过程中享受安全、舒适、高品质的服务体验，从而整体提升"一带一路"旅游服务水平与国际竞争力。

三、低空观光创新案例

（一）中尼喜马拉雅空中观光线路

近年来，随着喜马拉雅地区旅游需求的增长，中尼两国合作开通了一条跨越喜马拉雅山脉的空中观光线路。游客可以从尼泊尔加德满都乘坐小型飞机，穿越壮丽的山脉，直达中国西藏的旅游景点，如珠穆朗玛峰大本营附近区域。这条线路的开通克服了传统地面交通受山脉地形阻碍、交通不便的难题，极大地缩短了旅行时间，为游客提供了独一无二的空中观光体验，让他们能够近距离欣赏"世界屋脊"的壮美景色，同时也促进了两国边境地区的旅游交流与合作，带动了沿线旅游资源的开发与利用，许多原本因交通不便而鲜为人知的小众景点，如尼泊尔的一些高山村落和中国西藏的偏远寺庙，因这条空中线路的开通而逐渐为游客所熟知。

（二）马六甲海峡空中之旅

马来西亚和新加坡共同推出了马六甲海峡空中之旅项目。游客可以从新加坡樟宜机场乘坐直升机，沿着马六甲海峡飞行，在空中俯瞰海峡两岸繁华的港口城市、古老的海上贸易遗迹以及美丽的海岛风光。该项目不仅突破了传统渡轮运输速度慢、受天气影响大的局限，还将马来西亚的马六甲古城、兰卡威群岛等旅游资源与新加坡的现代化都市景观巧妙地串联起来，形成了一条特色鲜明的旅游环线。通过空中观光，游客能够更全面地领略马六甲海峡地区的多元文化和丰富历史，促进了两国在旅游资源开发、旅游产品设计等方面的深度合作，同时也吸引了大量国际游客，提升了马六甲海峡地区在全球旅游市场的知名度。

(三) 丝绸之路空中文化探索之旅

哈萨克斯坦、乌兹别克斯坦和吉尔吉斯斯坦等中亚国家联合打造了丝绸之路空中文化探索之旅。游客乘坐小型飞机沿着古代丝绸之路的路线飞行，途中在空中观赏中亚草原的壮丽风光、古老的丝绸之路商队驿站遗迹以及具有浓郁伊斯兰风格的城市建筑。飞行过程中，还会安排专业的文化讲解员为游客举办文化讲座，介绍中亚地区的游牧文化、伊斯兰文化和丝绸之路贸易文化的交融与发展。此外，游客还能在一些特色景点降落，亲身参与当地的民俗表演和传统手工艺制作活动，如在乌兹别克斯坦的撒马尔罕体验手工陶瓷制作，深刻感受中亚文化的魅力。这一空中观光项目极大地丰富了游客对中亚文化的体验，促进了中亚各国之间以及中亚与其他丝绸之路共建国家在文化交流和旅游合作方面的协同发展，为中亚地区的旅游文化产业注入了新的活力，吸引了更多来自欧洲、亚洲等地的游客前来探索中亚的神秘与美丽。

第二节　文化遗产保护与数字化展示

"一带一路"共建国家拥有着海量珍贵的文化遗产，从古老的埃及金字塔到宏伟的中国万里长城，从神秘的佩特拉古城到典雅的希腊帕特农神庙，这些文化遗产是人类文明的瑰宝。在低空经济的助力下，文化遗产保护与数字化展示迎来了创新发展的契机。

一、文化遗产保护的重要性与我国目前文化遗产保护方面的不足

(一) 文化遗产保护的重要性

文化遗产是人类文明的瑰宝，承载着历史记忆、民族精神与文化基因。从古老的敦煌莫高窟壁画到宏伟的万里长城，这些文化遗产见证了岁月变迁，

是连接过去、现在与未来的桥梁。它们对于增强民族认同感与凝聚力具有不可替代的作用,是国家和民族的精神象征。在国际层面,文化遗产是展示国家形象与文化软实力的重要窗口,能够促进不同国家和地区之间的文化交流与相互理解,推动世界文化多样性的繁荣发展。例如,埃及的金字塔每年吸引着全球数百万游客,其独特的建筑艺术与神秘的历史文化内涵让世人惊叹,成为埃及在世界文化舞台上的标志性符号。

(二) 我国目前文化遗产保护方面的不足

我国虽拥有丰富的文化遗产,但在保护过程中仍存在诸多问题。一方面,部分地区对文化遗产保护的重视程度不够,资金投入不足,导致保护设施陈旧落后。例如,一些偏远地区的古建筑因缺乏修缮资金,出现墙体坍塌、屋顶漏雨等现象,加速了文物的损坏。另一方面,保护技术相对滞后,在应对自然侵蚀和人为破坏时显得力不从心。例如,一些石刻文物因长期暴露在外,受风化、酸雨等影响,表面出现剥落、侵蚀,而现有的防护技术难以有效延缓这一过程。此外,在文化遗产的管理体制方面,存在多头管理、职责不清的情况,导致在保护工作中协调困难,效率低下。一些地方在进行城市建设或旅游开发时,未能充分考虑文化遗产的保护需求,盲目开发建设,对文化遗产造成了不可逆的破坏,如某些古城因过度商业化开发,破坏了原有的历史风貌和文化氛围。

二、低空经济如何通过数字化展示促进文化遗产的保护

(一) 高精度数据采集与监测

低空飞行器如无人机搭载高精度的摄像设备、激光雷达等,可以对文化遗产进行全方位、多角度的数据采集。以敦煌莫高窟为例,无人机能够深入窟区,拍摄到洞窟外部的细节以及周边环境的高清图像和三维数据,这些数据可用于构建莫高窟的数字模型,为文物保护提供精确的基础资料。同时,通过定期的低空飞行监测,可以及时发现文化遗产在自然因素或人为因素影

响下的细微变化，如墙体裂缝的扩展、周边植被生长对文物的潜在威胁等，以便文物保护工作者迅速采取措施进行修复和防护，实现对文化遗产的动态监测与预防性保护。

低空技术在文化遗产记录、监测方面的创新应用，不仅提高了数据采集的精度和效率，还为文化遗产的保护提供了科学依据。通过高精度航拍和三维建模，我们可以实现对文化遗产的全方位记录和实时监测，为文化遗产的保护工作提供有力的技术支持。

（二）数字化展示与虚拟修复

利用低空技术采集的数据，能够进行文化遗产的数字化展示与虚拟修复。将无人机拍摄的图像和数据进行处理后，通过虚拟现实（VR）、增强现实（AR）等技术，游客可以身临其境地感受文化遗产的魅力。例如，在故宫博物院，游客可以借助 AR 设备，看到古建筑在不同历史时期的风貌，了解其修缮过程和历史变迁。对于一些受损的文化遗产，虚拟修复技术可以根据采集的数据进行模拟修复，展示修复后的效果，为实际修复工作提供参考方案。

低空技术在文化遗产修复和展示方面的创新应用，不仅为文化遗产的保护提供了新的手段，还为文化的传承与创新提供了可能。通过数字化展示和虚拟修复，我们可以让更多人了解文化遗产的历史和文化价值，提高他们的保护意识。同时，我们还可以利用这些技术将文化遗产与创意产业相结合，开发出具有独特文化内涵的创意产品，推动文化产业的发展和创新。

（三）提高文化遗产保护的公众参与度

低空经济助力下的数字化展示为公众参与文化遗产保护开辟了新路径。通过网络平台，将无人机采集的文化遗产数据制作成线上展览或互动游戏，吸引全球公众的关注。例如，"云游长城"项目，利用无人机拍摄的长城影像，可以让用户在线上模拟攀登长城，了解长城的建筑结构和历史故事。公众还可以通过线上平台参与文化遗产的监测工作，如发现文物破坏行为或异常情况及时报告给文物管理部门。此外，低空技术还促进了文化遗产的全球传播和共享。通过数字化平台，我们可以将"一带一路"共建国家的文化遗产进行全球范围内的传播和展示，让更多人了解这些国家的文化和历史。这种文化交流不仅有助于增进各国人民之间的友谊和互信，还能推动世界文化多样性的繁荣发展。

总之，低空技术在文化遗产保护中的应用不仅有助于保护这些珍贵的文化遗产，还促进了文化的传承与创新。通过高精度航拍、三维建模等手段，可以实现对文化遗产的全面保护和数字化展示。同时，利用数字化平台，可以跨越时空界限，让全球观众都能近距离感受"一带一路"沿线丰富多彩的文化遗产，促进文化的传承与创新。这种创新应用不仅为文化遗产的保护提供了新的思路和手段，也为文化产业的发展和创新注入了新的活力。

三、低空文化保护案例

（一）柬埔寨吴哥窟的低空数字化保护与展示

柬埔寨吴哥窟是世界著名的文化遗产。无人机对吴哥窟进行定期低空飞行，搭载多光谱相机采集数据，能够精确分析建筑石材的风化程度以及周边生态环境变化。通过这些数据构建的吴哥窟三维数字模型，在数字化展示方面，游客可通过 VR 设备沉浸式体验吴哥窟的昔日繁华盛景，还能看到虚拟修复后的精美雕刻细节。当地文物保护部门还将无人机采集数据与线上平台合作，开展全球范围内的"吴哥窟守护计划"，公众可线上查看吴哥窟实时监测数据，并参与部分区域的虚拟修复方案讨论，极大地提高了公众参与度与吴哥窟在全球的知名度。

（二）意大利庞贝古城低空数字化保护

意大利庞贝古城运用无人机进行低空数据采集，获取古城遗址高清图像与三维数据信息，激光雷达穿透植被精确绘制古城的地形地貌。基于这些数据，文物保护专家一方面能及时发现地震、火山活动等自然因素以及游客参观等人为因素导致的遗址损害情况，制定针对性保护措施。另一方面，数字化展示通过 AR 技术让游客仿佛穿越回古罗马时期，看到古城未被火山灰掩埋时的街道、建筑和居民生活场景，虚拟修复展示了部分受损严重建筑修复后的可能模样，为实际修复工作提供了宝贵参考。同时，相关数据在网络平台共享，全球考古爱好者与学生可线上深入研究庞贝古城，拓展了文化遗产保护与研究的公众参与群体。

（三）土耳其以弗所古城的低空经济助力保护实践

在土耳其以弗所古城，低空飞行器定期对古城进行数据采集，利用热成像技术检测古城建筑内部结构隐患，高清摄像记录建筑表面的侵蚀状况等。在数字化展示方面，通过与科技公司合作，开发出以弗所古城专属的手机App，用户可以利用手机的 AR 功能，在古城实地参观时看到古城在不同历史时期的虚拟重建景象，如古代的剧院演出、集市贸易等场景。此外，线上平台还开展了"我为以弗所古城保护献一策"活动，鼓励公众根据无人机展示的古城现状，提出保护与旅游开发的创意建议，并且通过线上捐款等方式助力古城保护项目，有效提升了公众对文化遗产保护的关注度与参与热情。

第三节　促进人文交流与理解的路径

低空经济标志着中国在开发低空空域资源方面迈出了关键一步。经过十多年的政策推动与产业发展，低空经济与旅游产业的深度融合为中国文旅行业注入了全新动能。低空文旅以独特的空中体验和跨领域的创新模式，促进人文交流与理解，成为文旅行业的重要增长点，未来也将成为文旅行业高质量发展的重要抓手，同时加强我国与"一带一路"共建国家的文化交流与合作。

一、低空旅游在促进人文交流与理解方面的作用

（一）搭建空中文化桥梁

低空旅游作为一种新兴的旅游方式，通过空中视角展现"一带一路"共

建国家的自然风光、历史遗迹和人文景观，为游客提供了独特的文化体验。这种体验打破了传统旅游的局限，使游客能够更全面、深入地了解当地的历史文化和风土人情。例如，通过低空游览丝绸之路沿线的古城遗址和自然景观，游客能够直观感受到古代文明的辉煌和自然界的壮丽，从而促进了对这些文化的理解和尊重。

（二）促进文化交流与融合

低空旅游不仅促进了游客与"一带一路"共建国家居民之间的直接交流，还通过举办各种文化交流活动，如空中文化节、航空主题展览等，加深了彼此之间的了解和友谊。这些活动不仅展示了"一带一路"共建国家的文化多样性，还促进了不同文化之间的融合和创新。通过低空旅游的平台，各国人民可以共同分享和欣赏彼此的文化遗产，增进相互之间的理解和尊重，为"一带一路"建设营造和谐的文化氛围。

（三）激发文化创新与传承活力

新的旅游视角与体验方式为"一带一路"沿线文化的创新发展带来机遇。低空旅游与文化创意产业相结合，催生出一系列新型文化产品与旅游项目。例如，以低空摄影作品为素材制作的文化纪念册、明信片等文创产品，在传播文化景观的同时创造了经济效益，为文化传承提供了经济支持。此外，低空旅游吸引了更多年轻人关注"一带一路"沿线文化，激励他们以创新方式传承文化。年轻的艺术家、设计师们可能受低空旅游所见所闻启发，将传统的文化元素融入现代艺术创作、时尚设计或数字媒体作品中，使古老文化在新时代焕发出新活力，确保文化传承的持续性与创新性。

二、低空旅游促进人文交流与理解的实践路径

（一）加强国际合作与交流

在推动低空旅游于人文交流及理解层面发挥更大效能的进程中，强化

"一带一路"共建国家间的国际协作与交流至关重要。

一方面,构建完善的低空旅游合作机制是基础。各国应共同制定符合整体发展需求的低空旅游规划蓝图与统一标准,全力推动低空旅游资源的高效整合与共享。例如,可设立专门的跨国协调组织,负责全面统筹各国资源与诉求,确保规划和标准具有切实可行性与广泛适用性。

另一方面,积极举办低空旅游国际论坛与研讨会意义非凡。此类活动能够广泛会聚各国专家学者、业内精英,共同深入探讨低空旅游的未来发展趋势,挖掘潜在的合作机遇。在论坛与研讨会上,不仅能够交流先进的技术应用与管理经验,还能针对如何克服文化差异对旅游体验的影响展开深入讨论,从而营造出更加多元且深入的人文交流环境。

此外,"一带一路"共建国家在政策层面需紧密协同。应简化签证流程,减少游客跨国旅行的阻碍,同时优化航空管制政策,确保低空飞行器跨境飞行的安全与顺畅。在资源整合方面,中亚五国联合推出的"古丝绸之路低空探秘之旅"可作为示范。各国系统梳理自身独具特色的历史遗迹、壮丽迷人的自然景观等旅游资源,精心设计飞行路线,合理布局起降场地,打造连贯且精彩的跨国低空旅游线路。

旅游企业之间也应深化合作,构建全方位的合作网络。通过共享游客资源,实现客源的合理分配与高效利用;积极交流运营经验,提升整体服务水平与管理效能;统一服务标准,塑造一致且优质的旅游品牌形象。共同开发创新型旅游产品,深度融合各国文化元素与旅游特色,制定具有广泛吸引力的市场推广策略,不断扩大跨国低空旅游的影响力与知名度。

(二)打造特色低空旅游项目

"一带一路"共建国家应充分依托自身独特的文化特质与丰富的资源禀赋,精心打造彰显地方特色的低空旅游项目集群。

在空中观光方面,可精心规划别具一格的飞行航线。比如沿着古老的贸易商路,让游客从空中领略历史名城的壮丽轮廓、宗教圣地的神圣庄严以及自然奇观的鬼斧神工。飞行体验项目也应多样化,如提供驾驶模拟飞行器感受航空操控乐趣的机会,或安排搭乘特种低空飞行器穿梭于峡谷、森林等秘境的新奇体验。在文化节庆活动方面，依据各国传统节日与民俗庆典，在空中举办盛大的飞行巡游，并配合地面开展特色文化活动。例如，某些国家过丰收节时，低空飞行器撒下象征丰收的花瓣或彩带，同时地面民众载歌载舞，充分展现浓郁的乡土风情。通过这些多元化项目的打造，游客仿佛开启一场场深度文化之旅，在畅享低空飞行刺激与新奇的同时，仿佛穿越时空隧道，深入领略当地源远流长的历史脉络、丰富多彩的文化内涵以及质朴醇厚的风土人情。如此一来，不仅能大幅提升低空旅游自身的魅力，还能如投入文化产业湖泊的石子，激起层层多元化发展的涟漪，催生出特色低空旅游文化纪念品开发、基于低空视角的文化影视创作等新兴业态，为"一带一路"共建国家间的人文交流与理解搭建起更加多元、厚实且充满活力的载体平台。

积极举办各类以低空旅游为鲜明主题的国际化活动，犹如搭建起一座横跨各国的文化彩虹桥。在国际文化节上，各国充分展示本土最具代表性、最富魅力的低空旅游资源与文化瑰宝。从古老遗迹的高空俯瞰展示到传统音乐舞蹈在空中舞台的精彩演绎，再到精美民俗手工艺品在特制飞行展柜中的惊艳亮相，应有尽有。同时，别出心裁地设置诸多互动体验环节，让游客在飞行途中与当地民间艺人共同创作传统手工艺品，或与当地居民携手参与空中传统游戏竞赛，实现心与心的零距离交融。旅游论坛则如智慧灯塔，汇聚全球精英智慧，围绕低空旅游未来发展趋向、珍贵文化遗产保护与传承、旅游合作模式创新突破与优化升级等核心议题，邀请各国专家学者、旅游从业者各抒己见，展开激烈且富有成效的思想碰撞与经验交流盛宴。摄影大赛如同全球视觉文化的狂欢派对，吸引世界各地摄影爱好者用敏锐而富有创意的镜头，捕捉"一带一路"低空旅游旅程中的精彩瞬间与独特文化神韵。而后通过精心筹备的大型作品展览，让这些艺术作品在世界各地知名展馆巡回展出，并借助互联网强大的传播力量，在各大社交媒体平台和专业摄影网站广泛传播分享，使"一带一路"共建国家的文化魅力如蒲公英种子般飘向世界各个角落，极大拓展了文化影响力辐射范围，有力推动各国在文化与旅游领域实现全方位、深层次、高效率的交流合作与相互借鉴学习，携手迈向共同繁荣发展的康庄大道。

珠海—张家口低空冰雪文旅专线便是特色低空旅游项目的典范之作。它巧妙利用珠海和张家口两地独特的地理、气候及旅游资源优势，打造出极具吸引力的"空中+冰雪"旅游线路。游客从粤港澳大湾区的海滨城市珠海出发，乘坐飞机穿越不同地域景观，抵达拥有丰富冰雪资源的张家口崇礼滑雪场，体验独特的冰雪运动和旅游活动。这一项目不仅丰富了低空旅游的产品类型，还通过融合两地自然风光、文化特色和旅游服务，为游客带来深度文化体验之旅。例如，游客在空中可欣赏到从南到北不同的自然景观变化，在崇礼滑雪场能感受到浓厚的冬奥文化氛围。同时，该专线的推出为其他地区开发特色低空旅游项目提供了有益思路，激励各地结合自身资源禀赋打造具有地方特色的低空旅游产品，促进"一带一路"共建国家旅游资源的多样化开发与协同发展，进一步推动人文交流与理解。

（三）加强低空旅游基础设施建设

为了推动低空旅游的快速发展，需要加强低空旅游基础设施建设。这包括建设通用航空机场、飞行服务站、起降设施等，完善低空旅游服务网络。同时，还需要加强低空旅游安全管理和监管，确保游客的安全和舒适体验。通过加强基础设施建设和管理，可以为低空旅游的发展提供更加坚实的基础和保障，进而促进人文交流与理解的深入发展。

（四）培养专业跨文化旅游服务人才

教育机构与旅游企业应联合开展人才培养项目，注重培养既具备低空旅游专业知识与技能，又熟悉"一带一路"共建国家文化的复合型人才。在专业课程设置中，增加"一带一路"共建国家历史、宗教、民俗等文化课程以及跨文化交流技巧、外语能力提升等课程。例如，旅游院校可与国际航空培训机构合作，开设低空旅游服务与文化交流专业方向，学生在学习飞行服务、旅游管理知识的同时，深入研究"一带一路"共建国家的文化特色，并进行实地文化体验与交流实习。通过这样的培养模式为低空旅游行业输送大量能够有效促进文化交流的专业人才，提升旅游服务质量与文化交流效果。

三、低空旅游项目案例

(一) 中埃低空旅游合作

埃及旅游部门与中国的旅游企业合作推出了"中埃文化空中之旅"。游客乘坐低空飞行器,从埃及开罗出发,途经卢克索、阿斯旺等城市,在空中可俯瞰尼罗河两岸的古老神庙、金字塔等世界著名文化遗产,感受埃及悠久的历史文化。同时,中方旅游企业邀请了中国的文化专家和艺术家一同前往,在飞行途中举办文化讲座和艺术表演,向埃及游客介绍中国的传统文化和艺术形式,促进了中埃两国文化的交流与理解。

(二) 中英低空飞行文化交流活动

英国的一些航空俱乐部与中国的旅游机构合作,开展了中英低空飞行文化交流活动。游客从英国伦敦出发,飞行至英国的乡村地区和历史名城,如牛津、剑桥等,欣赏英国的田园风光和古老建筑。在交流活动中,中英双方的飞行员和游客互相交流飞行经验和文化体验,还举办了摄影比赛,鼓励游客用镜头记录下中英两国的低空美景和人文风情,并通过线上线下展览的方式进行展示和分享,增进了两国人民之间的了解和友谊。

(三) 广东英德低空文旅项目

广东移动联合中信科移动等在英德乐天游热气球营地完成国内首个低空文旅场景通感一体组网测试。游客乘坐热气球可在高空将景色实时传递给亲朋好友,共同享受美好。该项目不仅推动了低空飞行体验与安全数智化升级,也为当地带来了新的旅游消费热点,促进了当地经济发展,吸引了更多游客前来体验,进一步推动了区域间的人文交流。

(四) 成都金堂低空旅游项目

在成都金堂怀州机场,国内首个阶梯式低空空域投入使用,其中包含文旅空域等。游客可在飞行教练的带领下在空中游览空域内的景点，推动了全域低空旅游的发展，也为当地的人文交流和旅游经济发展注入了新活力，让更多人了解金堂的自然风光和文化特色，促进了地区间的人员往来和文化交流。

（五）珠海—张家口低空冰雪文旅专线

2024年12月31日，全国首条跨省低空冰雪文旅专线（珠海—张家口）正式启航，这一创新举措为"一带一路"共建国家旅游合作提供了新的范例。该专线的首发仪式在珠海莲洲通用机场举行，相关单位签订了多项合作协议，包括《关于加强两地旅游推广交流合作框架协议》《关于合作推广珠海⇌张家口低空出行旅游项目框架协议》《关于打造大湾区低空出行创新应用场景示范城市战略合作协议》，标志着粤港澳大湾区在低空出行领域合作的正式启动，也为区域乃至全国的低空旅游发展树立了新的里程碑。

此专线航路及经停点配备了飞机加油、安全监测、维修服务、机组订餐、休息住宿等全方位服务，张家口低空飞行服务站还提供计划审批、航空气象情报等一站式服务。旅客抵达张家口宁远机场后，可接驳至崇礼当地的滑雪场，体验为期3~5天的滑雪及旅游活动。这一专线集合了低空经济、冰雪经济以及首发经济的重要元素，是探索"交旅"融合发展新模式、创造"低空+冰雪"文旅新业态的重要尝试。它不仅为游客提供了全新的旅游体验，从粤港澳大湾区的珠海直飞张家口冬奥场馆滑雪，实现了南北地域旅游资源的快速连接，还促进了区域间的旅游资源整合与协同发展。通过低空出行与冰雪运动、文化旅游等相关产业的联动，为旅游消费升级创造了新动能，也为低空旅游场景应用的发展带来了更多新需求与新选择，有望吸引更多"一带一路"共建国家借鉴这种创新的旅游合作模式，推动跨境旅游合作的进一步发展。

第十章　低空监测与环境保护

通用航空包括固定翼飞机、直升机等，在自然灾害的预警、评估及紧急救援中发挥着不可替代的作用。通过空中巡查，可以快速识别洪水、森林火灾、地震等灾害的早期迹象，为及时疏散民众、调配救援资源赢得宝贵时间。此外，通用航空还能直接参与救援行动，如空中运输救援物资、执行医疗撤离等，有效提升灾害应对的整体效能，保障"一带一路"项目的安全实施与人员安全。随着技术的飞速发展，无人机已成为环境监测领域的一股重要力量。它们能够迅速部署至偏远或难以到达的区域，通过搭载高清摄像头、光谱仪、气体检测器等设备，高效采集空气质量、水质、土壤污染及生物多样性等多维度环境数据。这一技术的运用极大地提高了环境监测的时效性和精确度，为"一带一路"共建国家的环境保护政策制定与实施提供了科学依据。

面对全球气候变化和环境保护的紧迫挑战，推动绿色低空交通的发展成为必然选择。本章将探讨如何通过技术创新（如电动飞机、氢能航空器等）和政策引导，减少低空交通的碳排放，促进低空经济的绿色发展。同时，分析如何构建低碳、高效的低空交通网络，以支持"一带一路"沿线的可持续发展目标，实现经济效益与环境保护的"双赢"。

第一节　无人机在环境监测中的应用

一、无人机应用于环境监测的优势

（一）灵活机动与高分辨率监测

无人机具有极强的灵活性，能够轻松穿越复杂地形，抵达传统监测手段难以企及的区域。无论是高山峡谷、河流湖泊还是偏远的湿地、森林，无人机都可以快速到达并开展监测工作。与卫星遥感相比，无人机可以在更低的高度飞行，获取更高分辨率的图像和数据。例如，在监测森林植被覆盖情况时，无人机搭载的高清摄像头能够清晰地分辨出不同树种的分布、树木的健康状况，甚至可以检测到单棵树木上的病虫害迹象。其分辨率可以达到厘米级，能够精准地绘制出森林的详细地图，为森林资源管理和生态保护提供极为精确的基础数据。

在城市环境监测方面，无人机可以在高楼大厦之间穿梭，监测空气质量分布情况。它能够避开地面交通拥堵等不利因素，快速到达污染热点区域，实时采集空气样本并分析污染物浓度。通过多架无人机协同作业，可以构建起城市三维空气质量模型，直观地展示出污染物在不同高度、不同区域的分布差异，为城市环境治理决策提供科学依据，有效助力改善城市居民的生活环境质量，这对于"一带一路"沿线城市的可持续发展和宜居性建设具有重要意义。

（二）实时数据传输与快速响应

无人机在环境监测过程中能够实现实时数据传输。在监测河流污染时，无人机携带水质监测传感器，一旦发现水质异常，如化学需氧量（COD）、氨氮含量超标等情况，可以立即将数据传输回地面控制中心。这使得相关部门能够迅速做出反应,及时采取措施,如切断污染源、开展应急处理等,最大限度地减少污染对生态环境和人类健康的危害。例如,在一些工业密集区域,河流容易受到工业废水排放的污染。无人机可以沿着河流进行定期巡航监测,当检测到某段河流的水质参数突然恶化时,数据瞬间传至生态环境部门,工作人员可依据实时数据快速定位污染源头企业,责令其整改并对污染进行治理,保障了河流生态系统的稳定,也为"一带一路"沿线地区的水资源保护和可持续利用提供了有力保障。

对于突发环境事件,如火灾、石油泄漏等,无人机可以第一时间到达现场进行监测。它能够实时传输火灾范围、火势蔓延方向、石油泄漏扩散面积等关键信息,帮助救援人员制定科学合理的救援和清理方案。在海洋环境监测中,无人机可以对海上石油钻井平台周边海域进行实时监控,一旦发生石油泄漏事故,迅速反馈泄漏位置和规模,以便及时采取部署围油栏、投放吸油材料等处理措施,降低对海洋生态的破坏,维护"一带一路"沿线海洋生态环境的健康与稳定。

二、国内外无人机在环境监测中的实际案例

(一) 国内案例

在我国的内蒙古草原,由于草原面积广阔,传统的环境监测方式难以全面覆盖,当地采用了无人机进行草原生态监测。无人机搭载多光谱相机,对草原植被的生长状况、覆盖度、生物量等进行定期监测。通过对多年监测数据的分析发现,在实施草原生态保护政策后,某一区域内的优质牧草覆盖度从过去的30%提升到了45%,草原植被的平均高度也增加了5厘米左右。这些数据为评估草原生态修复效果提供了直观且准确的依据,也为进一步优化草原保护政策提供了数据支持,这对于我国在"一带一路"倡议中与中亚等草原资源丰富的国家开展草原生态保护合作有着很好的示范作用。

我国的太湖流域是重要的淡水湖区域,但面临着较为严重的水污染问题。利用无人机进行水质监测,无人机携带的传感器可以同时检测水体中的总磷、

总氮、叶绿素 a 等多种指标。经过连续多年的无人机监测，发现太湖部分湖区在实施了控源截污、生态清淤等治理措施后，水体中的总磷含量从原来的 0.12 毫克/升下降到了 0.08 毫克/升左右，叶绿素 a 浓度也有了明显降低，湖泊富营养化状况得到了一定程度的改善。这一案例为国内其他湖泊以及"一带一路"沿线湖泊的水污染治理提供了宝贵的经验，展示了无人机在大型水域环境监测和治理效果评估方面的重要性。

（二）国外案例

荷兰在湿地环境监测中广泛应用无人机。荷兰拥有大面积的湿地生态系统，无人机在其湿地监测中发挥了关键作用。例如，在监测某重要湿地保护区时，无人机通过热成像技术，能够清晰地识别出湿地中的鸟类栖息地分布情况。据统计，在该湿地的核心区域，无人机监测发现了超过 20 种珍稀鸟类的巢穴，并且精确绘制出了它们的分布范围，面积约为 15 平方千米。这为湿地的保护规划和鸟类保护措施的制定提供了极为精准的数据支持，也为其他"一带一路"共建国家的湿地保护提供了可借鉴的范例。

澳大利亚在大堡礁海洋生态监测中使用无人机。大堡礁是世界著名的海洋生态系统，但受到气候变化、海水酸化等因素的威胁。无人机在大堡礁的监测中，能够对珊瑚礁的白化现象进行精确监测。通过对比不同时期的无人机图像数据，发现某一区域的珊瑚礁白化面积在过去 5 年中从最初的 10% 上升到了 25% 左右。这些数据引起了国际社会的广泛关注，促使各国加强对海洋生态保护的合作，也为"一带一路"沿线海洋生态系统面临类似问题时的监测和应对提供了参考，推动了全球在海洋环境保护方面的协同努力。

三、目前无人机应用于环境监测时存在的挑战与未来展望

（一）存在的挑战

1. 续航能力有限

目前大多数无人机的续航时间较短，一般在 30 分钟到 2 小时。这对于大

面积、长时间的环境监测任务来说是一个明显的限制。例如，在对广袤的沙漠地区进行生态监测时，无人机需要飞行较长距离并持续工作数小时才能完成一次全面监测，但现有的续航能力难以满足要求。这就需要频繁更换电池或回收无人机进行充电，不仅增加了监测成本，还可能导致监测数据的不连续性，影响对环境变化的准确判断和分析，在"一带一路"沿线一些地域辽阔、环境复杂的地区开展环境监测时，这一问题尤为突出。

2. 数据的准确性与可靠性验证

虽然无人机能够采集大量的环境数据，但这些数据的准确性和可靠性仍需要进一步验证。无人机传感器在不同环境条件下可能存在误差，如在高温、高湿度或强风等极端环境中，传感器的测量精度可能会受到影响。而且，无人机采集的数据与传统地面监测数据以及卫星遥感数据之间的融合和对比分析还存在一些技术难题。例如，在对大气污染物进行监测时，无人机测得的污染物浓度数据与地面监测站的数据可能存在一定偏差，如何准确地校准和验证这些数据，以确保其能够真实反映环境状况，是当前无人机环境监测面临的重要挑战之一，这对于依据数据制定"一带一路"沿线地区精准的环境政策和污染治理方案至关重要。

3. 法规与监管体系不完善

无人机在环境监测中的应用涉及一系列法规和监管问题。在不同国家和地区，对于无人机的飞行许可、数据采集范围、隐私保护等方面的规定存在差异。在国际上，缺乏统一的无人机环境监测标准和规范。例如，在跨境环境监测合作中，"一带一路"共建国家可能因各自的法规要求不同，导致无人机监测任务难以顺利开展。一些国家对无人机的飞行高度、空域使用限制严格，可能会限制无人机在环境监测中的应用范围，同时，对于无人机采集数据的所有权、使用权和共享机制也缺乏明确规定，这在一定程度上阻碍了无人机环境监测技术在"一带一路"建设中的推广和应用。

（二）未来展望

1. 续航技术突破

未来有望研发出新型能源系统或改进电池技术，大幅提高无人机的续航能力。例如，固态电池技术的发展可能使无人机的续航时间延长至数小时甚至更长。这将使无人机能够在更大范围内、更长时间地执行环境监测任务，如对整个山脉生态系统、大型海洋区域进行连续监测。对于"一带一路"沿线的跨国环境监测项目，长续航无人机可以跨越国界，对跨国河流、边境生态廊道等进行无缝监测，为区域生态环境保护提供更全面、更连续的数据支持，推动"一带一路"沿线地区生态环境的协同保护和可持续发展。

2. 数据融合与智能分析

随着大数据、人工智能等技术的不断发展，无人机采集的环境数据能够与其他多源数据进行更精准的融合和智能分析。通过构建复杂的环境模型，利用人工智能算法对无人机监测数据进行深度挖掘，可以更准确地预测环境变化趋势，例如，预测森林火灾的发生概率、海洋赤潮的爆发范围等。在"一带一路"建设中，这将有助于各国提前制定应对环境风险的策略，提高区域环境治理的效率和科学性。同时，智能分析还可以自动识别环境异常情况，如非法排污口、非法采矿导致的生态破坏等，及时发出预警，促进"一带一路"沿线环境执法的精准化和高效化。

3. 国际法规与标准协同

未来，国际社会有望在无人机环境监测方面加强合作，制定统一的法规和标准。"一带一路"共建国家可以通过多边协商，建立起跨境无人机环境监测的合作框架，明确飞行许可、数据共享、隐私保护等方面的规则。例如，制定统一的无人机环境监测数据格式和质量标准，便于各国之间的数据交流与合作研究。这将促进无人机技术在"一带一路"环境监测领域的广泛应用，推动共建国家在生态环境保护方面的深度合作，共同应对全球性环境挑战，实现"一带一路"高质量建设中的绿色发展目标。

第二节　通用航空在灾害预警与响应中的作用

一、传统通用航空应用于灾害预警与响应中难以攻克的问题

（一）信息获取与传输的局限性

传统通用航空在灾害预警与响应时，信息获取手段相对单一。例如，在地震、洪水等灾害发生前，主要依赖飞行员的目视观察和有限的机载探测设备来发现异常迹象。这种方式难以对大面积区域进行全面、精准的监测，容易遗漏一些潜在危险区域的关键信息。在山区等地形复杂地区，由于信号遮挡和传输设备的限制，获取的信息很难及时、完整地传输回指挥中心。比如在一次山区地震预警任务中，直升机搭载的简易监测设备只能对飞行路径下方部分区域进行扫描，且因山区信号基站少，数据传输断断续续，导致指挥中心无法及时、全面掌握整个山区的地质变化情况，延误了预警时间，导致周边居民未能在第一时间做好充分的避险准备。

传统通用航空与地面救援队伍及其他救援部门之间的信息共享不畅。不同部门使用的通信系统往往互不兼容，导致在灾害响应过程中协同效率低下。例如，在洪水救援中，通用航空飞机发现了某个村庄被洪水围困的情况，但由于与地面救援队伍的通信频道不一致，无法快速准确地告知其具体位置和受灾情况，地面救援队伍在寻找受灾村庄时耗费了大量时间，错过了最佳救援时机，增加了受灾群众的生命财产损失。在跨国跨地区的"一带一路"灾害救援合作中，由于涉及不同国家和地区的救援力量，信息共享和协同问题更加突出。

（二）资源调配与作业效率瓶颈

传统通用航空在灾害预警与响应中的资源调配不够灵活。飞机的调度往

往依赖于有限的机场和临时起降点,且在不同地区之间调配飞机资源时,受到空域管制、后勤保障等多种因素的制约。在应对大面积森林火灾时,可能因周边机场距离受灾区域较远,飞机转场和准备时间长,导致火势蔓延难以在初期得到有效遏制。而且传统通用航空飞机的功能相对单一,缺乏根据不同灾害场景快速改装和优化作业能力的机制。例如,在应对地震后的废墟救援时,普通直升机难以同时具备高效的人员搜索、物资投放和废墟清理辅助等多种功能,需要多架不同类型的飞机协同作业,但资源调配的复杂性使得协同作业难以高效开展,在"一带一路"沿线一些基础设施薄弱、地域广阔的地区,这种资源调配和作业效率的问题更加明显,影响了灾害救援的整体效果。

二、低空经济发展后通用航空在灾害预警与响应中的明显进展

(一) 监测技术与信息整合提升

随着低空经济的发展,通用航空在灾害预警方面的监测技术得到了极大提升。新型无人机和直升机搭载了先进的多光谱、高分辨率成像设备以及高精度传感器。例如,在台风预警中,通用航空飞机可以利用高分辨率气象雷达和风速传感器,对台风的路径、强度、风速分布等进行精确监测。无人机能够在台风外围区域提前部署,获取台风云系的详细结构数据,并通过卫星通信提高了一个数量级以上,能够为气象部门提供更准确、更及时的台风预警信息,使"一带一路"沿线沿海地区和岛屿国家有更充裕的时间进行防灾准备,如加固港口设施、疏散居民等。

低空经济推动了通用航空信息整合平台的建立。通过整合来自不同飞机、不同传感器的监测数据,以及与地面气象站、地震监测站等多源数据融合,构建了全面的灾害预警信息系统。在地震灾害预警方面,通用航空飞机可以将机载地震监测设备获取的数据与地面固定监测站数据进行实时比对和分析。一旦发现异常地震波信号,信息整合平台能够迅速进行计算和模拟,预测地

震的震级、震中和可能的受灾范围,并及时向周边地区发出预警。这为"一带一路"沿线地震多发国家的灾害预警合作提供了有益借鉴。

(二)救援协同与作业效能优化

低空经济促进了通用航空与其他救援力量的协同作战能力提升。在灾害响应阶段,通用航空与地面救援队伍、海上救援力量以及其他空中救援单位建立紧密的通信和指挥协同机制。例如,在海上石油平台事故救援中,通用航空直升机可以与海上救援船只、专业潜水队伍协同作业。直升机利用其机动性优势,快速将救援人员和设备运输到事故现场,同时通过实时通信系统,将海上情况和救援需求准确传达给其他救援力量。

通用航空在低空经济的推动下,作业效能得到优化。新型通用航空飞机具备多功能模块化设计,可以根据不同灾害场景快速更换作业模块。在洪水灾害救援中,直升机可以在短时间内将运输救援物资模块更换为水上救援和被困人员搜索模块。同时,借助低空经济发展带来的精准导航和定位技术,通用航空飞机能够在复杂的灾害环境中更精准地执行任务。例如,在山区洪水救援中,直升机可以利用低空定位系统,准确地将救援物资投放到被洪水围困的村庄,误差范围控制在数米之内,比传统通用航空的投放精度提高了数倍,有效提升了救援物资的利用效率和救援效果,为"一带一路"沿线多山地区的洪水灾害救援提供了更好的解决方案。

三、国内外通用航空在灾害预警与响应中的实际案例

(一)国内案例

在我国四川九寨沟地震救援中,通用航空发挥了重要作用。地震发生后,多架直升机迅速从周边机场起飞,前往灾区进行人员搜救和物资运输。其中,某新型直升机搭载了先进的红外热成像仪和生命探测仪,在余震不断的情况下,对受灾区域进行了全面搜索。通过红外热成像仪,成功发现了多名被困在废墟中的伤员,并将他们及时转运到安全地区。据统计,在地震后的72小

时黄金救援期内，通用航空飞机共执行了 200 余架次的救援任务，运输救援人员 500 余人次，投放救援物资 30 余吨，为降低地震伤亡人数做出了重要贡献。这一案例展示了我国通用航空在地震灾害响应中的快速反应能力和高效作业水平，也为"一带一路"沿线地震多发国家提供了救援模式参考。

我国南方地区经常遭受台风侵袭，在某次强台风预警与响应过程中，通用航空飞机提前布局。无人机在台风生成海域进行跟踪监测，收集台风的强度、路径、风速等数据，并实时传输回气象部门。当台风逼近沿海地区时，直升机在沿海城市上空进行抗风加固设施检查和人员疏散引导。例如，在广东沿海的一个城市，直升机发现了一处海边临时工棚存在安全隐患，及时通知相关部门进行人员撤离，避免了可能的人员伤亡。同时，通用航空飞机还协助电力部门对重要输电线路进行巡查，在台风过后第一时间对受损线路进行评估和抢修指导。据统计，通过通用航空的提前预警和响应协助，该城市在此次台风灾害中的经济损失较以往同级别台风降低了约 20%，为"一带一路"沿线沿海城市的台风灾害防御提供了宝贵经验。

（二）国外案例

日本是一个地震和海啸灾害频发的国家。在一次东日本大地震引发的海啸灾害预警与响应中，通用航空飞机在海啸预警阶段，利用机载雷达和海洋监测设备，对海啸的波高、速度和传播方向进行了精确监测。在海啸即将登陆的沿海地区，直升机通过高音喇叭和电子显示屏向居民发出警报，并引导居民向高处撤离。据当地政府统计，在受灾最严重的一个沿海小镇，由于通用航空的及时预警和疏散引导，约 80% 的居民在海啸到达前成功撤离到安全地带，大大减少了人员伤亡。日本通用航空在地震海啸灾害中的应对模式，对于处于环太平洋地震带的"一带一路"共建国家具有重要的借鉴意义。

澳大利亚在森林火灾预警与扑救中广泛应用通用航空。在森林火灾季节，通用航空飞机利用热成像和烟雾探测技术，对大面积森林进行实时监测。一旦发现火灾隐患或火情，立即通知地面消防队伍，并通过飞机洒水、投放灭火弹等方式进行初期扑救。例如，在一次大型森林火灾中，通用航空飞机在火灾初期成功控制了火势的蔓延，为地面消防队伍的大规模集结和扑救争取了时间。据澳大利亚消防部门统计，此次火灾中，通用航空的早期干预使火灾烧毁面积较预计减少了约30%，这为"一带一路"沿线森林资源丰富国家的森林火灾防控提供了有益范例。

四、应用中存在的挑战与未来展望

（一）存在的挑战

1. 恶劣天气适应性不足

尽管通用航空在灾害预警与响应中有了较大发展，但在极端恶劣天气条件下仍面临诸多困难。例如，在超强台风、暴雨暴雪等天气中，通用航空飞机的飞行安全性受到极大挑战。超强台风可能导致飞机偏离航线或无法稳定飞行，暴雨暴雪会影响机载设备的正常工作和飞行员的视线。在一些高海拔山区，低温和强气流环境也会对通用航空飞机的性能产生严重影响。在"一带一路"沿线的一些地区，如中亚的高山地区和东南亚的台风多发海域，这种恶劣天气条件下的作业困难限制了通用航空在灾害预警与响应中的全面发挥。目前还缺乏专门针对这些极端恶劣天气条件下的通用航空飞机设计和作业规范，飞机的抗恶劣天气性能提升面临技术瓶颈。

2. 高成本与资源可持续性问题

通用航空在灾害预警与响应中的运营成本较高。飞机的购置、维护、燃油消耗以及专业人员培训等都需要大量资金投入。在一些发展中国家或"一带一路"沿线经济相对落后地区，难以承担大规模通用航空灾害救援体系的建设和运营费用。而且，在灾害发生后的短时间内，对通用航空资源的需求会急剧增加，如何保障资源的可持续供应是一个难题。例如，在大规模地震或洪水灾害后，需要大量直升机进行长时间的救援作业，但可能因资金和资源储备不足，导致救援行动后期出现飞机维护不及时、燃油短缺等问题，影响救援效果和受灾群众的后续救援与安置。

3. 国际协调与跨境救援障碍

在"一带一路"背景下，跨境灾害预警与响应中的国际协调存在诸多障碍。不同国家的通用航空管理政策、空域管制规定和救援标准存在差异。在跨境救援时，通用航空飞机的出入境手续烦琐，需要协调多个国家的外交、军事、民航等多个部门。例如，在中亚地区发生地震时，如果周边国家的通用航空想要进入受灾国进行救援，可能会因各国在飞机适航认证、飞行员资质认可、救援指挥权分配等方面存在分歧而贻误救援时机。而且，不同国家之间通用航空通信频率和数据格式不统一，也影响了跨境救援中的信息共享和协同作战效率。

（二）未来展望

1. 技术创新突破恶劣天气限制

未来有望通过技术创新提高通用航空飞机在恶劣天气下的适应性。例如，研发新型抗风、防雨、抗低温的飞机材料和机载设备。开发更先进的气象探测和避障系统，使飞机能够在复杂气象条件下安全飞行并准确执行任务。针对高海拔山区的低温强气流环境，研制专门的发动机和飞行控制系统，提高飞机的性能稳定性。预计在未来 10~20 年内，通用航空飞机在恶劣天气条件下的作业能力将得到显著提升，能够在"一带一路"沿线各种极端天气灾害地区实现更可靠的预警与响应，如在喜马拉雅山脉地区的雪崩灾害预警和救援、印度洋海域的超强台风监测与应对等方面发挥更有效的作用。

2. 成本降低与资源共享机制完善

随着技术的进步和产业规模的扩大，通用航空在灾害预警与响应中的成本有望逐步降低。新型节能发动机和轻量化材料的应用将减少燃油消耗和飞机维护成本。同时，通过搭建"一带一路"共建国家通用航空资源共享平台[①]，实现飞机、人员、物资等资源的跨国调配和共享。例如，在非灾害时期，各国通用航空资源可以通过平台进行商业合作运营，提高资源利用率和

---

① 陈健."一带一路"高质量发展的理论逻辑与实践方案[J]. 财经问题研究，2021（7）：27-35.

经济效益，在灾害发生时，能够迅速整合资源，优先保障灾害救援需求。此外，国际组织和发达国家可以向发展中国家提供技术援助和资金支持，帮助其构建可持续的通用航空灾害救援体系，促进"一带一路"沿线地区通用航空灾害救援能力的均衡发展。

3. 国际合作与标准统一推进

未来"一带一路"共建国家将加强在通用航空灾害预警与响应方面的国际合作，逐步统一相关标准和规范。各国将通过多边协商，简化通用航空跨境救援的手续和流程，建立统一的飞机适航认证、飞行员资质互认机制。同时，制定通用的通信频率和数据格式标准，提高跨境救援中的信息共享和协同作战效率。例如，成立"一带一路"通用航空灾害救援联盟，定期组织联合演练和培训，促进各国之间的经验交流和技术合作。预计在不久的将来，通用航空将在"一带一路"跨境灾害预警与响应中实现高效、顺畅的国际合作，为沿线地区的灾害防治和人民生命财产安全提供更有力的保障。

第三节 绿色低空交通的发展策略

一、绿色低空交通的内涵及其优势

（一）绿色低空交通的内涵

绿色低空交通是指在低空领域（通常指距地面 1000 米以下的空域）运行的，以环保、高效、可持续为主要特征的交通方式。它涵盖了一系列新型的飞行器和相关的基础设施建设，其中 eVTOL 是其典型代表，它的应用场景大致可以分为载人客运、载物货运、公共服务、警务安防、私人飞行及国防军事六大类（见表 10-1）。eVTOL 利用电力驱动，通过多个旋翼或推力矢量装置实现垂直起降，在低空短距离运输中展现出独特的性能。除了 eVTOL，还包括一些轻型直升机的电动化改造、新型的低空无人机货运系统等,这些共同构成了绿色低空交通的工具范畴。在基础设施方面,涉及专门的低空飞行器起降场、充电设施网络、低空航线导航与通信设施等的规划与建设,它们为绿色低空交通的顺畅运行提供了必要的保障。

表 10-1 eVTOL 常见应用场景

应用领域	应用场景
载人客运	城市空中交通、城际通航、区域客运、机场摆渡、都市圈交通、旅游观光、商务飞行等
载物货运	城市末端配送、城际空中快递、乡村物流、紧急医疗服务等
公共服务	城市管理、消防灭火、紧急救援、环保监测、疫情防控、自然保护、社区治理、农林植保、航勘航测、科学探测、地理测绘、航空护林等
警务安防	空中巡逻、反恐维稳、应急处突、交通执法、缉毒缉私、空中监控
私人飞行	飞行俱乐部、家庭出行、个人自由出行等
国防军事	三栖登陆、后勤保障、军需运输、兵员调度、特种作战、救援搜索、炮兵校射、空中通信、战场航拍、边防巡查等

资料来源:上海通用航空行业协会、华安证券研究所。

(二) eVTOL 飞行器的特点与优势

1. 环保性能卓越

传统的燃油直升机在运行过程中会排放大量的二氧化碳、氮氧化物等污染物,对环境造成较大压力。而 eVTOL 以电力为动力源,其运行过程中的温室气体排放几乎为零。例如,一款典型的 eVTOL 飞行器在执行一次 50 千米的低空运输任务时,相较于同等航程的传统直升机,二氧化碳排放量可减少 90%以上。这对于改善低空区域的空气质量,尤其是在城市及周边地区、旅游景区等人口密集和环境敏感区域具有极为重要的意义。随着全球对气候变化问题的关注度不断提升,绿色低空交通的这种环保特性使其成为"一带一路"建设中推动可持续交通发展的理想选择。在"一带一路"沿线的众多城市和地区,eVTOL 可以在不增加环境负担的情况下,满足日益增长的低空交通需求，有助于实现当地交通领域的碳减排目标，提升城市的生态形象，促进绿色城市建设与发展。

2. 高效便捷的低空出行解决方案

首先，eVTOL 最显著的特点之一就是其垂直起降能力，这使得它无须依赖传统机场的长跑道设施。在城市中，它可以利用楼顶停机坪、小型起降场地等有限空间进行起降操作。例如，在一些高楼林立的商业中心区，eVTOL 能够直接从建筑物顶部起飞，避开地面交通拥堵，快速抵达目的地。在应对突发事件或紧急救援任务时，这种垂直起降和灵活机动的特性更是能够发挥关键作用。它可以迅速到达传统交通工具难以进入的区域，如山区、海岛、受灾现场等，为救援人员和物资的快速投送提供高效的运输手段。在"一带一路"沿线的偏远地区或基础设施相对薄弱的区域，eVTOL 能够有效弥补传统交通方式的不足，提高区域间的连通性和应急响应能力。

其次，在城市及城市周边的短距离通勤场景中，相较于地面交通，eVTOL 具有明显的速度优势。它能够避开地面道路的红绿灯、交通堵塞等问题，以较高的巡航速度飞行。一般情况下，eVTOL 的巡航速度可达每小时 200~300 千米，在一些短距离通勤线路上，如从城市郊区到市中心，其通勤时间可比地面交通缩短 50% 以上。这不仅提高了人们的出行效率，也为城市的空间拓展和功能布局优化提供了新的可能性。例如，随着 eVTOL 的发展，城市的居住和工作区域可以在更大范围内进行分布，缓解中心城区的人口压力和土地资源紧张状况。在"一带一路"沿线的新兴城市和城市群建设中，可以充分考虑绿色低空交通的这种短距离通勤优势，提前规划低空交通网络与城市发展的协同布局，促进城市的高效、可持续发展。

3. 低噪声运行特性

传统直升机在飞行过程中产生的噪声较大，对周边居民的生活和工作环境造成严重干扰。而 eVTOL 由于采用了先进的电动动力系统和优化的旋翼设计，其运行噪声得到了显著降低。在城市环境中，eVTOL 起飞、降落和巡航时产生的噪声水平可比传统直升机降低 20~30 分贝。这种低噪声特性使其能够在城市内部和居民区附近进行飞行作业，而不会对居民的日常生活产生过多的负面影响。例如,在一些旅游景区,eVTOL 可以作为一种新型的观光交通工具,在不破坏景区宁静氛围的前提下,为游客提供独特的空中游览体验。在"一带一路"共建国家的文化遗产保护区、历史名城等对环境噪声要求较高的区域,绿色低空交通的低噪声优势能够更好地满足当地对文化遗产保护和居民生活质量保障的需求,促进低空旅游等新兴产业的发展。

4. 较低的运营成本

从长期运营的角度来看,eVTOL 具有较低的运营成本优势。一方面,电力作为其动力源,相较于航空燃油价格更为稳定且成本较低。以目前的能源价格水平计算,eVTOL 每飞行 1 小时的能源成本约为传统直升机的 $1/3 \sim 1/2$。另一方面,eVTOL 的机械结构相对简单,其电动驱动系统的维护保养要求低于传统直升机复杂的燃油发动机系统。这意味着在飞行器的全生命周期内,其维护成本能够得到有效控制。例如,在一个年飞行量为 1000 小时的运营场景中,eVTOL 每年的运营成本可比传统直升机节省 30%~50%。在"一带一路"建设中,这种较低的运营成本有助于降低低空交通服务的价格门槛,提高其在商业运营、公共服务等领域的经济可行性和市场竞争力。无论是对于低空物流配送企业降低物流成本,还是对于地方政府推广低空交通服务以提升区域交通便利性而言,绿色低空交通的低成本运营特性都具有重要的推动作用。

(三) 绿色低空交通基础设施建设的意义与优势

绿色低空交通以其独特的环保性能、高效便捷的出行方式、低噪声运行、较低运营成本以及基础设施建设带来的多方面优势,在"一带一路"高质量建设中具有巨大的赋能潜力。合理规划与发展绿色低空交通,能够有效促进区域交通一体化、带动相关产业发展、提升应急救援能力并优化城市空间布局,为"一带一路"沿线地区的经济、社会和环境可持续发展提供强有力的支持与保障。

1. 促进区域交通一体化

绿色低空交通基础设施的建设能够有效整合"一带一路"沿线区域内的

不同交通方式，促进区域交通一体化发展。低空飞行器起降场的合理布局可以与现有的机场、高铁站、汽车站等交通枢纽形成有机衔接。例如，在一些大型综合交通枢纽周边建设低空飞行器专用起降场，旅客可以在不同交通方式之间实现快速换乘。对于长途旅行的乘客，在抵达机场后，可以通过eVTOL快速转运至城市内的目的地或周边的旅游景区；对于货物运输，低空物流可以与地面物流在交通枢纽处进行高效的中转和分发，提高物流运输的整体效率。这种区域交通一体化的发展模式有助于突破"一带一路"沿线地区之间的交通瓶颈，加强区域间的经济联系与合作，促进人员、物资、信息等要素的自由流动，推动区域经济协同发展。

2. 带动相关产业发展

绿色低空交通基础设施建设涉及众多领域，其建设过程能够带动一系列相关产业发展。首先，在基础设施建设方面，包括起降场的工程建设、导航与通信设施的安装等，需要大量的建筑材料、工程设备和专业技术服务，这将直接刺激建筑、电子信息等产业的市场需求。其次，为了保障绿色低空交通的运行，充电设施网络的建设至关重要。这将带动新能源电力产业的发展，包括充电桩制造、电力储能技术研发、智能电网建设等方面。此外，绿色低空交通的发展还将促进飞行器研发制造产业、航空运营服务产业、低空旅游产业等的繁荣。例如，随着eVTOL飞行器的大量生产和投入使用，与之配套的零部件制造、飞行器维修保养、飞行培训等产业将迎来广阔的发展空间。在"一带一路"建设中，绿色低空交通基础设施建设所带来的产业联动效应能够为沿线地区创造新的经济增长点，推动产业结构优化升级，促进就业增长和经济可持续发展。

3. 提升城市与区域应急救援能力

完善的绿色低空交通基础设施网络能够显著提升"一带一路"沿线城市与区域的应急救援能力。在自然灾害、公共卫生事件等紧急情况下，低空飞行器可以利用专门的起降场和导航设施迅速集结与起飞，将救援人员、医疗物资、应急设备等快速投送到受灾或受影响区域。例如，在地震灾害发生时，eVTOL可以在地震后的短时间内从周边地区的起降场起飞，携带救援队伍和生命探测设备直接抵达受灾现场,为救援工作争取宝贵的时间。与传统的救援方式相比,绿色低空交通不受地面道路损毁、交通拥堵等因素的限制,能够实现快速、精准的救援行动。同时,低空交通基础设施中的通信设施还可以为救援指挥提供实时的信息传输保障,确保救援工作的高效协调。在"一带一路"沿线的多灾易灾地区,加强绿色低空交通基础设施建设对于提高区域的抗灾减灾能力和应急管理水平具有不可替代的重要作用。

4. 优化城市空间布局与功能分区

绿色低空交通基础设施的建设为城市空间布局和功能分区的优化提供了新的契机。由于 eVTOL 等绿色低空交通工具能够实现快速的低空通勤,城市的居住、工作、商业、休闲等功能区之间的空间距离限制将被进一步打破。例如,城市可以在更远的郊区规划大型的生态居住区,居民通过绿色低空交通可以便捷地往返于市中心的工作区域。同时,城市中的一些高端商务功能区、创新产业园区等也可以更加灵活地选址布局,不再局限于传统交通可达性的限制。这有助于缓解城市中心区的人口密度压力、土地资源紧张等问题,促进城市的可持续发展。在"一带一路"沿线的新兴城市建设和老城市改造过程中,充分考虑绿色低空交通基础设施的布局与城市空间规划的融合,可以打造出更加宜居、宜业、宜游的现代化城市空间格局,提升城市的品质和吸引力。

二、交通规划方面存在的问题

(一)交通拥挤现状与瓶颈

随着全球城市化进程的加速,城市人口急剧增加,交通需求呈现爆发式增长。在许多大城市,道路交通拥堵已成为常态。以北京为例,早晚高峰时段,主要环路和干道车流量极大,平均车速常常低于 20 千米/小时,部分路段甚至出现长时间拥堵,车辆只能缓慢蠕动。这不仅导致居民出行时间大幅增加,通勤时间可能从原本的半小时延长至 1 小时甚至更久,还造成了能源的严重浪费，车辆在怠速和低速行驶时油耗显著上升。同时，交通拥堵也给城市环境带来巨大压力，汽车尾气排放集中，加剧了空气污染，影响居民的身体健康。

公共交通系统虽然在不断发展，但仍面临诸多挑战。在一些发展中国家的城市，公交车辆不足、线路规划不合理等问题较为突出。例如，在印度的孟买，尽管公交是主要的出行方式之一，但由于车辆老旧、超载现象严重，公交的运行效率低下，准点率极低，无法满足市民的出行需求。而在一些发达国家的城市，如洛杉矶，尽管有较为发达的高速公路网络，但私人汽车拥有量过高，公共交通的分担率相对较低，导致道路交通拥堵依然严重，并且在高峰时段，公共交通也常常拥挤不堪，乘客的出行体验较差。这些交通规划方面的问题，迫切需要新的交通模式来进行补充和优化，低空交通的出现为缓解交通拥堵提供了新的思路和可能性。

（二）交通规划缺乏立体整合

当前的交通规划大多侧重地面交通网络的构建，对于空中交通资源的利用严重不足。城市的交通规划往往围绕公路、铁路、地铁等地面交通方式展开，而忽略了低空空间这一巨大的交通资源潜力。例如，在城市的功能分区规划中，没有预留足够的低空交通通道和起降场地，导致低空交通难以融入城市整体交通体系。在一些商业中心、医院、学校等人员密集区域，由于缺乏前期的规划考虑，无法便捷地开展低空交通服务，如直升机救援、低空通勤等，使得在应对紧急情况或高峰时段出行需求时，交通压力无法得到有效缓解。

不同交通方式之间的衔接不畅也是交通规划面临的重要问题。地面交通与空中交通之间缺乏有效的换乘枢纽和协同运营机制。例如，机场作为重要的空中交通节点，与城市地面交通的衔接往往存在诸多不便。旅客从机场前往市区，可能需要在不同的交通站点之间换乘，耗费大量时间和精力。而且，在物流运输方面，机场与地面物流配送中心之间的衔接也不够紧密，货物的转运效率低下，无法充分发挥航空运输快速高效的优势。这种交通方式之间的脱节现象限制了综合交通运输体系的整体效能，而绿色低空交通的发展需要与其他交通方式进行有机整合,形成互补的交通网络,以提升城市交通的运行效率和服务质量。

(三) 交通基础设施分布不均

在区域层面,交通基础设施存在明显的分布不均衡现象。大城市和经济发达地区往往拥有较为完善的交通网络,包括高速公路、铁路、机场等,而一些中小城市和偏远地区的交通基础设施则相对薄弱。例如,在我国西部地区,部分城市的机场航线较少、铁路覆盖不足、公路等级较低,这不仅限制了当地居民的出行便利,也制约了区域经济的发展。在"一带一路"沿线,一些发展中国家的内陆地区交通基础设施落后,难以与沿海地区和国际交通枢纽实现高效连接,影响了区域间的贸易往来和人员交流。

即使在同一城市内部,交通基础设施的分布也存在差异。城市中心区域交通设施相对密集,而城市边缘和郊区则相对匮乏。这导致城市边缘地区的居民出行不便,通勤成本增加。例如,一些新兴的工业园区或住宅区位于城市郊区,由于缺乏便捷的公共交通和完善的道路网络,居民出行主要依赖私家车,进一步加剧了交通拥堵和环境污染。绿色低空交通如果能够合理布局,可以在一定程度上弥补这种交通基础设施分布不均的缺陷,为城市边缘地区和偏远区域提供快速便捷的交通服务,促进区域均衡发展。

三、欧美低空交通发展经验与启示

(一) 美国低空交通发展经验

美国作为全球通用航空领域的佼佼者,截至 2023 年,其通航飞机保有量约达 22.4 万架,通航飞行时长每年约 2500 万小时,其中载人运输飞行占 70%,彰显出其通航市场的庞大规模与高度成熟性。这一领先地位得益于其在政策法规、空域管理、基础设施以及适航认证等方面的显著优势。

1. 空域管理相对宽松

美国在采用国际民航组织的空域分类标准[①]时，根据其自身国家空域系统的特点，选择性地采纳和调整了空域分类，包括 A、B、C、D、E、G 六类空域。其中，G 类空域［场压高度 1200 英尺（约 365 米）以下］飞行安全由飞行员负责。美国对 ICAO 标准的灵活运用，体现了"空域全民共享"理念，在安全与效率之间实现了平衡。其 85% 民用空域大多对通航开放，在多数地区，3000 米海拔以下飞行条件较为自由，部分低空甚至无须电台。即使在管制空域，目视飞行规则航空器也可依复杂条件程序进入，为目视飞行及通航发展营造了优良的空域条件。

2. 存量利用和增量建设并重

美国具备布局合理、规模庞大的通用航空机场及高效的低空飞行服务保障设施。美国交通部 2024 年度报告显示，截至 2023 年 12 月 31 日，美国有 20031 个机场。按机场所有权类型划分，公共机场 5179 个、私人机场 14852 个、军用机场 312 个。2023 年 7 月，FAA 发布《着眼于未来的 AAM 近期实施计划（Innovate28）》，提出 2025—2028 年 AAM 运营初期将主要依托现有机场，同时鼓励地方政府与开发商规划建设 UAM 基础设施，如 Joby Aviation 与 Reef Technology[②] 在多地停车场建设屋顶起降点，Skyway Technologies 与 Berg Holdings[③] 合作在湾区开发 UAM 垂直起降机场网络，以应对未来 UAM 增长需求，保障交通公平与社区需求，确保与地面运输合理连接，尤其是货运业务。图 10-1 为 UAM 运行环境的演进图。

[①] 国际民航组织的空域分类标准定义了 A、B、C、D、E、F、G 共七类空域。
[②] Reef Technology 是一家将停车设施等城市房地产改造为繁荣的交通和物流中心的公司。
[③] Berg Holdings 是一家位于索萨利托的港区房地产开发商。

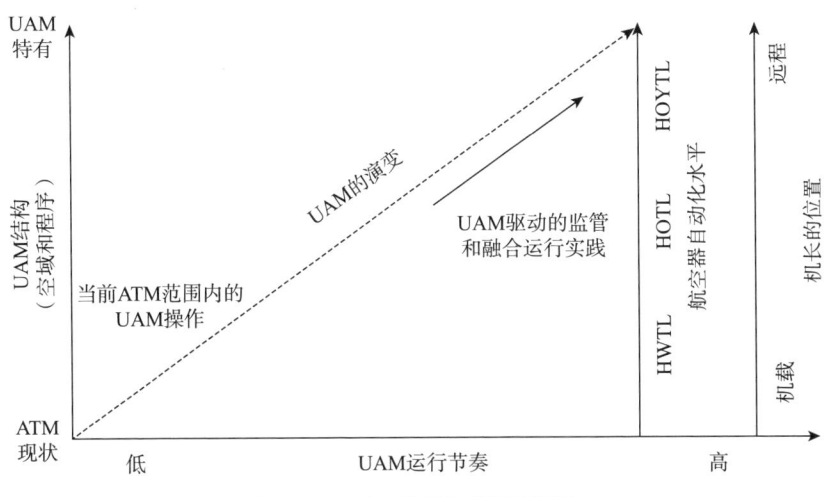

图 10-1　UAM 运行环境的演进图

资料来源：作者根据美国联邦航空局（FAA）2023 年发布的《城市空中交通（UAM）运行概念 2.0》内容整理。

3. 重视城市空中交通

伴随低空交通出行需求的攀升，针对 UAM、UAS 等新兴领域的发展，2023 年 5 月，FAA 发布《城市空中交通（UAM）运行概念 2.0》白皮书，将 UAM 在大都市和城市地区的人员货物运输运行划分为初始、中期和成熟 3 个阶段，并以运行节奏、UAM 结构、监管变化、融合运行做法、航空器自动化水平及机长位置 6 个关键指标为依据，为 UAM 在 NAS 中的运行发展提供渐进式愿景，助力深入研究如何优化其运行。

（二）欧洲低空交通发展经验

欧洲航空发展历史悠久，需求增长迅速，鉴于传统飞行器与无人机等将共享空域，为实现航空可持续发展，欧洲全力推动空中交通管理系统的统一化与数字化升级转型。

1. 建立欧洲统一的航空运输发展战略

欧控（Eurocontrol）作为欧洲空中交通管理核心组织，依据欧洲空域特性制定统一战略，为成员国空管事业提供全方位的支持。2004 年启动欧洲单一天空空管研究项目（SESAR），开发新一代空管系统；2017年提出"欧洲数字天空运行"概念；2019年确立欧洲数字天空发展战略，旨在运用数字技术改造航空基础设施，保障运行安全与效率，降低环境影响，满足未来空中交通需求。

2. 实施灵活的动态空域管理策略

因欧洲各国空域呈现碎片化状态，欧控统一空域分类标准为U、N、K 3类，分别对应ICAO不同标准类别，低空空域飞行需遵循飞行规则并获取许可证书。为简化审批流程，ECAC推广电子飞行计划等信息化手段，提升审批效率。在欧洲，空域分配兼顾空军和民航且为临时性质，军方优先但需提前通知并及时释放。欧洲率先实施自由航路空域概念（FRA），取消固定航路，增加用户选择与灵活性，当前德国等多地已基本实现全空域、全天候自由航路飞行，按计划大部分欧洲领空将于2025年12月31日前完成FRA实施。

3. 确定中长期无人机发展演进阶段

鉴于无人机在低空交通运输中的关键地位，2017年SESAR推出《U-space蓝图》，旨在为无人机安全高效进入空域提供服务与程序。2023年发布的《U-space运行概念（第四版）》依实现时间与技术水平划分为5个实施阶段，以监管方为核心并融合第三方服务商，加速技术研发以推动其发展（见图10-2）。

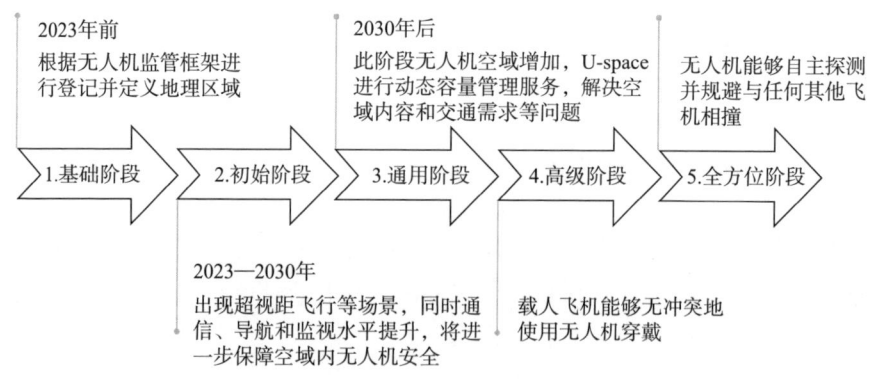

图10-2 U-space实施阶段

资料来源：根据欧洲单一天空空中交通管理研究（SESAR）2023年发布的《U-space运行概念（第四版）》内容整理。

(三) 低空交通发展对我国的启示

1. 逐步放开空域管制要求并实施灵活宽松的空域管理政策

通航发达国家空域管理参照 ICAO 标准,并结合本国实际,合理规划空域资源,非管制空域飞行仅需提交计划,极大地便利了通航用户。未来欧美有望进一步开放低空空域,我国空域管理相对严格,低空空域开放有限,制约了通航发展。随着低空交通需求的增长、保障设施的完善以及管理经验的积累,我国低空空域应逐步深化开放与放松管控,满足低空交通运输的基本空域需求。

2. 不断完善低空交通领域的法规、标准以及顶层设计体系

美国为推动空中交通发展,出台多部法规法案与产业指南并持续更新,欧洲也印发系列战略规划,涵盖低空交通各个方面,法规政策系统、全面。我国虽已颁布多项相关法规规范,但仍不够系统、完善,需在低空飞行安全、空域精细化划设、航路航线规划以及飞行标准规则等方面健全法规政策与规划技术支撑体系,结合前沿理论与科技发展,加速无人驾驶航空发展路线迭代,凝聚各方力量,推动我国无人驾驶航空持续健康发展。

3. 加强多层次、多样化的交通基础设施体系的规划和建设

美国庞大的通用航空机场网络及完善的低空飞行服务保障体系为通航提供极大便利,而我国通用航空机场数量少、保障设施滞后。在当前通航与无人机应用场景拓展的形势下,我国应结合城市发展,提前规划布局枢纽型通用机场、直升机机场 eVTOL 起降场等,同时谋划建设直升机 eVTOL 起降场、无人机起降点,并加快飞行服务站、维修基地及通导监设备等的设施建设,构建覆盖全国的多层次交通基础保障设施网络体系,以满足低空交通发展需求,推动我国低空经济在"一带一路"建设中发挥更大作用,实现高质量发展。

四、国内外绿色低空交通案例

(一) 国外案例

1. 美国洛杉矶的 eVTOL 空中出租车试点项目

洛杉矶积极探索绿色低空交通在城市交通中的应用,开展了 eVTOL 空中出租车试点。在城市的特定区域规划了专门的低空飞行航线和起降点,连接市中心商务区、主要交通枢纽以及旅游景点等。该项目采用的 eVTOL 飞行器具有高效的电力驱动系统,能够快速地在城市上空穿梭,有效缓解了地面交通拥堵状况。例如,在早晚高峰时段,从市中心到机场原本需要 1 小时左右的地面通勤时间,乘坐 eVTOL 空中出租车仅需 15~20 分钟,大大提高了出行效率。同时,由于其低噪声和零排放的特性,对城市环境的影响极小,受到当地居民和环保组织的广泛认可。

2. 德国的 eVTOL 物流配送应用

德国在物流领域充分发挥绿色低空交通的优势,一些物流企业开始采用 eVTOL 飞行器进行小件货物的快速配送。在城市郊区的物流中心,eVTOL 装载货物后,沿着规划好的低空航线,直接将货物运送到市区内的配送点。这种配送方式不受地面交通状况的干扰,能够确保货物准时送达。据统计,采用 eVTOL 物流配送后,部分货物的配送时间缩短了 40% 以上,极大地提高了物流企业的运营效率和客户满意度。

3. 全球首家 eVTOL 飞行学校乔比航空学院

由乔比航空成立的乔比航空学院已获 FAA 颁发的 141 部飞行学院证书及自愿安全管理系统认可。该学校提供私人、仪表、商业飞行员及飞行教员课程,其课程设置紧密结合 eVTOL 飞行器的特点和运营需求。预计 6 周内可培训商业航空公司飞行员驾驶空中出租车,为 eVTOL 行业商业化运营提供了坚实的人才支撑。学校配备了先进的飞行模拟设备和专业的教员团队,能够让学员在短时间内熟悉和掌握 eVTOL 的驾驶技术和操作规范,对全球 eVTOL 行业的发展起到了良好的示范和推动作用。

(二) 国内案例

1. 深圳的低空经济产业创新示范区

深圳作为我国科技创新的前沿城市,积极打造低空经济产业创新示范区。示范区内集聚了一批 eVTOL 研发制造企业、低空运营服务公司以及相关配套企业。政府加大了对低空交通基础设施的投入,建设了多个低空飞行器起降场和充电设施网络。例如,深圳的某科技园区内设有专门的 eVTOL 展示和体验中心,吸引了众多企业和投资者前来考察合作。同时,当地企业与科研机构合作开展 eVTOL 技术研发创新,不断提升飞行器的性能和安全性,在智能飞行控制、高效电力驱动等方面取得了一系列成果,推动了我国绿色低空交通技术水平的整体提升。

2. 上海的低空旅游项目

上海利用其丰富的旅游资源和城市景观,推出了 eVTOL 低空旅游项目。游客可以乘坐 eVTOL 飞行器从空中俯瞰上海的外滩、陆家嘴等标志性景点,感受独特的城市魅力。项目运营方在确保安全的前提下,精心规划了低空旅游航线,让游客能够全方位领略上海的城市风貌。该项目的推出不仅丰富了上海的旅游产品种类,也为绿色低空交通在旅游领域的应用提供了有益的探索。据反馈,游客对这种新颖的旅游方式满意度极高,认为其提供了一种全新的、令人难忘的旅游体验。

绿色低空交通凭借环保、高效、低噪声、低成本等优势以及基础设施建设带来的诸多益处,在"一带一路"高质量建设中拥有巨大赋能潜力。通过国内外众多案例的实践与探索,可以看到绿色低空交通在不同领域和地区都展现出了良好的发展前景。未来应加强对其技术研发、基础设施建设与运营管理创新的投入探索,充分释放其在"一带一路"建设中的综合效益。

五、推动绿色低空交通发展的策略

（一）政策支持与法规完善

政府应制定专门针对绿色低空交通的扶持政策。在规划方面，将绿色低空交通纳入城市综合交通规划体系，预留低空飞行通道和起降场地空间。例如，在城市新区建设时，同步规划建设低空飞行器的起降点和配套设施，如充电设施、维护站点等。在财政方面，给予绿色低空交通企业税收优惠、补贴等政策。对于研发和运营电动直升机、无人机等绿色低空飞行器的企业，减免企业所得税，对购置绿色低空飞行器的用户给予购置补贴，降低其使用成本，提高市场接受度。在监管方面，建立健全绿色低空交通的法规制度，明确飞行安全标准、空域管理规则、环保要求等。例如，制定严格的低空飞行器噪声排放标准，确保其在城市上空飞行时不会对居民生活造成过度干扰，通过完善的政策法规体系，为绿色低空交通的发展营造良好的政策环境，促进其在"一带一路"共建城市的有序发展。

（二）技术创新与基础设施建设

加大对绿色低空交通技术研发的投入，鼓励企业和科研机构合作开展技术创新。重点研发高效能电池技术，提高电动低空飞行器的续航能力。例如，目前一些电动直升机的续航里程较短，仅能满足短距离飞行需求，通过研发新型电池，有望将续航里程提高2~3倍，使其能够承担更多类型的低空交通任务，如城市间的通勤飞行。同时，发展精准导航和通信技术，保障低空飞行器的飞行安全和通信顺畅。例如，研发基于卫星定位和5G通信的低空导航系统，实现低空飞行器的高精度定位和实时数据传输。在基础设施建设方面，除了起降场地建设，还应构建低空交通的通信网络和能源补给网络。在城市中建立低空交通指挥中心，通过通信网络对低空飞行器进行实时监控和调度。在能源补给方面，建设分布式的充电设施和电池更换站点，方便低空飞行器的能源补给，为绿色低空交通的大规模发展奠定坚实的技术和设施基础，推动其在"一带一路"建设中的应用推广。

(三)市场培育与公众宣传

积极培育绿色低空交通市场,鼓励企业开展多元化的低空交通服务。例如,除了传统的旅游、物流、医疗救援等领域,还可以开发低空交通的教育培训、文化娱乐等新业务。开展低空飞行驾驶培训课程,培养专业的低空飞行人才,满足市场需求。举办低空飞行文化节、航空展览等活动,提高公众对绿色低空交通的认知度和兴趣。通过媒体宣传、科普教育等方式,向公众普及绿色低空交通的优势和安全性。例如,制作绿色低空交通科普视频,在电视、网络等媒体平台播放,消除公众对低空飞行的恐惧心理。鼓励公众参与低空交通体验活动,如免费试乘等,让公众亲身感受绿色低空交通的便捷性和舒适性,从而提高市场需求,促进绿色低空交通产业的健康发展,在"一带一路"共建地区形成良好的市场氛围。

六、5G-A 技术:低空交通的创新引擎

在低空经济的蓬勃发展中,5G-A 技术正成为其网络基础设施的创新引擎。《5G 规模化应用"扬帆"行动升级方案》[①] 的发布,标志着 5G-A 商用网络部署的加速,为低空经济的通信和感知需求提供了坚实的技术支撑。中兴通讯无线未来实验室主任崔亦军强调,5G-A 通感算智一体化技术,结合北斗+RTK 导航技术与 AI,是低空经济规模化发展的核心。

在深圳人才公园,中国移动与中兴通讯联合打造的低空经济示范区,通过 5G-A 通感算智一体化技术,开展了无人机航迹跟踪等业务,实现了低空感知场景的全业务覆盖。这一示范项目不仅验证了 5G-A 技术在低空物流、安全监控、景区管理等领域的应用潜力,也彰显了其在提升低空交通数字化、精细化管理中的关键作用。

---

① 工信部等 12 部门印发的《5G 规模化应用"扬帆"行动升级方案》提出,2027 年底全面实现 5G 规模化应用的目标,其中再度强调加快 5G-A 商用网络部署,推进 5G 网络向 5G-A 升级演进,持续推进通感一体在内的关键技术研发。

中兴通讯已在 25 个省（市）推进超 80 个低空通感试点项目，这些项目的成功实施，为低空交通的稳定性和可靠性提供了实践证明。5G-A 技术的高精度、快速部署和易组网特性，通过中兴通讯的 128TR AAU 设备和双波形智能感知技术，为低空交通提供了强有力的技术保障。

面对低空经济的元年，中兴通讯 5G-A 通感产品总监赵志勇提出，尽管产业培育和技术融合面临挑战，但客户需求的增长，如 AI 识别需求，正推动技术的不断进步和创新。政策的支持和应用端的驱动，如载人服务、载物服务等，正在加速低空经济的发展，预计到 2030 年，我国低空经济规模将达到 2 万亿元。

5G-A 技术在低空交通中的应用，不仅提升了物流配送的效率和安全性，还为低空旅游、文化交流、环境监测等多个领域带来了创新机遇。这一技术的发展，为"一带一路"建设提供了强有力的技术支持，预示着低空经济在区域发展中的重要作用和广阔前景。

七、绿色低空交通面临的挑战与未来展望

（一）面临的挑战

1. 空域管理复杂

目前，低空空域的管理体制还不够完善，涉及多个部门的协调与管理。在不同的"一带一路"共建国家，空域管理规则存在差异，这给绿色低空交通的跨国运营带来了很大困难。例如，在一些国家，低空空域的审批程序烦琐，申请飞行许可需要较长时间，限制了绿色低空交通的灵活性和时效性。而且，低空空域的划分不够精细，存在与其他空域使用冲突的情况，如与军事空域、民航繁忙航线空域等的协调问题，容易引发飞行安全隐患，需要构建更加统一、高效、协调的低空空域管理机制。

2. 技术瓶颈待突破

尽管绿色低空交通技术在不断发展，但仍存在一些技术难题尚未攻克。

如前文所述，电动低空飞行器的续航能力仍然有限，难以满足长距离、大规模的运输需求。此外，在恶劣天气条件下，如强风、暴雨、大雾等，低空飞行器的飞行安全性和可靠性面临挑战。目前的导航和避障技术在复杂气象环境下的性能还有待提高，容易导致飞行事故。同时，低空飞行器的载荷能力相对较小，对于一些大型货物的运输难以胜任，限制了其在物流等领域的应用范围，需要持续投入研发力量，突破这些技术瓶颈。

3. 成本居高不下

绿色低空交通的建设和运营成本较高，这是其广泛推广的一大障碍。一方面，绿色低空飞行器的研发和制造需要大量资金投入，导致其售价昂贵。例如，一架电动直升机的价格可能高达数百万元甚至上千万元，这对于普通用户和中小企业来说难以承受。另一方面，低空交通的运营成本较高，包括飞行人员的培训费用、维护保养费用、能源费用等。例如，专业飞行人员的培训周期长、费用高，而电动飞行器的电池更换和维护成本也较高，使得绿色低空交通的服务价格较高，市场竞争力相对较弱，需要通过技术创新、规模效应等多种途径降低成本。

（二）未来展望

1. 技术突破与融合

预计在未来 10~20 年，随着科技的不断进步，绿色低空交通技术将取得重大突破。新型电池技术，如固态电池技术的成熟应用，将显著提高电动低空飞行器的续航里程，有望达到 500~1000 千米甚至更远，使其能够承担城市间乃至国际中长途运输任务。同时，人工智能、大数据等技术将与低空交通深度融合，实现更加智能的飞行控制和运营管理。例如，通过人工智能算法优化飞行路线，提高飞行效率，降低能耗。无人机群技术也将得到进一步发展，实现大规模、协同化的低空物流配送和作业任务，在"一带一路"沿线构建起高效、智能、绿色的低空交通网络。

2. 国际合作与标准统一

为了促进绿色低空交通在"一带一路"沿线的广泛发展，各国将加强国际合作，共同制定统一的绿色低空交通标准和规范。在空域管理方面，通过国际协商，建立跨境低空飞行的协调机制，简化飞行许可审批程序，实现低空空域的合理规划和共享。在技术标准方面，统一绿色低空飞行器的安全标准、环保标准、通信标准等，促进各国绿色低空交通技术和设备的互联互通。例如，建立"一带一路"绿色低空交通联盟，定期组织国际研讨会和技术交流活动，推动各国在绿色低空交通领域的合作与发展，实现绿色低空交通在全球范围内的协同发展，为高质量建设"一带一路"提供有力的交通支撑。

3. 产业协同与可持续发展

未来绿色低空交通将与其他产业形成更加紧密的协同发展关系。与新能源产业协同，利用清洁能源为低空飞行器提供动力，实现真正的绿色可持续发展。与旅游产业深度融合，开发更多具有特色的低空旅游产品和线路，促进沿线地区旅游资源的开发和文化交流。与物流产业结合，构建高效的低空物流配送体系，降低物流成本，提高供应链效率。通过产业协同发展，进一步降低绿色低空交通的成本，提高其市场竞争力，实现可持续发展，在"一带一路"建设中发挥更大的作用，为沿线地区的经济发展、社会交流和环境保护做出积极贡献。

第五篇　低空经济案例与实践探索

在全球经济格局不断演变与科技迅猛发展的时代浪潮中，低空经济作为蕴含巨大潜力与创新活力的新兴领域，正逐渐步入世界舞台的聚光灯下。"一带一路"共建国家丰富多样的地理风貌、文化特色以及差异化的发展需求，为低空经济的多元实践提供了得天独厚的土壤。中国低空经济积极赋能"一带一路"，开展了诸如"空中丝绸之路"构建推进、无人机物流试点项目和通用航空跨境合作等一系列实践，从东南亚无人机物流的创新探索到中亚通用航空助力基础设施建设，再到欧洲低空旅游与文化交流的精彩演绎，无不在书写着低空经济在"一带一路"框架下蓬勃发展的壮丽篇章，值得我们深入剖析与探索其中的奥秘与价值。

第十一章　中国低空经济赋能"一带一路"的实践

随着"一带一路"倡议在全球范围内持续深入推进,其影响力已渗透到各个经济产业领域,为共建国家的协同发展开辟了广阔的新空间。在这一宏大的国际合作格局中,中国低空经济正崭露头角,凭借自身独特的优势和创新活力,积极投身于"一带一路"建设浪潮。从"空中丝绸之路"的精心构建与稳步推进到无人机物流在沿线的试点项目落地生根,再到通用航空在跨境合作中发挥的关键作用,中国低空经济正以多维度、全方位的姿态,为"一带一路"共建国家的互联互通、经济繁荣和人文交流书写着浓墨重彩的篇章,开启了一段充满机遇与挑战的创新征程。

第一节　"空中丝绸之路"的构建与推进

在当今全球化浪潮汹涌澎湃的时代背景下,共建"一带一路"倡议以其高瞻远瞩的战略眼光和深远的国际影响力,成为推动世界协同发展的重要引擎。这一由以习近平同志为核心的党中央精准把握世界发展大势、顺应时代潮流而提出的全球性重大国际经济合作倡议,犹如一盏明灯,照亮了各国携手共进的道路。近年来,其始终秉持共商共建共享原则,在政策沟通、设施联通、贸易畅通、资金融通以及民心相通等多个方面稳步迈进,逐渐成为各国广泛欢迎的国际公共产品,源源不断地为构建人类命运共同体注入强大的中国力量。

民航业作为国民经济中至关重要的战略性产业,在共建"一带一路"进程中扮演着不可或缺的角色。它充分挖掘自身独特优势,如同桥梁一般,有力地支撑着对外互联互通、经贸往来以及文化交流,矢志不渝地服务于国家发展战略与人民对美好生活的向往。自"十三五"时期以来,在党中央、国务院的英明领导下,民航业实现了令人瞩目的历史性跨越,成功地从运输大国向着运输强国蜕变,这无疑为其深度服务共建"一带一路"奠定了坚如磐石的根基。

回溯到2016年,民航局积极响应党中央、国务院的决策部署,精心谋划并印发了《民航推进"一带一路"建设行动计划(2016—2030年)》。该计划犹如一份行动指南,清晰地界定了民航参与共建"一带一路"的发展思路、工作准则、发展目标以及关键任务,成为民航领域首个服务于这一伟大倡议的行业指导性文件,为后续工作的有序开展指明了方向。

2017年6月14日,国家主席习近平在会见卢森堡首相贝泰尔时,首次提出支持建设郑州—卢森堡"空中丝绸之路"。这一理念犹如一颗种子,在随后的发展中生根发芽。到了2021年3月,第十三届全国人大四次会议审议通过的《中华人民共和国国民经济和社会发展第十四个五年规划和2035年远景目标纲要》明确提出建设"空中丝绸之路",进一步彰显了其在国家战略布局中的重要地位。推进"空中丝绸之路"建设已然成为共建"一带一路"的核心组成部分,更是民航参与其中的关键使命。步入新发展阶段,高水平构建"空中丝绸之路"不仅是加速构建新发展格局、推动高质量共建"一带一路"的有力抓手,还能显著提升我国民航运输的国际通达性、服务高效性、网络可靠性以及产业协同性,全方位增强我国民航在国际舞台上的竞争力与影响力。

"空中丝绸之路"计划有着明确的战略重点,主要聚焦于互联互通和应急安全两大关键领域。通过航空基础设施建设的精心布局,如同在地图上绘制一个个关键节点,以此牵引航空运输网络的连线成网。在这一过程中,积极推动国产民用航空器和航空设备的出口交付,形成产业输出的良性循环,最终促进涵盖运营支持、维修建线、合作生产等多环节的航空全产业链深度融合与协同发展。自"一带一路"倡议提出以来,其影响力如涟漪般扩散,获得了越来越多国家的积极呼应与参与。截至2021年6月，航空工业在"一带一路"沿线已开展涉及220个项目，金额高达260亿美元，项目类型丰富多样，涵盖航空产品贸易、转包生产、国际合作以及境外工程等多个领域，充分展示了"空中丝绸之路"建设的广阔前景与强大活力。

为深入贯彻习近平总书记关于推进"空中丝绸之路"建设的重要指示精神，切实落实一系列相关规划纲要与方案，民航局会同国家发展改革委共同印发了《"十四五"时期推进"空中丝绸之路"建设高质量发展实施方案》（以下简称《实施方案》）。《实施方案》犹如行动纲领，明确了"十四五"期间推进"空中丝绸之路"建设高质量发展的指导思想、核心目标以及工作重点，为下一阶段的建设工作提供了清晰的路线图与行动指南，确保"空中丝绸之路"建设在共建"一带一路"的伟大征程中稳步前行，持续书写民航业助力国际合作与发展的壮丽篇章。

自"十三五"时期以来，民航业积极响应党中央、国务院决策部署，遵循共商共建共享原则，在融入共建"一带一路"进程中成果丰硕，为"十四五"时期"空中丝绸之路"高质量发展奠定了坚实基础。

在基础设施"硬联通"方面成绩显著。国内航空运输保障能力不断提升，《全国民用运输机场布局规划》稳步推进，世界级机场群、国际航空枢纽与区域航空枢纽建设加速。北京大兴国际机场建成运营，上海、重庆、银川等机场改扩建完成，乌鲁木齐、西安等机场改扩建也已启动。同时，民航基建在"走出去"上表现出色，积极投身共建国家机场建设，推动其航空基础设施发展。

规则标准"软联通"有序推进。国际民航运输航线网络持续拓展，我国与98个共建国家签署双边航空运输协定，我国承运人通航42个共建国家，往返共建国家航班量在国际航班总量中的占比超60%。"空中丝绸之路"合作理念深入人心，亚太地区民航部长级会议、中欧航空安全年会等重要国际会议成功举办，与共建国家民航主管部门对话协作深入，适航合作取得关键突破。

人文交流"心联通"深入开展。全球抗疫期间，"空中丝绸之路"构建生命通道，保障人员往来与防疫物资运输，为稳定国际供应链、助力抗疫贡献力量。中国民航"一带一路"合作平台建立，整合资源，促进人员交流与业务培训合作，有力支持了亚洲、非洲等地区共建国家民航运输能力提升。

推进"空中丝绸之路"建设对于共建"一带一路"至关重要，是新时代民航强国建设关键行动。"十四五"期间，民航业将全面落实相关指示与部署，秉持共商共建共享原则，打造安全可靠、便捷高效、绿色集约、互惠包容的"空中丝绸之路"。《实施方案》明确了"十四五"时期推进高质量发展的四项原则：统筹谋划与合理布局并行，构建协同统一的"空中丝绸之路"；生态优先与绿色发展并重，塑造绿色低碳循环的"空中丝绸之路"；深化合作与互利共赢共进，铸就合作共赢的"空中丝绸之路"；内外协作与安全保障齐抓，共创更高水准平安"空中丝绸之路"。同时提出优化航空枢纽格局等多项目标，设定 8 个量化预期指标，围绕政策沟通等维度明确重点任务，涵盖深化国内航空枢纽开放发展等多方面内容，并规划 11 项重点工程，制定 5 项保障举措。

基于平台运营情况，"空中丝绸之路"交流合作平台分为成熟综合类平台与新兴专用类平台。成熟综合类平台起步早、运作成熟，服务民航全行业，如中国民航发展讲坛、亚太地区民航部长级会议、中国民航"一带一路"合作平台等。中国民航发展讲坛已举办超十届，影响力渐强；亚太地区民航部长级会议首届于 2018 年举办并通过《北京宣言》；中国民航"一带一路"合作平台整合资源成效显著。新兴专用类平台是"空中丝绸之路"概念提出后构建的，如中欧航空高层峰会等，为相关国家思想交流与项目对接提供支撑。中欧航空高层峰会聚焦中欧航空市场交流合作；"空中丝绸之路"国际合作峰会促成联盟成立；中国—东盟民航合作论坛推动双方高端对话合作；郑州—卢森堡"空中丝绸之路"国际合作论坛达成推进高质量发展共识并签约众多项目。此外，国际民航组织航空货运发展论坛等平台从不同方面助力"空中丝绸之路"高质量发展。

2024 年 9 月 26 日，重庆第六届"空中丝绸之路"国际合作峰会成果丰硕。会上达成 11 项临空经济产业项目协议，集中发布《"空中丝绸之路"建设服务示范案例 2024》等众多项目成果。峰会期间，相关机构联合推出《中国临空经济发展指数报告 2024》等行业研究报告。"空中丝绸之路"品牌出海计划正式发布，旨在借助丝路文化与科技创新融合，构建全球影响力 IP 品牌生态体系，通过整合产业链资源与联合跨领域优质品牌，依托 AIGC 智能 IP 文创平台打造文创产品，推动"一带一路"共建国家深度合作，助力相关国家及国内企业和政府提升全球影响力。

第二节　无人机物流在"一带一路"共建中的试点项目

"一带一路"倡议是由习近平总书记在 2013 年 9 月和 10 月出访中亚和东南亚国家期间先后提出的重大倡议，旨在依靠中国与有关国家既有的双（多）边机制，借助既有的、行之有效的区域合作平台，主动地发展与共建国家的经济合作伙伴关系，共同打造政治互信、经济融合、文化包容的利益共同体、命运共同体和责任共同体。而低空经济作为一种以民用有人驾驶和无人驾驶航空器为主，以低空飞行活动为牵引，辐射带动相关领域融合发展的综合性经济形态，具有广阔的发展前景。无人机物流作为低空经济的重要组成部分，具有高效、便捷、低成本等优势，在"一带一路"倡议中具有重要的应用价值。

一、无人机物流在"一带一路"共建中试点项目的背景

（一）"一带一路"倡议带来的物流需求增长

"一带一路"倡议的推进，促进了共建国家之间的贸易往来和经济合作，物流需求呈现快速增长的趋势。传统的物流运输方式在面对长距离、复杂地形等情况时，存在运输时间长、成本高、效率低等问题。而无人机物流可以不受地形限制，快速、准确地将货物送达目的地，能够有效满足"一带一路"倡议中对物流高效、便捷的需求。

（二）无人机技术的不断发展

近年来，无人机技术取得了长足的进步，无人机的性能不断提升，续航能力、载重能力、飞行稳定性等方面都有了显著的提高。同时，无人机的智能化程度也越来越高，能够实现自主飞行、精准定位、自动避障等功能，为无人机物流的发展提供了技术支持。

（三）政策的支持

中国政府对低空经济的发展高度重视，出台了一系列政策支持无人机物流的发展。例如，2024 年 1 月 1 日起施行的《无人驾驶航空器飞行管理暂行条例》，标志着中国无人机产业进入规范化发展的新阶段。此外，各地政府也纷纷出台相关政策，鼓励和支持无人机物流在"一带一路"共建中的试点项目。

二、无人机物流在"一带一路"共建中的试点项目案例

（一）成都"中欧班列+低空物流"模式

2024 年 8 月 7 日下午，在成都国际铁路港综合保税区内，工作人员把从欧洲进口且搭乘中欧班列而来的货物装载到无人机上，随后无人机从保税区起飞，依规划飞行线路精准降落至亚蓉欧国家（商品）馆 OTO 跨境体验中心店，并交付至消费者手中，整个飞行时间不到两分钟，此次飞行标志着全国首个"中欧班列+低空物流"配送模式落地成都青白江。

该项目的优势显著。例如，在运输效率方面，无人机配送有效避免了传统陆路运输的交通拥堵等问题，极大地缩短了货物的配送时间，能让消费者更快收到商品。在碳排放方面，由于铁路运输和无人机直达配送均采用电力驱动，所以碳排放量大幅降低，符合国家"双碳"行动目标。再者，此项目创新地串联起了中欧班列和低空物流两种运输方式，为跨境电商新业态发展提供了新的思路和模式。

成都国际铁路港将依托国家进口贸易促进创新示范区,继续深入推动低空经济在成都国际铁路港的运用,比如探索电子围网区域管理模式,实现无人机出区自动核销,从而助推跨境电商无人机配送模式朝着智能化、规模化方向发展。

(二)临沂商城"无人机+物流"项目

2024年7月16日,临沂商城"无人机+物流"首飞仪式于临沂现代物流城中通快递临沂分拨中心举行。此次首飞设定了2条航线,其一,数字鹰物流无人机装载快递产品,从新明辉智慧物流仓起飞,历经约10分钟飞行,平稳降落在6.8千米外的中通快递临沂转运中心,随后由无人车将货物收入中通快递无人仓;其二,从中通无人仓分拣出仓的货物,由无人车运至园区内数字鹰无人机起降点,经过4分钟飞行,配送至2.5千米外的中通配送运营点,再由无人车配送至客户手中。

该项目的优势包括:在全流程无人化操作上,该项目率先在物流领域达成"无人机+无人车+无人仓"全流程无人化操作,有效提升了物流配送的效率与准确性;在成本降低上,无人机量产后,整体费用预计可节省25%以上,从而削减了物流成本。此外,此项目能够满足电商企业晚间快递整车发货后电商急件快递需求以及终端消费者早间急件收货需求,为客户急件递送节省了大量时间。

临沂会加快物流无人机的研发与生产本地化进程,同时依据临沂商城商贸物流应用场景开展深度开发,重点聚焦低空物流配送应用示范,搭建临沂商城无人机物流运营平台,构建"无人机+无人车+无人仓"物流体系,积极探寻智慧物流新模式。

三、无人机物流在"一带一路"共建中试点项目面临的挑战

(一) 技术层面的挑战

1. 续航能力

目前无人机的续航能力存在明显局限,难以契合长距离运输的需求。在"一带一路"共建国家广袤的区域内,部分地区彼此相隔甚远,这就要求无人机必须具备更为持久的续航性能,才能够切实达成物流配送任务。例如,在中亚一些国家之间的运输线路,由于地理跨度大,现有的无人机续航里程往往无法一次性完成货物的送达,中途可能需要多次停靠充电或更换电池,这不仅延长了运输时间,还可能因停靠环节增多而提升了货物受损风险以及运营成本。

2. 载重能力

无人机的载重能力同样是制约其在"一带一路"物流领域大规模应用的关键因素。鉴于"一带一路"倡议涵盖了众多品类的货物运输,其中不乏重量较大的物资。例如,在与基础设施建设相关的物资运输中,像建筑材料、大型机械设备零部件等,往往超出了当前普通无人机的承载范围。这就迫切需要无人机在载重技术上取得重大突破,以适应多样化货物运输的要求。

3. 通信技术

无人机在飞行过程中与地面控制中心保持实时、稳定且精准的通信至关重要,这是保障飞行安全与准确性的基石。然而,在一些"一带一路"共建国家,通信基础设施建设参差不齐,部分偏远地区甚至存在通信盲区或信号微弱的状况。这可能致使无人机在飞行时出现通信中断、数据传输延迟或不准确等问题,进而影响飞行轨迹的精准控制以及对突发状况的及时应对,严重威胁无人机飞行安全以及货物运输的可靠性。

(二）法规政策方面的挑战

1. 空域管理

无人机的飞行作业必须在获得相关空域管理部门的许可下方可开展。而"一带一路"共建国家由于自身的航空管理体系、国家安全考量以及航空资源分配等因素差异，空域管理政策呈现显著的多样性。这就意味着，若要推动无人机物流在共建国家顺利运行，必须耗费大量精力与资源去协调各国不同的空域管理规则与流程，构建起一套行之有效的跨国空域协调机制，否则无人机物流的常态化运营将举步维艰。

2. 跨境运输

无人机物流作为一种跨境运输新模式，不可避免地涉及各国海关、检验检疫等多部门的协同作业与监管流程。不同国家在海关关税政策、检验检疫标准以及货物通关流程等方面均存在不同程度的差异，这就要求构建起一套高度整合且灵活高效的国际协调机制，以确保货物在跨境运输过程中能够顺利通关，避免政策差异与流程烦琐导致货物滞留、延误甚至无法运输的困境，从而保障无人机物流的跨境运输链条顺畅无阻。

3. 安全监管

无人机物流的安全监管是整个行业健康发展的核心保障。在"一带一路"这样复杂多元的国际物流环境下，构建一套完善且统一的安全监管体系显得尤为重要。这一体系需要涵盖无人机的飞行安全标准制定、飞行过程监控、事故应急处置预案以及货物运输安全保障等多方面内容。只有通过全方位、多层次的安全监管，才能有效防范无人机飞行事故风险以及货物在运输过程中的丢失、损坏或被盗等安全隐患，确保无人机物流在国际范围内的安全、可靠运行。

(三）市场维度的挑战

1. 成本问题

当前，无人机物流的运营成本相对居高不下，相较于传统成熟的物流运输方式,其在成本竞争方面处于明显劣势。尤其是在"一带一路"沿线部分经济发展水平相对较低的地区,当地市场对物流成本的敏感度极高。例如,一些东南亚或南亚的发展中国家,其本土的物流企业和客户往往更倾向于选择成本低廉的传统物流手段。因此,若要在这些地区推广无人机物流,就必须通过技术创新、规模化运营以及产业链优化等多种途径,着力调整无人机物流的成本结构,提高其成本效益比,从而增强在当地市场的竞争力与适应性。

2. 市场认知度

无人机物流作为新兴的物流运输方式,在"一带一路"沿线市场的认知度尚处于较低水平。许多企业和消费者对其运作模式、优势特点以及可靠性等方面了解有限,甚至存在误解或疑虑。这就迫切需要行业参与者加大市场宣传与推广力度,通过举办国际物流展会、开展行业研讨会、进行实地演示以及与当地企业合作试点等多种方式,向共建国家的市场主体深入介绍无人机物流的高效性、灵活性以及对特殊场景物流需求的适应性等优势,逐步提高市场对无人机物流的认知度与接受度,培育起广泛的市场需求与应用基础。

四、可采取的应对策略

(一) 技术创新层面的举措

1. 研发新型电池

为突破无人机续航瓶颈,需大力投入资源进行新型电池技术的研发工作。致力于提高电池的能量密度,从而显著延长无人机的飞行时间。例如,积极探索锂电池技术的进阶方向,或研究新型燃料电池在无人机领域的应用可能性,通过这些技术创新手段,使无人机能够在"一带一路"复杂的物流运输线路中实现更远距离的配送任务,减少续航不足导致的频繁中转或充电等待时间,提升整体物流配送效率。

2. 优化机身结构

采用轻量化且高强度的材料，结合先进的优化设计理念对无人机机身结构进行重新塑造。在确保机身稳固性与可靠性的前提下，一方面，提高无人机的载重能力，使其能够适应"一带一路"倡议下更多种类、更大重量货物的运输需求，如运输一些高附加值的电子产品或小型工业零部件等；另一方面，降低无人机在飞行过程中的能耗，进一步提升能源利用效率，延长有效飞行时长，为长距离、高强度的物流配送作业提供坚实的机身结构基础保障。

3. 发展通信技术

着重加强通信技术在无人机领域的深度研究与广泛应用。通过采用更先进的通信频段、信号增强技术以及抗干扰算法等，提高无人机与地面控制中心之间的通信效率。确保在"一带一路"沿线不同地理环境与通信基础设施条件下，无人机都能与地面控制中心保持稳定、高效且精准的通信连接。这不仅能够保障飞行过程中的实时数据传输，如飞行参数监控、航线调整指令传达等，还能在遇到突发状况时，迅速响应并执行应急处置措施，最大限度地保障飞行安全与货物运输的准确性。

（二）政策协调方面的行动

1. 构建国际合作机制

各国政府应深刻认识到无人机物流跨境发展的重要性与复杂性，积极主动地加强相互之间的沟通与协调工作。通过构建常态化、多层次的国际合作机制，共同商讨并制定无人机物流的相关政策与标准。例如，在空域管理协调方面，制定统一的跨境飞行许可申请流程与审批规范；在货物通关政策方面，达成共识性的检验检疫标准与海关监管模式等。以此促进无人机物流在"一带一路"共建国家之间的顺畅跨境运输，打破因政策差异而形成的贸易壁垒，构建起开放、协同的国际无人机物流政策环境。

2. 加强与国际组织的合作

积极主动地与国际民航组织、世界海关组织等具有广泛影响力的国际组织开展全方位合作。借助国际组织的平台资源与专业经验，深入参与国际无人机物流规则制定与标准体系建设的研讨过程，争取在国际层面获得更多的支持与认可。例如，积极推动国际民航组织将无人机物流纳入其全球航空运输规划体系，为"一带一路"共建国家的无人机物流发展提供国际合法性与规范性依据；与世界海关组织合作，制定适用于无人机跨境运输的简化通关手续与监管框架，提高货物通关效率、降低物流成本，从而为无人机物流在全球范围内的广泛推广奠定坚实的国际组织合作基础。

3. 完善国内政策法规

各国需立足自身国情与发展需求，全面梳理并完善国内与无人机物流相关的政策法规体系。在空域管理方面，明确国内无人机飞行空域的划分原则、使用权限以及申请流程等；在行业监管方面，制定无人机物流企业的准入门槛、运营规范以及安全责任制度等；在市场激励方面，出台税收优惠、财政补贴等政策措施，鼓励本国企业积极投身无人机物流产业发展。通过完善国内政策法规，为无人机物流在本国的健康、有序发展提供有力的政策支持与法律保障，营造良好的国内营商环境与产业发展生态。

（三）市场培育领域的策略

1. 降低成本

通过持续的技术创新与规模化生产的协同推进，全力降低无人机物流的成本。在技术创新方面，如前文所述的新型电池研发与机身结构优化等，能够有效降低无人机的制造成本与运营成本；在规模化生产方面，随着生产规模的不断扩大，原材料采购成本、生产工艺优化成本以及人力成本等都将得到有效分摊与降低。通过降低成本，提高无人机物流在"一带一路"沿线市场的价格竞争力，使其能够与传统物流运输方式在成本效益上展开公平竞争，吸引更多企业与客户选择无人机物流服务，逐步拓展市场份额。

2. 加强宣传推广

充分利用各种媒体渠道与传播平台，全方位加强对无人机物流的宣传推广工作。通过制作精美的宣传视频、举办专业的行业论坛、开展实地的物流演示活动以及发布翔实的案例分析报告等多种形式，向"一带一路"共建国家的企业、消费者以及政府机构等市场主体，深入解读无人机物流的运作模式、技术优势、经济社会效益以及未来发展潜力等方面的内容。提高市场对无人机物流的认知度与理解深度，消除因陌生而产生的误解与疑虑，增强市场对无人机物流的接受度与信任度，从而培育起广泛的市场需求基础与良好的市场口碑。

3. 开展试点示范

在"一带一路"共建国家中，精心挑选一些具有地域代表性、经济发展典型性以及物流需求多样性的地区，率先开展无人机物流的试点示范项目。在试点过程中，深入探索无人机物流在不同地理环境、文化背景以及市场需求条件下的运营模式与管理经验，及时总结并解决遇到的各类问题。例如，在东南亚的港口城市，可以试点无人机在港口与内陆物流园区之间的快速货物转运；在中亚的内陆地区，可以试点无人机在偏远乡村与城市中心之间的物资配送等。通过试点示范项目的成功实践，积累经验教训，形成可复制、可推广的运营模式与标准规范，逐步在"一带一路"共建国家全面推广无人机物流应用，实现从点到面的规模化发展。

无人机物流在"一带一路"倡议中蕴含着极为重要的应用价值和广阔的发展前景。从已开展的试点项目实践中可以清晰地看到，它能够显著提高物流配送效率、有效降低物流成本、大幅减少碳排放，为"一带一路"共建国家的经济发展注入强劲动力并提供有力支撑。然而，不可忽视的是，无人机物流在"一带一路"试点项目推进过程中，确实面临着技术、法规政策、市场等多方面的严峻挑战。这需要各国政府、企业以及科研机构携手并肩、共同努力。通过加强技术创新、政策协调以及市场培育等多维度的协同行动，全力推动无人机物流在"一带一路"倡议中的稳健、健康发展。坚信在各方的齐心协力下，无人机物流必将在"一带一路"宏伟蓝图中发挥日益重要的作用，为构建人类命运共同体这一伟大目标做出积极而卓越的贡献。

第三节　通用航空在跨境合作中的作用

随着全球经济一体化进程的加快，跨境合作在各个领域不断深化。在这一趋势下，通用航空以其独特的优势在跨境合作中扮演着日益重要的角色，成为推动低空经济发展的关键力量。低空经济作为新兴的经济形态，涵盖了通用航空相关的各类经济活动，通用航空在跨境贸易、旅游、应急救援以及资源开发等跨境合作领域展现出巨大潜力，对促进区域间的互联互通和协同发展有着深远意义。

一、通用航空在跨境贸易中的作用

（一）提高物流效率

对于一些交通不便的边境地区，通用航空可以提供快速的货物运输服务。小型货运飞机能够在短时间内将高价值、时效性强的货物运送到目的地。例如，在一些山区边境，公路运输可能需要数天时间，而通用航空运输可以在数小时内完成，大大缩短了物流周转时间，降低了企业的库存成本和贸易风险。

通用航空能够实现点到点的直接运输，避免了传统物流在转运过程中的烦琐手续和时间消耗。在跨境电商蓬勃发展的背景下，通用航空可以将货物从生产地附近的机场直接运往跨境电商的海外仓库或配送中心，提高了整个供应链的响应速度。

（二）扩大贸易市场范围

通用航空可以到达一些地理位置偏远但具有潜在贸易价值的地区。许多边境地区存在着特色资源和产品，但由于交通限制，难以进入国际市场。通用航空通过开辟新的航线，使这些地区的企业有机会将产品销往更广泛的国际市场。比如，一些边境的特色农产品、手工艺品等可以通过通用航空运输到周边国家甚至更远的国际市场，促进了地方经济的发展和跨境贸易的多元化。

通用航空还为跨境贸易创造了新的机遇，通过在边境地区建立通用航空机场和物流枢纽，可以吸引更多的贸易企业入驻。这些地区可以发展成为跨境贸易的中转基地，进一步整合周边地区的资源，形成辐射效应，带动更大范围的贸易往来。

二、通用航空在跨境旅游中的作用

（一）丰富旅游产品

通用航空旅游项目，如空中观光、飞行体验等，为跨境游客提供了独特的旅游体验。游客可以乘坐小型飞机俯瞰跨境地区的自然风光、历史文化遗迹等。例如，在跨境的山脉、河流、峡谷等自然景观上空飞行，让游客以全新的视角欣赏美景，这种空中旅游产品极大地丰富了传统旅游的内容，吸引了更多的旅游爱好者。

跨境飞行旅游线路的开发，可以将不同国家边境地区的旅游景点串联起来。比如，设计一条跨越边境湖泊、森林和古镇的飞行旅游线路，游客可以在一次旅行中领略到不同国家和地区的特色景观和文化，增加了旅游的趣味性和吸引力，促进了跨境旅游的融合发展。

（二）提升旅游交通便利性

对于一些交通拥堵或地理位置特殊的边境旅游目的地，通用航空可以作为一种便捷的交通方式。在旅游旺季，当公路和铁路运输压力较大时，通用航空能够快速地将游客运送到旅游景区。特别是对于一些高端旅游客户，他们更倾向于选择通用航空这种舒适、快捷的交通方式，从而提高了旅游目的地的可达性和接待能力。

通用航空机场的建设可以改善边境旅游地区的交通基础设施。这些机场可以与国内外的主要交通枢纽相连，形成一个多层次的交通网络。游客可以通过转机等方式更方便地到达边境旅游地区，促进了跨境旅游客流量的增长。

三、通用航空在跨境应急救援中的作用

（一）快速响应跨境突发事件

在跨境自然灾害（如地震、洪水等）或公共卫生事件发生时，通用航空能够迅速启动应急救援行动。其不受地形限制的特点，可以快速到达受灾地区。例如，在边境山区发生地震后，道路和桥梁可能被毁，地面救援力量难以迅速进入，而通用航空可以通过直升机等航空器及时将救援人员、医疗物资和设备运送到灾区，争取宝贵的救援时间。

对于跨境的海上救援任务，通用航空的飞机和直升机可以在广阔的海域上进行搜索和救援。配备了先进搜索设备的通用航空航空器能够快速定位遇险船只和人员，实施救援行动，保障跨境海上人员的生命安全。

（二）加强跨境应急救援协同合作

通用航空可以促进跨境应急救援信息的共享和沟通。在跨境应急救援行动中，各国的救援机构可以通过通用航空的通信系统及时交流救援进展、需求等信息。同时，通用航空可以作为指挥平台协调各方救援力量的行动，提高救援效率。

建立跨境通用航空应急救援联盟或合作机制，可以整合各国的通用航空救援资源。在遇到大规模跨境突发事件时，可以统一调配航空器、飞行员和救援物资，形成强大的应急救援合力，更好地应对跨境危机。

四、通用航空在跨境资源开发中的作用

（一）助力跨境能源资源开发

在跨境的能源勘探和开采过程中，通用航空可以用于运输勘探人员、设

备和物资。对于一些偏远的边境能源矿区，通用航空是最为便捷的运输方式之一。例如，在跨境的石油、天然气勘探地区，通用航空可以将大型勘探设备的零部件及时运送到现场，保证勘探工作顺利进行。

通用航空还可用于对跨境能源资源开发区域的监测。利用航空遥感等技术，可以对能源开采区域的环境、地质等情况进行实时监测，及时发现潜在的问题，如环境污染、地质灾害等，保障能源资源开发的可持续性。

（二）促进跨境矿产资源开发

对于跨境的矿产资源开发项目，通用航空可以提高开采效率。通过运输矿工、工具和矿石样本等，加速开采进程。在一些交通不便的边境矿产区，通用航空可以建立空中运输通道，确保开采作业的连续性。

通用航空在跨境矿产资源开发中的应用还包括对矿区周边环境的保护。通过空中巡查等方式，可以防止非法采矿、滥伐森林等破坏环境的行为，同时也可以监测矿产开采对周边生态环境的影响，采取相应的措施进行修复和保护。

五、通用航空跨境合作面临的挑战

（一）政策与法规协调问题

跨境通用航空涉及不同国家的航空政策和法规，包括飞行许可、空域管理、航空器适航标准等。各国的政策法规差异可能导致通用航空运营的复杂性增加。例如，在跨境飞行中，航空器需要满足不同国家的适航要求，可能需要企业投入更多的时间和成本来进行适航认证。

海关和边境检查等相关政策也会影响通用航空的跨境运营。货物和人员的通关手续比较烦琐，影响物流和旅游等通用航空业务的效率。需要各国政府加强沟通和协调，建立统一或相互兼容的政策法规体系，促进通用航空跨境合作的顺利开展。

(二)基础设施建设与对接问题

边境地区通用航空基础设施建设水平参差不齐。一些地区的机场设施简陋,跑道、导航等设备不足,无法满足通用航空跨境业务的需求。同时,不同国家边境地区的通用航空机场之间缺乏有效的对接,航线规划和机场运营协调不够,影响了通用航空跨境航线的开通和运营效率。

建设和完善边境通用航空基础设施需要大量的资金投入,而边境地区的经济发展水平和财政能力有限。需要通过国际合作、政府投资和社会资本参与等多种方式来解决基础设施建设的资金问题,提高边境通用航空基础设施的质量和互联互通水平。

(三)安全与风险管理问题

通用航空跨境飞行面临着复杂的安全环境,包括气象条件、地形地貌以及可能存在的军事冲突等因素。在跨境飞行中,飞行员需要准确掌握不同国家边境地区的气象和地形信息,同时要规避潜在的安全风险。例如,在一些边境地区存在军事管制空域,通用航空飞行需要避免误入,否则可能会引发安全事故。

通用航空企业在跨境合作中还需要应对保险、责任划分等风险管理问题。由于跨境业务涉及不同国家的法律和保险体系,一旦发生事故,责任认定和赔偿可能会面临复杂的情况。需要建立健全跨境通用航空安全管理和风险应对机制,保障通用航空跨境业务的安全运营。

通用航空在跨境合作中的作用对低空经济的发展至关重要。它在跨境贸易、旅游、应急救援和资源开发等领域展现出巨大的潜力,能够促进边境地区的经济发展、提升区域间的互联互通水平和协同发展能力。然而,跨境通用航空合作也面临着政策法规协调、基础设施建设和安全风险管理等诸多挑战。各国政府、国际组织和通用航空企业需要共同努力,加强合作,克服困难,充分发挥通用航空在跨境合作中的优势,推动低空经济在跨境领域的高质量发展,为全球经济一体化做出更大的贡献。通过不断完善政策法规体系、加大基础设施建设投入和强化安全风险管理,通用航空将在跨境合作中迎来更广阔的发展前景,进一步释放低空经济的活力。

第十二章 "一带一路"共建国家低空经济发展实践

在全球化浪潮汹涌澎湃的当下,"一带一路"倡议如同一座宏伟的桥梁,将众多共建国家紧密相连,促进了多元领域的深度合作与协同发展。低空经济作为新兴且极具潜力的产业领域,在不同地区展现出了独特的魅力与活力。以东南亚地区为例,其在无人机物流方面进行了大胆创新实践;中亚地区则将通用航空巧妙应用于基础设施建设之中;而欧洲地区更是积累了丰富的低空旅游与文化交流经验。这些不同区域的成功范例,不仅为各自地区的经济发展注入了新动力,也为全球低空经济的发展提供了宝贵的借鉴与启示。

第一节 东南亚无人机物流的创新实践

在全球经济格局中,物流行业是重要的经济增长点,也是加速区域连通的网络支撑力量,在国际市场上具有战略性意义。非洲和东南亚地区作为中国关键的经贸伙伴,为强化双方经济交流、拓展产业合作路径,各国纷纷出台积极政策并给予产业建设指导以助力物流行业发展。在持续攀升的市场需求与充足的资源支持下,物流行业即将展现出全新的蓬勃活力。

当下,无人机产业已成为众多地区经济发展的重要依托与关键着力点。东南亚地区地理条件优越,自然资源(如农业、矿产、渔业资源)极为丰富。然而,因成本上扬与技术瓶颈的存在,急需引入更为高效便捷的工具来推动相关产业的进一步发展。

东南亚地区蕴含着极为可观的发展潜力与庞大市场容量。无人机所具备的智能化、自动化以及场景化应用特性,恰好契合人们日常生产生活的多元需求。东南亚地理风貌独特,其漫长的海岸线、广袤的无人区、辽阔的水域与星罗棋布的岛屿,加之交通不便与气候多变,这种地理多样性极大地催生了对无人机的需求,尤其在巡逻勘测、森林消防以及物流运输等领域,无人机的应用价值不可估量。

一、城市治理与应急救援

东南亚地区因常受台风袭扰,暴雨、洪涝、泥石流等次生灾害频发。在此情形下,无人机能够在灾前执行防汛隐患监测任务,在台风过后航拍受灾区域状况,构建应急通信链路,助力电网检修作业以及执行空投急救物资行动等,为应急救援工作的开展与协同决策的制定给予有力支撑。

在城市治理及应急救援方面,以无人系统为依托的无人机可在不同领域充分发挥其独特优势。就全球范围而言,高层火灾始终是城市治理的棘手难题。新加坡作为高度发达的城市,高楼鳞次栉比,一旦发生火情,极易陷入慌乱局面。那么,如何确保火情能够得到及时且有效的处置呢?始终处于机动待命状态的消防无人机便能发挥极为关键的作用。而印度尼西亚地处火山地震带,火山喷发与地震灾害时有发生,突如其来的灾难往往使人们瞬间陷入危险境地。具备快速响应能力的应急无人机则可在灾害救援以及紧急通信方面大显身手,从而圆满完成相关救援与通信任务。

二、海岛与物流运输

东南亚地区岛屿数量超 2 万座,其海岸线绵延漫长,且岛屿分布呈现小岛众多、大岛稀少的特征。由于陆地与海岛之间交通条件欠佳,海运船只的班次稀少且航行速度迟缓,使得众多海岛在发展过程中受到极大限制,部分海岛甚至因交通不便而被弃置,不再适宜居住。传统的海上货运模式需历经装卸、清关以及中转等一系列繁复程序。

跨海无人驾驶飞行面临着诸多挑战，不仅要求飞行器具备长航时、长航程以及大载荷的性能，还需攻克海上大风、海面波光对卫星导航信号造成干扰以及超长距离通信等技术难关。大载重无人驾驶飞行器采用垂直起降方式，在保障长航时与大载荷能力的同时，配备有稳定可靠的飞控、航电系统以及安全冗余设计，拥有超百公里的图数传能力、卫星通信能力与抗风能力，从而能够确保在海上长距离飞行过程中的安全性。大载重无人机的出现为海岛物流运输开拓了全新的路径，使得直线空中运输成为海岛高附加值物资流转最为理想的方式。

在海岛、油田、海上舰船等孤岛区域，运用无人机开展运输作业具有显著优势。其能够以较低的成本实现高时效性的运输，可将原本可能每周甚至每半月仅有一次的运输补给频次，大幅提升至每日一次乃至多次。科技推动着物流行业的变革，而物流的变革又深刻影响着人们的生活。无论是应用于海岛递送场景还是跨海运投作业，无人机等一系列先进技术正持续为地区发展注入强劲的科技动力。

三、农业植保与飞防

无人机于农业领域应用广泛，涵盖森林防护、渔业定量投食、测绘以及农药喷洒等方面。东南亚多地种植有棕榈、榴莲等经济作物，这些作物植株高大，且当地地形崎岖。若采用传统方式，诸如背负式手动喷雾机、背负式电动喷雾机、担架式喷雾机、踏板式喷雾器、机动高压喷枪等来喷洒农药，往往会面临机器难以运输至作业地点，或者因作物过高而喷药不便、难以触及目标等问题，致使工作效率低下，劳动强度颇高。再者，在炎热户外进行人工打药作业，极易引发中暑现象，同时农药在空气中挥发或附着于皮肤表面，也易导致人员中毒。

在马来西亚，林业防护无人机被应用于棕榈林测绘，成功使成本降低超过三成。农业植保无人机针对油棕榈虫害治理推出"油棕模式"定制服务，采用定点喷洒树心的方式，喷洒效率达到人工的 3 倍，能够节约 50% 的农药用量以及 90% 的用水量，极大程度地削减了资源成本。此外，在树林、农田测绘等其他农业工作场景中，无人机也能发挥有效作用。

对于许多国家的农业而言，劳动力节省极为关键。以泰国为例，据相关报道，当前泰国60岁以上人口占比已达一定程度，老龄化问题严峻。在劳动力短缺的困境下，当地民众已开始广泛运用无人机进行农作物农药喷洒作业，且使用体验良好。在当地，人工喷洒农药一天通常仅能覆盖约20亩稻田，而植保无人机却可实现一天作业数百亩，如泰国专业植保服务队利用天鹰兄弟植保无人机一天可喷洒400亩，作业效率相较于人工提升了数十倍。

四、海上巡查与监测

海上交通安全的保障现已上升至各国经济与战略安全的关键层面。东南亚海域作为"21世纪海上丝绸之路"的重点建设区域，强化各国海上安全力量与机制构建，以应对多样海上安全威胁，具备极为重要的经济与战略价值。凭借无人机体积小巧、适应性良好、灵活且机动性强等特性，使其与海巡艇的水上巡航监管模式深度融合，达成优势互补之效。持续推进"无人机+海巡艇"以及"陆海空天"立体巡航模式的发展，有助于提升警戒护航的实际效能，拓宽巡航覆盖范围，填补监管空白区域，进而有力打击海盗、偷渡、走私等跨国违法犯罪行径。

印度尼西亚作为全球规模最大的岛国，由1.75万座小岛构成，其处于多个构造板块的交界地带，周边火山林立，因此对火山的监测工作极为关键。近年来，无人机技术的快速发展为火山监测带来了革命性突破，不仅能够提供精确的关键数据，还能大幅降低人员风险，能够助力人们更为深入地认识火山活动。多旋翼与重载荷无人机能够对火山周边实施空中探测作业，借助光学与热成像技术，精细地监测火山的活动状态及其变化趋势，以便更为精准地预测火山爆发等状况对旅行及其他各类活动所产生的影响。

东南亚地区拥有约6.9亿人口的庞大市场规模。若将东盟视作单一经济体，依据2023年的相关数据，东盟已成为亚洲第三大经济体，在全球位列第五，位居美国、中国、日本以及德国之后。如今，东南亚已然成为中国企业迈向海外的首选之地，也必将成为未来经济增长极为强劲的支撑力量。

在海外市场领域，无人机这类智慧科技设备目前尚处于初期普及阶段，其蕴含的增长潜力极为可观。伴随中国科技企业海外业务的持续拓展以及运营体系的逐步健全与完善，未来其发展将始终保持强劲的增长态势，在全球范围内切实解决当地用户在行业中所面临的诸多难题，并促使生产生活效率发生翻天覆地的变革。

以新加坡的先进无人机技术企业 DroneDash 为例，该公司致力于开发并提供具有创新性的无人机方案，以契合商业与物流行业的各类需求。身为东南亚区域无人机技术的先行者，DroneDash 凭借其于无人机设计、操控及管理层面的专业造诣，为客户打造高效、安全且可信的无人机配送服务。其使命在于构建空中高速通路，以应对先进空中机动的需求。DroneDash 的业务范畴多元，涵盖范围如下：其一，物流配送方面，借助高效无人机技术，为商业客户提供快捷的货物配送服务，尤其在紧急配送及难以抵达区域的配送事务处理上表现卓越。其二，航拍与监测领域，除物流配送外，DroneDash 还提供航拍服务，助力城市规划、建筑监测以及农业监测等多领域工作开展。其三，定制无人机解决方案，针对特殊行业与客户的特定需求，能够定制包括无人机设计、系统集成以及操作培训等在内的无人机解决方案。

2024 年 2 月 21 日，新加坡的 DroneDash 与马来西亚的 Aerodyne 集团于新加坡航空展的马来西亚国家展馆举行了签约仪式，宣告将携手开展新马间的跨境无人机配送服务。此次签约仪式吸引大量行业专家与媒体的目光。依双方协议，会运用先进垂直起降无人机执行货物配送，这类无人机最大载重 30 千克，续航时长可达 4 小时，最高时速为 150 千米。这一开创性合作能够实现 30 千克以内货物由新加坡至柔佛新山的无人机运输，象征着区域物流服务领域的关键突破。

初始时期，服务区域会被限定于新加坡与柔佛的新山以及依斯干达特区范围内。凭借 DroneDash 的人工智能超级应用程序，仅需简单操作，就能获取适配的无人机送货方案。DroneDash 总裁任明辉指出，尽管公司持有载重达 200 千克的大型无人机，然而，为向两国政府彰显无人机操作的安全性，公司决定先采用较小型号的无人机来开启此项服务。这一举措既凸显了双方对安全问题的高度关注，也呈现无人机技术应用于商业场景时所具备的灵活性与可靠性。无人机配送让快递流程更为便捷,超级应用程序能够智能识别转乘点,无须担忧货物遗失。此次跨境无人机配送服务的正式启动,不但会极大地提升两地间的物流效率,减少货物运输时长,还将为东南亚其他地区打造出一种全新的物流方案范例。并且,该服务的落地实施也会促进无人机技术在商业、紧急救援以及远程医疗等更多领域的应用探索。伴随着技术的持续发展与国际合作的逐步深入,无人机配送服务有望成为未来物流行业的关键组成部分,为区域经济的发展增添新的动力源泉。

DroneDash 总裁任明辉接受《联合早报》采访时表示,为保障卫星与5G网络信号的稳定性,构建一条信号强劲且稳固的"空中高速公路"对于无人机而言至关重要。如此一来,系统便能实时监控无人机所处位置,即便遭遇异常状况,操作人员亦能远程操控,从而确保配送作业的安全性。在货物通过海关查验之后,无人机将在特定港口进行起降操作。尽管具体的起降港口暂未对外公布,不过据悉飞行路线会选择岸边以及人口稀疏的区域,以此保障安全。任明辉还透露,两家公司已与新马两国的民航局等相关部门展开了当面交流沟通。尽管目前当局尚未对该项服务予以批准,但 DroneDash 已在新加坡获取业者准证,且即将申请活动准证,以便能够合法地开展跨境飞行业务。谈及无人机送货的优势,任明辉指出其可显著节省时间。据估算,采用无人机送货相较于现有的陆路或海上运输方式,速度能够提升 4 倍之多,同时二氧化碳排放量可削减 92%。

第二节　中亚通用航空在基础设施建设中的应用

一、低空经济的基础设施建设

低空经济的基础设施建设由"硬基建"与"软基建"共同构成。"硬基建"涵盖机场、起降站点、通信网络、导航设施、监测体系等内容,同时涉及雷达装置、高精度地图以及气象监测等配套设备。"软基建"则可划分为两个主要类别，空中保障服务包含各级飞行服务平台以及空管系统，地面保障服务则囊括维护检修工作、日常保养事务以及能源补充供应等方面。

（一）"硬基建"构筑低空经济根基

"硬基建"作为低空经济的重要依托，主要包含通用机场、起降站等起降相关设施，以及通信、导航、监视、气象、地图等信息基础设施。

地面保障设施方面，具备多种功能的通用机场及起降场地是核心部分，能够满足各类低空飞行器的起降、备降、停放与能源补给需求。其中涵盖无人机小型起降平台、中型起降场、大型起降枢纽、eVTOL起降场、直升机起降平台，还有停机库、中转站、能源站、固定运营基地（FBO）和航材保障平台等多样化设施。例如，江西共青城计划打造水上码头与水上跑道，苏州也有建设水上机场的规划，这些都是结合地区特色而开展的地面保障设施建设探索。从产业促进角度来看，深圳打算建设无人驾驶航空器公共测试场，无锡则计划打造无人驾驶航空器试飞测试基地并申请专属空域，旨在推动低空经济产业的创新发展与测试实践。

通信基础设施以通信导航与监视（CNS）设施为主，涵盖通信系统、导航系统、监视设备，同时还包括气象保障设施与电磁环境监测设施等。国联证券研究表明，传统的通信、导航、监视系统已能满足民航需求，但低空经济所涉及的无人飞行、低空飞行、超视距运行以及空域内多机运行等发展目标，对其提出了更高标准与要求。各地文件显示，新技术在通信基础设施建设中的应用已成为普遍关注点。比如，安徽提出支持广播式自动相关监视（ADS-B）、北斗数据链、通信感知一体化（ISAC）等新技术的融合应用；深圳结合极速先锋城市建设，提出同步推进5G-A应用示范、卫星通信创新应用等信息基础设施建设。

当前空中交通管理系统面临低空复杂感知环境带来的挑战，像气象、楼宇、通信等因素均会产生影响，而基于5.5G基站的通感一体技术有望补齐低空飞行在监视与管控方面的短板，成为ADS-B和雷达的有力补充。以深圳采购的5.5G通感一体技术智能路灯为例，其集成了通信基站、环境传感器、监控摄像头、无人机充电等功能，可充当低空飞行器的导航参考点、数据采集节点以及临时停靠点。借助智慧灯杆收集的数据，能够构建城市低空信息管理平台，为飞行规划、环境监测、应急响应等应用提供有力支持。在当前阶段，低空基础设施投资可重点关注空中交通管理系统、雷达、高精度地图、通感一体等相关方向，因为这些基建环节是低空经济得以广泛普及的首要前提，部分相关公司可能很快就会迎来订单落地的机遇。

（二）"软基建"助力低空经济腾飞

低空经济蕴含着数字经济理念，使得以信息基础设施为主的"软基建"面临着较高的要求。当前，"软基建"主要涵盖低空飞行服务平台、低空监管服务平台，以及维修站等地面配套设施。

低空飞行服务平台主要面向低空飞行器的使用者，其通常具备多项重要功能，例如制订低空飞行计划、提供航空情报服务、航空气象服务，以及告警和协助救援服务等。不同地区围绕飞行服务平台有着各自的侧重点。例如，安徽提出要构建省级低空飞行数据平台，以此打造低空飞行的数字根基，达成跨省、跨部门的数据共享，进而为空域划分、航路航线设定、飞行仿真以及飞行评估等工作构建能力中台。

低空监管服务平台则主要服务于低空空域监管部门。一般而言，它具备空域流量与容量管理、飞行计划审批、空中交通风险识别与预警、非法飞行器识别与处置、飞行器及人员管理等功能，可以说是空中交通管理系统在低空空域监管领域的具体运用与拓展。

值得留意的是，这两大平台都需要与"硬基建"相互协作。各类系统、平台软件的运行以及数据传输都离不开"硬基建"的有力支撑。从各地的文件来看，飞行服务平台和空中交通管理平台的融合成为一种发展走向。芜湖计划统筹打造"智能融合低空系统平台"，把B类飞行服务站（FSS）与无人机综合监管服务功能进行整合；苏州致力于加快低空飞行服务站与无人机综合监管服务平台的建设进程，构建低空空域数字孪生系统，塑造低空飞行数字底座。

此外，还有部分地区考虑将这两大平台与CIM平台相结合。合肥提出要构建基于CIM底座的市级低空飞行统一调度管控服务平台；无锡也明确表示要联合实景三维无锡和 CIM 平台建设工作,推动低空空域的全息勘测与数字化进程,打造空地一体的数字孪生城市。

(三)构建低空飞行"四张网"蓝图

从长远视角审视,《关于推动开展低空空域利用 加快培育发展低空经济的提案》着重指出,低空飞行的全面推进需要着力打造"四张网"。其中"设施网"囊括分布式起降点等关键要素,"空联网"涵盖低空感知与通信等重要范畴,"航路网"包含空域航路以及 3D 数字地图等核心组成部分,"服务网"则将低空飞行服务与监管系统等纳入其中。

深圳借助智能融合低空系统(SILAS),已经成功构建起低空智能融合基础设施"四张网"。具体而言,通过构建配套物理设施的"设施网",实现了对低空飞行基础硬件的布局与完善;凭借低空感知及通信功能的"空联网",为低空飞行的信息交互与环境感知奠定基础;依靠数字空域及操作系统构建的"航路网",精准规划低空飞行的路线与空域资源;借助数字化管理服务系统打造的"服务网",为低空经济的有序发展提供全方位的数据支撑与方向预判。

在这"四张网"中,"空联网"成为当前行业内备受瞩目的焦点领域。据相关介绍,"空联网"的构建要求实现整个低空空域的可计算性,这不仅涉及通信、导航、监控和感知等传统飞行要素,还需将地形、楼宇、气象、电磁覆盖等复杂因素纳入考量范围。现阶段,"空联网"的建设进程依然面临诸多艰巨挑战,亟待各方协同应对。

全国政协委员积极建言献策,倡导加大低空基础设施的投资力度,加速规划通信导航、充电储能等新型专用基础设施的建设步伐,全力聚焦低空飞行"四张网"的打造。通过形成一套可复制、可推广的建设模式,切实提高空域资源的供给能力,从而为具有"异构、高密度、高频次、高复杂性"显著特征的低空飞行活动提供坚实有力的支撑与保障,助力低空经济迈向更为广阔的发展天地。

在技术持续进步以及政策有力扶持的大环境下,低空经济正稳步迈向新兴经济增长点的行列。在此情形下,诸如机场与起降点的布局构建、充电与加氢设施的配套完善、空中交通管理系统的搭建运作以及低空经济综合枢纽的规划设立等基础设施的建设工作,已然凸显出极为关键的重要性与紧迫性。

低空经济基础设施涵盖范围见图12-1。

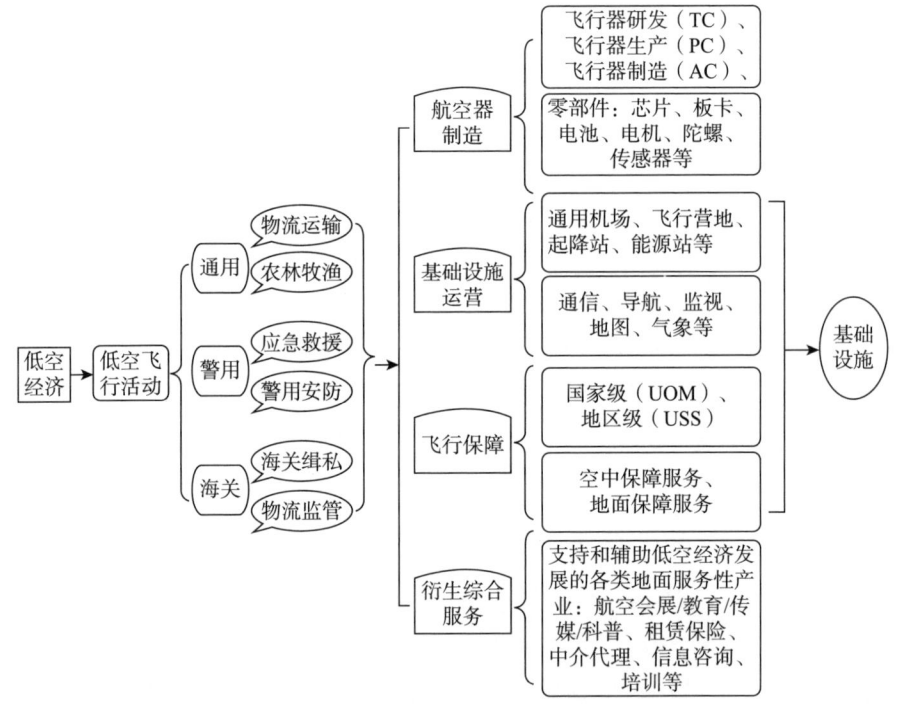

图12-1 低空经济基础设施涵盖范围

资料来源:根据深圳政府网、深圳市福田区发展和改革局整理而得,http://www.sz.gov.cn/、https://www.szft.gov.cn/bmxx/qfzhggj/index.html。

如图12-1所示,低空经济以低空空域资源开发为核心,其体系由低空飞行活动与支撑性基础设施构成。低空飞行活动覆盖物流运输、农林植保、应急救援等通用场景,并延伸至警用与海关领域:警用领域通过立体化监控网络、无人机巡逻及电子围栏技术,强化治安防控与应急响应;海关领域依托跨境监测雷达、智能识别系统及口岸查验设备,构建陆海空联动监管体系,防范走私与违禁品渗透。航空器制造以研发、生产、制造为技术链核心,集成芯片、电池等关键零部件供应链;配套服务层通过通信导航、空域管理及社会化服务网络提供支撑。基础设施涵盖通用机场、能源站等实体设施,结合数字孪生与空域网格化技术,形成"硬基建—软系统—服务网"架构,推动低空经济向集约化、智能化发展，为经济社会提供全链条支撑。

二、通用航空在交通基础设施建设中的应用

（一）公路建设勘察与监测

在公路建设前期，通用航空可以利用直升机或固定翼飞机搭载高精度的测绘设备，对规划路线进行全面勘察。例如，在山区公路建设中，传统的地面勘察方式可能受到地形复杂、交通不便等因素的限制，难以获取全面准确的地形地貌数据。而通用航空则可以轻松飞越崇山峻岭，通过航空摄影测量技术快速获取大面积的地形图像，为公路选线提供详细依据。在公路建设过程中，通用航空还可用于监测工程进度和质量。定期对施工现场进行航拍，能够清晰地观察到各个路段的施工进展情况，及时发现施工中的问题，如土方工程的不合理堆放、桥梁建设的结构偏差等，以便及时调整施工方案，确保公路建设按计划高质量完成。

（二）铁路建设辅助作业

在铁路建设中，通用航空同样有着广泛的应用。在铁路选线阶段，飞机可以对沿线的地理环境、地质条件进行全面勘察，帮助工程师确定最优的线路走向，避开地质灾害隐患区域，减少后期建设和运营风险。在铁路建设施工期间，通用航空可用于运输重要的建设物资和设备到偏远的施工现场。对于一些位于深山峡谷或交通不便地区的铁路工地，直升机能够快速、精准地将大型机械零部件、钢材等物资吊运到位，大大提高了施工效率。此外，通用航空还可以对铁路沿线的设施进行巡检，如对铁路桥梁、隧道等进行定期检查，及时发现结构损伤或安全隐患，保障铁路运营安全。

（三）桥梁建设与维护支持

桥梁建设往往需要在水面或峡谷等复杂环境中进行，通用航空在其中扮演着重要角色。在桥梁建设前期，航空测量可对桥址周边的地形、水文等条

件进行详细勘察,为桥梁设计提供精确的数据支持。在施工过程中,直升机可以用于运输建筑材料和施工人员,特别是对于一些跨度较大、施工难度较高的桥梁,如跨海大桥、跨江大桥等,通用航空能够克服水上交通的不便,确保施工物资和人员及时到位。在桥梁建成后的维护阶段,无人机可对桥梁的外观、结构进行定期巡检。无人机搭载的高清摄像头和传感器能够检测到桥梁表面的裂缝、腐蚀等细微损伤,以及结构的变形情况,为桥梁的维护和加固提供依据,保障桥梁的使用寿命和交通安全。

三、通用航空在能源基础设施建设中的应用

(一)石油天然气勘探与开发

在石油天然气勘探领域,通用航空发挥着不可替代的作用。固定翼飞机和直升机可搭载地球物理勘探设备,对大面积的油气资源潜在区域进行航空地球物理勘探。例如,通过航空磁力测量、航空重力测量等技术,能够快速探测地下地质构造,确定油气储层的可能位置,为后续的钻探工作提供精准的目标区域。在油气田开发过程中,通用航空用于运输钻井设备、石油工人以及各类物资到偏远的钻井平台。在海洋油气开发中,直升机更是成为连接陆地与海上平台的重要交通工具,确保人员和物资的高效运输,保障油气田开发作业的顺利进行。

(二)电力设施建设与巡检

通用航空在电力基础设施建设与维护方面也有着丰富的应用场景。在电力线路建设前期,飞机可对线路规划区域进行勘察,确定最佳的塔基位置,避开地质不稳定区域和其他障碍物。在施工过程中,直升机可用于运输铁塔部件、导线等大型物资到施工现场,特别是在山区、森林等交通不便的地区,通用航空的运输优势尤为明显。在电力设施建成后的巡检工作中,无人机成为重要的工具。无人机可以沿着电力线路飞行,利用高清摄像头和红外热像仪等设备,对电力线路的绝缘子、导线连接点等进行检查,及时发现线路故

障隐患，如绝缘子破损、导线过热等问题，有效提高了电力巡检的效率和安全性，减少了电力故障导致的停电事故，保障了电力供应的稳定性。

四、通用航空在通信基础设施建设中的应用

（一）基站建设选址与运输

在通信基站建设方面，通用航空可助力基站选址工作。飞机可以对山区、偏远地区等通信信号覆盖薄弱的区域进行空中勘察，综合考虑地形、人口分布、信号传播等因素，确定最优的基站建设位置。在基站建设过程中，通用航空可用于运输基站设备和建设材料。对于一些位于山顶、孤岛等交通不便的基站建设点，直升机能够将基站铁塔、通信设备等物资快速吊运到位，大大缩短了建设周期。例如，在一些山区旅游景区的通信基站建设中，通用航空克服了山路崎岖、运输困难的问题，确保了景区通信信号的良好覆盖，提升了游客的通信体验。

（二）通信线路巡检

通用航空还可用于通信线路的巡检工作。无人机搭载光学检测设备和通信信号检测设备，沿着通信线路飞行，能够及时发现通信线路的故障点，如光缆断裂、线路老化等问题。同时，无人机还可以对通信线路周边的环境进行监测，防止因树木生长、建筑施工等因素对通信线路造成损坏。通过通用航空的应用，通信运营商能够及时掌握通信线路的运行状况，快速响应并解决通信故障，保障通信网络的畅通，满足人民日益增长的通信需求。

五、通用航空在城市基础设施建设中的应用

（一）城市规划与测绘

在城市规划与测绘领域，通用航空提供了高效、精准的解决方案。直升

机或无人机搭载航空摄影测量设备，能够对城市进行全方位、高分辨率的航拍测绘。获取的城市地形地貌、建筑分布等数据可用于城市总体规划、土地利用规划等工作。例如，在城市新区建设规划中，通用航空测绘能够为规划师提供详细的地形数据，帮助其确定合理的功能分区、道路布局等。在城市旧区改造中，航空测绘可以对现有建筑进行详细记录，为改造方案的制定提供依据，同时也可以监测改造过程中的工程进度和质量，确保城市建设项目顺利推进。

（二）建筑施工与管理

在大型建筑施工项目中，通用航空可用于施工管理和物资运输。对于超高层建筑、大型商业综合体等项目，直升机可以将建筑材料吊运到高空作业面，降低了垂直运输的时间和成本。同时，无人机可对施工现场进行实时监控，从空中视角全面观察施工进度、施工安全等情况。例如，在建筑主体结构施工阶段，无人机可以监测混凝土浇筑过程、钢结构安装过程等，及时发现施工中的违规操作和安全隐患，如工人未佩戴安全设备、建筑材料堆放不规范等问题，提高了建筑施工的管理效率和安全性。

（三）城市应急救援与基础设施维护

在城市应急救援方面，通用航空具有快速响应的优势。当城市发生火灾、地震、洪水等灾害时，直升机可以迅速抵达灾区，开展人员救援、物资投放等工作。例如，在高层建筑火灾救援中，直升机可从空中对被困人员进行救援，吊运消防设备到火灾现场进行灭火作业。在城市基础设施维护中，通用航空也可用于对城市排水系统、道路设施等进行检查和维护。无人机可以深入城市排水管道进行巡检，发现管道堵塞、破损等问题；直升机可对城市道路进行空中巡查，及时发现道路坑洼、桥梁损坏等情况，为城市基础设施的及时修复提供支持，保障城市的正常运行。

第十二章 "一带一路"共建国家低空经济发展实践

六、我国通用航空发展历程

在通用航空的发展历程中，发达国家凭借起步早的优势，在市场中占据了主导地位，其市场成熟度较高。自20世纪70年代起，通用航空在全球范围内迎来了快速发展时期，其中美国的表现最为突出，在通用航空器持有数量及通航机场数量等方面均遥遥领先。相关数据显示，美国的通用航空器持有数量曾一度占据全球总量的近一半，其通航机场数量也远超我国，达到我国的10倍有余。

近年来，我国低空经济呈现高速发展的态势，在技术水准、应用范畴以及产业生态体系等方面，均在传统通航经济的基础上实现了大幅拓展与延伸，有望成为推动我国经济高质量发展的关键力量，为培育新型生产力与生产关系发挥引领和推动作用，在我国经济转型升级进程中占据重要地位。

我国低空经济技术现状是局部突破与整体起步并存。低空经济深度融合了新能源航空动力、航空无人驾驶技术以及新一代信息技术等前沿科技应用，展现出强大的发展活力与潜力。我国在无人机装备制造等特定技术领域已展现出强劲的国际竞争实力，成为引领低空经济产业发展的重要驱动力。近年来，我国民用无人机产业规模持续位居全球前列，相关数据显示，2023年底我国民用无人机研制企业已超过2300家，量产的无人机产品超过1000款，产业规模达到1174.3亿元，同比增长32%。从无人机注册数量来看，截至2024年8月底，我国民用无人机实名登记数达198.7万架，比2023年底增加72万架，远超2022年的95.8万架，且多年位居世界第一。从运行指标来看，2024年1—8月，全国民用无人机累计飞行1946.1万小时，同比增长15.6%，无人机累计飞行时长等运行指标增长迅猛。[①] 2023年更是我国低空经济技术领域取得重大突破的一年，10月，我国民航局颁发了全球首张无人驾驶eVTOL合格证，同年12月，该型号航空器又获得了全球首张标准适航证，这

---

① 民航局飞行标准司.《中国民用无人驾驶航空发展报告2023—2024》[EB/OL].中国航空运输协会,（2024-10-26）[2025-03-20]. https://www.cata.org.cn/.

一系列成果标志着我国在低空经济核心技术领域走在了世界前列，彰显了我国在低空经济技术创新方面的强大实力与巨大潜力，为低空经济的高质量发展奠定了坚实基础。2023年我国民用无人机产业规模如表12-1所示。

表12-1 2023年我国民用无人机产业规模

相关指标	具体数据
民用无人机研制企业数量	超过2300家
量产的无人机产品数量	超过1000款
无人机产业规模	1174.3亿元
产业规模同比增长率	32%
无人机实名登记数（推算）	126.7万架
无人机实名登记数（截至8月底）	198.7万架
全国民用无人机累计飞行时长（1—8月）	1946.1万小时
全国民用无人机累计飞行时长同比增长率（1—8月）	15.6%

资料来源：《中国民用无人驾驶航空发展报告2023—2024》《2023—2024年中国通用航空发展报告》。

然而，尽管低空经济发展前景广阔、应用场景丰富，但因其对各类新技术研发与应用的广度和深度要求较高，在当前全球技术格局下，受安全、成本等核心技术瓶颈制约，低空经济活动在技术经济性方面尚未形成相较于地面近似活动的显著优势。总体而言，低空经济在我国仍处于发展初期，后续需在多方面实现技术突破与创新，以释放其更大的发展潜能。

低空经济产业链格局是基础稳固但消费牵引不足。我国完备且雄厚的工业体系为低空经济产业链的中上游，涵盖原材料供应、零部件制造以及整机生产等关键领域，筑牢了坚实基础。2024年的相关数据显示，我国在无人机产业的原材料供应方面，金属材料如钢材、铝合金等产量持续增长，同时，作为无人机轻量化机身关键材料的碳纤维，我国产能已突破10万吨，其市场规模也不断扩大。在零部件制造领域，众多企业在不同零部件细分市场扎根发展，如电动—动力装置领域技术成熟，民营企业众多；航电系统领域技术提供方和制造商也较多。而在整机生产方面，我国无人机整机制造企业数量众多，多旋翼无人机在民用无人机市场占据主导地位，且在各细分应用领域还存在部分龙头企业。然而，从我国当前无人机产业链的价值构成来分析，中上游的原材料、零部件与整机制造板块产值占比约七成。而余下的三成中，设计测试与运营服务（包括飞行、租赁及培训等服务项目）各占一半左右。其中，运营服务领域的无人机运营企业数量从2021年的12663家增长到2023年的19825家，年均复合增长率约为25.1%，① 截至2024年6月底，全国持有有效运营合格证的无人机企业达1.4万家。② 我国无人机产业的部分原材料供应情况如表12-2所示。

表12-2 我国无人机产业的部分原材料供应情况

材料类型	时间区间	产量/产能相关数据	同比增长数据	市场规模数据（仅碳纤维）
钢材	2023年	13.63亿吨	5.2%	—
	2024年1—5月	5.74亿吨	2.9%	—
铝合金	2019年	942.1万吨	—	—
	2023年	1458.7万吨	—	—
	2024年1—5月	655.8万吨	12.5%	—
碳纤维	2022年	产能约占全球的43.3%，产能未提及具体吨数（只表明我国产能已突破10万吨）	—	128.1亿元
	2023年	14.6万吨	—	153.7亿元
	2024年	18.4万吨	—	171.4亿元

资料来源：《2024—2029年中国碳纤维行业市场调查与投资前景研究报告》、中商产业研究院数据库。

国家低空经济融合创新研究中心2024年发布的《中国上市及新三板挂牌公司低空经济发展报告（2024）》③ 显示，2023年我国有低空业务营业收入

---

① 运营服务领域无人机企业数量增长数据[EB/OL].中商产业研究院，(2024-12-30)[2025-03-20]. https://s.askci.com/.
② 截至2024年6月底无人机企业数据[EB/OL].中国航空运输协会，(2024-10-26)[2025-03-20]. https://www.cata.org.cn/.
③ 国家低空经济融合创新研究中心.《中国上市及新三板挂牌公司低空经济发展报告（2024）》[EB/OL].航空产业网，(2024-09-09)[2025-03-20]. https://www.chinaerospace.com/article/show/b51f0168bb85c194a9d31c14399f2cf8.

的上市公司及新三板挂牌公司共42家,其低空经济业务收入总计4341165.47万元,其中航空器制造业务收入占87.8%、飞行服务业务收入占7.3%、保障服务业务收入占4.9%,即飞行服务收入与保障服务业务收入总计占比仅约12.2%。整体来看,当前我国民众及各行业对低空飞行相关活动与作业的认知和接纳程度依旧处于较低水平。

现阶段,根据2024年相关数据,我国低空飞行活动中,飞行培训类作业、非经营性作业、载客类作业以及生产作业类飞行小时数占比累计超过90%。其中,2023年传统通用航空飞行137.1万小时,比2022年增长12.4%,2024年1—7月,通用航空经营性飞行共计51.7万小时,载客类作业完成1.3万小时。而空中游览、跳伞飞行、私人飞行等低空消费服务活动的时长占比极小。此外,与美国等发达国家相比,我国通用航空市场规模相对较小。截至2023年底,我国在册通用航空器5016架,全年作业飞行137.1万小时,虽较以往有所增长,但与美国等通航发达国家相比仍存在差距。全国范围内能够全年持续稳定运营的通用航空线路占比不足10%,多数线路需依靠政府补贴来维持运营。例如,2024年共有206家通用航空公司获得通用航空专项资金,资金总额59540万元。这表明以消费需求为导向的低空经济发展模式尚未成熟,消费市场对于低空经济的支撑作用还未充分发挥,需进一步培育和拓展消费市场,提高民众及各行业对低空消费服务活动的认知度与参与度,从而促进低空经济产业链均衡、健康发展。

我国在低空经济政策环境上支持力度不断加大,但生态构建面临挑战。近年来,国家陆续出台了诸多涉及低空空域管理改革、通航产业发展、无人驾驶航空器飞行管理等领域的指导性文件,为低空经济的发展筑牢了坚实的政策基础。2023年12月,低空经济被中央经济工作会议明确界定为战略性新兴产业,2024年3月,其又首次被写入政府工作报告,充分体现了国家对低空经济发展的高度重视与殷切期望。不过,当下依旧缺乏能够全面、科学引领低空经济高质量发展的综合性指导纲领,以及完善的配套法律法规与标准规范体系。鉴于低空经济活动本身的复杂性、参与主体的多样性以及"低空+地面"交互联动的复杂性,系统性地构建低空经济发展生态仍面临诸多阻碍。例如,在低空空域资源方面,其配置与利用效率尚不尽如人意,存在空域资源闲置与使用紧张并存的现象。相关数据显示，部分地区低空空域的日均利用率仅为30%左右。在低空经济管理上，呈现"多头管理"与"管理真空"并存的局面，导致管理成本增加、管理效率低下，不同地区、不同部门之间的协调难度较大，影响了低空经济活动的顺畅开展。此外，在技术层面，安全、成本等关键性能及核心零部件的技术瓶颈依旧有待突破，如无人机的续航能力、抗干扰能力、飞行安全性等方面还存在不足，一些关键零部件仍依赖进口，制约了低空经济的规模化发展。总体而言，低空经济距离实现规模化、体系化的发展目标仍有较长的路要走。

值得一提的是，我国工业和信息化部等四部门联合颁布了《通用航空装备创新应用实施方案（2024—2030年）》，规划到2030年在我国打造通用航空产业万亿级市场规模。该方案明确提出构建高效融合的通用航空产业生态，在示范应用方面，将推动航空应急救援、物流配送等领域的规模化应用，实现城市空中交通的商业化运营，并打造20个以上可复制、可推广的典型应用范例。在通用航空产业链建设上，我国将培育10家以上具备生态主导能力的通用航空产业链领军企业。到2030年，以高端化、智能化、绿色化为特征的通用航空产业发展新模式将基本形成，构建起"短途运输+电动垂直起降"客运网络以及"干—支—末"无人机配送网络，使通用航空装备全面融入民众生产生活，成为低空经济增长的强劲动力，推动通用航空产业迈向万亿级市场规模。

七、我国发展低空经济的典型案例

此处选择深圳、安徽、苏州等城市的低空经济发展案例进行说明，这些城市凭借各自独特的资源与优势，积极探索低空经济发展之路，成为这一新兴领域的先锋与典范，具有较好的代表性，可以为其他地区提供可复制的先进经验。

（一）深圳

深圳在低空经济领域独占鳌头，成果斐然，作为先锋典范，经验借鉴价值凸显。当前低空经济处于起步摸索关键期，深圳已先行一步。2023 年，其低空经济年产值达 930 亿元，同比增长超 18%。航线布局上，开通 50 余条常态化低空航线，覆盖核心、园区与景点，构建起高效网络；起降点建成 300 余个，含综合及专业场地，布局合理适配多样飞行器。飞行架次上，全年超 80 万架次，日均超 2000 架次，涉及客运、货运等多元场景。飞行器保有量约 12000 架，无人机占比超 80%，eVTOL 保有量位居前列。在试飞任务方面，承接全国近 60% 的新型低空飞行器试飞，依托先进设施与保障体系，为企业助力。相关企业超 1500 家，贯穿研发制造等全产业链，产业集聚与创新生态完备。深圳在各维度的卓越表现奠定了其全球低空经济领先地位，成为各地发展的范例楷模，引领行业前行方向。

深圳高度重视低空基建且积极付诸行动。在国家先行先试政策的强力推动下，大胆创新，开创性地构建智能融合基础设施，倾尽全力打造低空基础设施"四张网"，涵盖"设施网""空联网""航路网""服务网"。同时，成功研制出全数字化的 SILAS。SILAS 意义非凡，一方面为低空空域管理及低空运营提供了数字化与智能化的有力技术支撑，另一方面为低空经济各关联方配备了全方位、全数字化的智能管理工具与运营服务，此外还为低空经济政策、法规及标准的制定筑牢了坚实的数据根基。

不仅如此，《深圳市支持低空经济高质量发展的若干措施》与《深圳经济特区低空经济产业促进条例》都大力倡导推进低空基础设施建设。积极鼓励有条件的区域构建通用航空运行保障基地，着力打造无人驾驶航空器公共测试场以及 eVTOL 及大中型无人驾驶航空器枢纽起降场。此外，对于社会投资建设且已建成并实际运营的公共无人机测试场、起降场、通信、导航、监视等公共基础设施，给予一次性资金资助，全方位地推动深圳低空经济基础设施建设迈向新高度，为低空经济的蓬勃发展奠定坚实基础。

（二）华东、华南、华中、华北、东北区域

华东、华南、华中、华北等其他区域积极响应。安徽在低空经济发展进程中也有着明确的规划与积极的行动。《安徽省加快培育发展低空经济实施方

案（2024—2027年）及若干措施》① 提出，至2025年，要建成10个左右通用机场以及150个左右临时起降场地、起降点，使部分区域的低空智联基础设施网初步成型。到2027年，计划建成20个左右通用机场与500个左右临时起降场地、起降点，全省低空智联基础设施网基本完善，构建起便捷高效、智慧精准的低空飞行服务保障体系。安徽在低空基建方面逐步布局，为低空经济的长远发展奠定基础，随着规划的逐步落实，有望在低空经济领域取得更大的发展成果并形成自身的特色与优势。

近年来，苏州在低空经济领域持续发力，已然取得了不俗的成绩。政策上，先后发布《苏州市低空经济发展体系与愿景》《苏州市低空经济高质量发展实施方案（2024—2026年）》② 等一系列重磅政策，为低空经济发展筑牢根基。产业方面，全市已聚集近350家相关企业，无人机整机企业就有21家，更拥有多项全球、全国开创性成果。应用场景也不断拓展，阳澄湖、太湖等21条低空航线先后开通，通航飞行量位居全省第一，智慧物流、空中游览、联程接驳等场景全面开花，初步构建起"半小时空中通勤圈"。这一系列成果彰显出苏州发展低空经济的雄厚实力。

无锡在《无锡市低空经济高质量发展三年行动方案（2024—2026年）》③ 中规划构建"2（硕放机场、丁蜀机场）+N（直升机场、起降点）+X（无人驾驶航空器起降场、智能机巢）"起降设施体系，至2026年建成200处各类起降设施，并且使智能化低空运行保障体系基本建成，技术水平位居国内前列。

沈阳的《沈阳市低空经济高质量发展行动计划（2024—2026年）》提出，强化基础设施建设，推进机场跑道等基础设施的完善工作，提升试飞保

---

① 安徽省发展改革委. 安徽省发展改革委关于印发安徽省加快培育发展低空经济实施方案（2024—2027年）及若干措施的通知 [EB/OL]. 安徽省发展和改革委员会，（2024-04-07）[2025-03-20]. https://fzggw.ah.gov.cn/public/7011/149346381.html.

② 苏州市人民政府办公室. 苏州市人民政府办公室关于印发苏州市低空经济高质量发展实施方案（2024—2026年）的通知 [EB/OL]. 苏州市人民政府，（2024-02-26）[2025-03-20]. https://www.suzhou.gov.cn/szsrmzf/zfbgswj/202402/1ea65ae34733413ba188c04f8690267a.shtml.

③ 无锡市政府办公室. 无锡市发布低空经济高质量发展三年行动方案 [EB/OL]. 江苏省人民政府，（2024-04-24）[2025-03-20]. https://www.jiangsu.gov.cn/art/2024/4/24/art_88140_11227974.html.

障能力，推动新型基础配套设施体系建设；同时完善飞行保障体系，推动智能高效新型运行服务体系建设，争取拓展低空空域，优化低空网络信息服务。

上海通过上海市通信管理局发布的《关于推动本市基础电信企业高质量发展的指导意见（2025—2027年）》提出，分阶段、分区域逐步实现基于5G-A网络的低空智联网覆盖。到2026年底，初步建成低空飞行航线全域连续覆盖的低空通信网络，助力低空经济发展，彰显5G-A、人工智能、卫星通信等技术在低空经济基础设施建设中的赋能作用，服务于空中交通管理与空域管理体系构建。

珠海的"天空之城"低空项目已通过备案，总投资达10亿元。该项目旨在提升珠海市通导设施与低空通信覆盖能力，科学规划空域划设，构建集"海陆空"于一体的低空立体交通运营指挥体系，涵盖低空指挥中心、数据中心、海洋信息中心等关键设施，以及无人系统指控平台和海上活动监测平台等先进系统。此外，还将加强海上设施安全运维管控，建设低空航空器起降点，完善低空基础设施，如通信、导航、监视、气象等设备，为低空经济全面发展筑牢根基。

南沙推出近5万平方米的产业空间，依托中国科学院力学研究所广东空天科技研究院，打造大湾区全空间无人体系及低空经济产业孵化基地。基地涵盖技术研发、概念验证、产业空间等，并将建设低空飞行器风洞、力热联合试验平台等配套设施，以及垂直起降场、无人机蜂巢等，为无人体系及低空经济产业提供一站式服务。

长沙在《长沙县长沙经开区低空经济发展三年行动计划（2024—2026年）》中规划，2024年长沙县将建设15个直升机临时起降点、新增3个以上低空经济消费应用场景，并申报创建全国第三批民用无人驾驶航空试验区；2025年建设24个直升机临时起降点，打造湖南省首个空中交通试点城市；到2026年底建成30个直升机临时起降点。

北京在丰台区规划建设200万平方米的低空经济产业园，目标是到2028年吸引超过100家卫星互联网企业入驻。该产业园将以产业链创新链聚集为导向打造细分优势产业，聚焦商业航天产业与卫星互联网技术研发、项目转化、企业孵化、产品测试认证等领域。

（三）新疆低空经济发展情况

在低空经济发展的浪潮中，新疆正凭借诸多优势崭露头角，展现出无限潜力与活力，其交通模式也逐步从传统"平面"迈向"立体"格局。新疆发展低空经济优势显著。独特的地理位置、区位优势以及"旅游兴疆"战略，让新兴的"通航+"业态至关重要。近年来"通航+旅游"成效斐然，游客可空中赏新疆壮美风光。在机场资源方面，已建成并取证的A1类通用机场有2个、B类通用机场11个、在用直升机场4个，且有3个低空飞行服务站规划布局。① 按发展规划，到2030年和2035年，A2级以上通用机场数量将大幅增长，机场密度提升，绝大多数县级行政单元可便捷享受通用航空服务。

激活低空旅游市场活力是新疆发展低空经济的重要举措。2024年，新疆政府工作报告提出打造低空经济新增长引擎。新疆天缘通用航空公司以民用运输机场为依托构建"干线+支线+通用"三级机场网络体系，推行"短途运输+电动垂直起降"联合运行模式。例如，计划开通喀什—叶城—图木舒克/莎车"干支通"联运航线等多条特色航线，实现不同区域间的互联互通。新疆民航局等部门和新疆机场集团也积极行动，从产业规划、服务保障、机场建设布局等多方面为航空产业与低空经济持续繁荣提供支撑。

通航领域更是展翅御风前行。亚捷航空集团旗下新疆天缘通用航空有着清晰的三年航线网络规划，在南疆、北疆、高原地区以及面向中亚地区均有详细的航线开通计划，致力于构建"1小时航空经济圈"，开展多元化航空服务业务，突破"旅长游短"困境。

通航机场建设也遍地开花。准东五彩湾通用机场筹备有序，计划2025年6月竣工通航，将推动区域低空经济发展。全疆已建成多个不同类型机场，在建机场也在稳步推进，如叶城、温泉通用机场等。首座A1级通用机场乌尔禾百口泉机场运营成绩亮眼，开展多项业务保障飞行近200架次。

在低空经济"新赛道"，新疆积极竞逐。从全疆首个无人机智能巡护智慧

---

① 薛志文. 新疆机场集团低空经济"智"显身手［EB/OL］. 央广网，（2024-11-13）［2025-03-20］. https：//xj.cnr.cn/xjfw_1/zlsxj/20241123/t20241123_526986200.shtml.

园区到农业领域无人机应用，都体现出创新。政府工作报告提及低空经济凸显其地位，新疆天缘通用航空首航成功且航空产业（低空经济）研究院揭牌，为发展提供智力支持。新疆机场集团统筹建设布局，新疆依托通航公司拓展多元业务，一幅低空经济蓬勃发展的画卷正徐徐展开，新疆低空经济必将在全国版图中占据更重要地位，成为推动区域全面发展的强劲力量。

第三节 欧洲低空旅游与文化交流的经验

在 21 世纪波澜壮阔的科技革命与产业变革浪潮里，低空经济正凭借其别具一格的魅力和无与伦比的潜力，逐步演变为全球瞩目的全新焦点领域。伴随科技持续迅猛发展以及城市交通拥堵压力不断攀升，eVTOL 这一新兴城市交通模式，成功吸引了全球的目光并收获广泛关注。

一、低空旅游

低空旅游作为新兴业态，巧妙融合通用航空与全域旅游，乃是经济新常态下深化供给侧结构性改革的关键着力点。所谓低空旅游，即在低空空域借助通用航空器与低空飞行器开展的旅游活动，涵盖景区间空中通航、私人飞行等空中交通，城市低空观光、景区低空游览以及空中主题活动等空中游览观光、跳伞、滑翔等小众冒险型航空运动及娱乐飞行体验，无人机、热气球等航空器飞行表演、航空节庆赛事、通航主题展览、主题乐园以及研学活动等地面观光体验及空中婚礼、娱乐摄影等。它赋予游客全新且独特的视角去领略和感受旅游地，观赏性与刺激性俱佳。

低空旅游是我国通用航空领域当下发展迅猛的跨界融合业态，属于经济新常态下为更好地满足人民美好生活航空需求而催生的新兴产业形态，也是我国各地低空经济蓬勃发展的新兴经济产业依托。借鉴国外产业发展路径与商业模式，有益于我国低空旅游产业在新时代达成高质量发展。作为低空经济的关键融合业态之一，低空旅游凭借"文化+航空""旅游+航空""体育+

航空"等创新融合模式,能够带动低空旅游产业链的形成,孕育文旅新质生产力,开拓文旅消费新增长点,推动文旅产业转型升级迈向高质量发展。

低空旅游作为新兴旅游形式已被纳入国家部门重点扶持的旅游产品类别,是促进交通运输与旅游融合发展的新经济典型领域。它便捷高效、移步换景,受地形约束少,突破常规步行、车辆等平面旅游方式的局限,将旅游者视野从平常的平视与仰视中解放出来,让游客能从空中俯瞰景区,收获至高且美的视觉体验。低空旅游飞行器不单是交通运载工具,其在空中活动范围广阔,更是与景区紧密相连的旅游业务核心构成部分,可迅速往返于旅游城市与目的地之间,串联起相邻区域的不同景点,契合高端或年轻旅游群体的高层次需求。

低空旅游产业的进步有利于景区安全管理,能进一步增强景区安全救援、应急避险等综合管理能力。其兴起有助于改变旅游市场产品同质化局面,推动旅游市场转型升级。低空旅游产业链上下游业务的繁荣,将构建起全价值链的低空经济,助力我国通用航空产业与现代旅游业实现高质量、可持续发展。

国外低空旅游项目丰富多元,主流类型有城市空中观光型、景区空中游览型与综合观光体验型3种。

城市空中观光型在诸多国际知名城市蓬勃开展,如巴黎、纽约等,其直升机空中游览业务常态化运营且价格亲民,已成为城市形象的闪亮名片。除了传统直升机,还利用无人机和eVTOL让游客领略独特壮丽景致与身临其境之感。美国多数城市的通用航空旅游更是成绩斐然,超5000架直升机与固定翼飞机参与其中,每年搭载乘客超200万人次,收入超50亿美元。

景区空中游览型以特定景观为依托,如美国尼亚加拉大瀑布、科罗拉多大峡谷等地以及澳大利亚墨尔本十二门徒,采用4~7架单发直升机进行10~30分钟短途观景,这些地方的运营商大多经营业绩良好。

综合观光体验型把城市风光与名胜地串联,融入空中摆渡、野外探险等元素。比如,伦敦泰晤士河文化游线路串联诸多著名景点,东京夜航借着名景点灯光凸显城市立体感,新西兰皇后镇则将影视拍摄地与航空小镇融入其中。

国外低空旅游发展成熟的区域普遍具备以下主要特征:通用航空产业根

基较为雄厚,有着浓郁的航空文化氛围以及热衷航空的社会环境;开展业务均依托当地观景效果出众的特定景观;游客消费能力强劲,企业盈利状况良好。此外,这些地区从通用飞机的硬件制造维修、专业人才培养、运营基地构建到市场开发营销,已构建起完备的产业链,低空旅游产业已步入良性循环、稳健持续的发展轨道。

二、国外低空旅游案例

(一)新西兰皇后镇

被誉为"世界冒险之都"的新西兰皇后镇,凭借得天独厚的自然条件,将旖旎风光与惊险刺激的低空运动巧妙融合,成为全球游客心驰神往的旅游胜地。作为这里的标志性体验,南半球最陡的天空缆车以近乎垂直的轨道缓缓攀升,载着游客穿梭于云雾之间。随着海拔的不断升高,皇后镇的湖光山色与南阿尔卑斯山的皑皑雪峰在游客眼前次第展开,直至山顶呈现出360度无死角的壮美全景。而山顶的海鲜自助餐厅,则以琳琅满目的新鲜海味和特色美食,为这场视觉盛宴再添味觉享受。

低空飞行娱乐不仅是皇后镇的特色名片,更成为当地重要的经济支柱。作为旅游强镇,皇后镇每年吸引大量国际游客,创造了约61亿美元的年消费额,其中旅游业为GDP贡献了约49亿美元,占比达4%,而低空飞行项目在其中占据可观份额。从专业的飞行员、地勤人员到配套服务的销售人员、行政人员,低空旅游产业为当地居民提供了多元的就业机会,形成了完整的产业链。

皇后镇的成功并非偶然,其核心在于深度挖掘自然地理优势。依托南阿尔卑斯山的雄伟地势与瓦卡蒂普湖的秀丽水景,当地通过举办国际体育赛事、开发特色旅游产品,打造出高空跳伞、滑翔伞及直升机观光等一系列低空旅游项目。这些举措不仅丰富了旅游体验,更极大提升了皇后镇的品牌知名度,使其在全球低空旅游市场中占据重要地位,成为将自然景观转化为经济价值的典范。

（二）伦敦的低空旅游发展

伦敦低空旅游以直升机或小型飞机为载体，沿泰晤士河固定航线飞行，系统性地串联圣保罗大教堂、伦敦桥、白金汉宫、大本钟和伦敦眼等核心地标，形成连续空中观览线路。低空视角有效呈现建筑细节，例如教堂雕花，与城市宏观结构，并同步展示教堂、宫殿等历史建筑与摩天轮、交通枢纽等现代景观的交融。

伦敦低空旅游模式的核心价值在于其高效的资源整合与独特的空间叙事能力。它通过预设的空中走廊即泰晤士河航线，将原本分散于城市各处的核心地标系统性地串联为一个连贯的视觉序列。这些地标包括承载历史的圣保罗大教堂、层叠古今的伦敦桥、彰显王权的白金汉宫、象征时间的大本钟以及代表现代活力的伦敦眼。这种整合不仅克服了地面交通的阻隔和景点游览的碎片化，更在飞行过程中实现了历史纵深与当代图景的无缝切换。游客既能近观建筑细部，例如教堂雕花的精湛工艺、宫殿花园的几何布局、卫兵换岗的仪式感，又能宏观把握城市肌理，例如泰晤士河的城市轴线作用、历史街区与现代 CBD 的并置关系。本质上，该模式创造了一种时空压缩的沉浸式体验：在单次、高效的飞行旅程中，游客得以超越常规的步行或车行视角，从低空这一独特维度，立体化地解码伦敦城市身份的核心构成。这核心构成即其深厚的历史文化遗产如何在现代都市框架中延续、演变，并与动态的城市功能相互交融，包括交通、旅游、公共空间等，从而获得对伦敦城市魅力更为深刻和系统的理解。

国外低空旅游的成功实践为文旅产业发展提供了重要启示。皇后镇与伦敦虽资源禀赋不同，但均通过深挖本土特色实现突破：前者依托南阿尔卑斯山与瓦卡蒂普湖的自然景观，将高空跳伞、直升机观光等极限运动与湖光山色结合，构建起完整的低空旅游产业链，既满足游客对刺激体验的需求，又带动就业与经济增长；后者则以泰晤士河为脉络，串联圣保罗大教堂、白金汉宫等历史地标，将低空飞行打造为流动的文化盛宴，让游客从空中感受历史与现代的交融。

两地经验表明，低空旅游发展需精准定位资源优势，自然景观丰富地区可强化运动体验属性，历史文化深厚区域则应突出文化沉浸感。同时，完善配套服务、延伸产业链条、塑造品牌形象是提升竞争力的关键，通过差异化发展策略，方能将低空视角转化为文旅经济的新增长点。

三、全球低空文旅经济新态势

（一）融合本土文化，创新文旅体验

1. 文化旅游

深度融合低空经济与本土文化，精心打造具有浓郁地方特色的文化旅游项目。例如，规划空中游览线路，让游客能从空中俯瞰历史悠久的古镇全貌，领略其古朴的建筑布局与独特的文化韵味；或是安排空中旅程穿越广袤的农田，观赏大地的五彩斑斓与农耕文化的印记；还可以组织穿越山峰的飞行，使游客在惊险刺激中饱览壮丽的峰林美景；抑或设计俯瞰海景的飞行路线，让无垠的大海与沿海风光尽收眼底。

2. 节庆活动

充分利用传统节庆活动的影响力与吸引力，巧妙组织低空飞行表演及体验活动。在节庆期间，安排各类飞行器进行精彩绝伦的表演，如特技飞行、编队飞行等，同时设置低空飞行体验环节，让游客亲身感受在节日氛围中翱翔天际的独特魅力，从而有效吸引大量游客前来参与，极大地提升景区人气与知名度。

（二）推动乡村经济，助力乡村振兴

1. 农旅结合

紧密结合农业观光资源，积极开展低空飞行体验项目。游客借此能够从空中全方位俯瞰农田的阡陌纵横与乡村的旖旎风景，感受乡村田园生活的宁静与美好，为农业观光旅游增添全新的视角与体验维度，进一步拓展乡村旅游的内涵与吸引力。

2. 创业机会

凭借低空经济的蓬勃发展态势，创造出一系列崭新的就业与创业机会。在乡村地区，可围绕低空旅游的运营、维护、服务等环节，催生如低空飞行器驾驶培训、低空旅游服务配套设施建设与运营、低空旅游产品开发与销售等多种业务形态，吸引广大年轻人返乡投身其中，为乡村经济注入新鲜血液与活力源泉，推动乡村实现可持续发展。

（三）坚守环境保护，践行可持续发展

1. 生态旅游

大力开发低空生态旅游项目，在游客享受低空飞行乐趣的过程中，巧妙融入环境保护理念的宣传与教育。例如，在飞行线路设计上，重点展示自然保护区、生态湿地等生态敏感区域的生态美景与保护意义，引导游客树立尊重自然、保护生态的意识，使低空旅游成为传播环保理念的有效载体。

2. 可持续发展

始终将确保低空经济发展与当地生态环境的和谐共生作为首要原则，在项目规划、建设与运营全过程中，严格遵循生态环境保护要求。例如，在飞行器选型与运营管理上，优先选用环保型飞行器，并合理规划飞行航线与飞行时间，避免对野生动物栖息地、生态植被等造成干扰与破坏，促进乡村生态环境的可持续发展。

（四）低空旅游的设计策略

在低空旅游蓬勃兴起的当下，为了构建别具一格且富有深度的旅游体验，其规划设计必须匠心独运、精雕细琢，以契合市场多元需求并展现独特魅力。

1. 基础设施设计

低空旅游的设计涵盖多方面内容，其中基础设施设计主要包括以下几个方面。

首先，机场和停机坪作为安全起降保障，依据相关安全标准，充分考虑各类低空飞行器如直升机、轻型固定翼飞机、eVTOL 等的起降特性与需求，

合理规划跑道长度、宽度、承载能力以及停机坪的布局与空间大小，确保飞行器安全、便捷起降与停放。观光平台则以独特观景视角为目标，紧密结合自然景观特色与地形地貌特征，选址于山顶、海边、峡谷边缘等风景秀丽、视野开阔之处，通过科学合理的建筑造型与空间布局设计，为游客打造独一无二的观景体验空间。

其次，在综合服务设施方面，游客中心作为一站式服务枢纽，内部设置售票窗口方便游客购买低空旅游产品与服务套餐，设立咨询服务台由专业人员解答各类疑问并提供行程规划建议与旅游信息咨询，同时配备舒适休息区域。住宿设施提供特色低空旅居体验，如空中酒店采用悬索结构、高空建筑等形式，使游客时刻享受俯瞰美景的独特体验，观景露台设置于住宿建筑高处或周边并配备休闲设施，让游客尽情欣赏自然景观与低空飞行活动。

最后，环境友好设计也极为关键。绿色建筑将环保节能理念贯穿始终，例如，选用可再生材料、低能耗建筑材料作为建筑主体结构与装饰材料，安装太阳能光伏发电系统、地源热泵空调系统等节能设备，减少能源消耗与碳排放。景观融合追求自然和谐之美，秉持尊重自然、融入自然理念，从建筑外观造型、色彩搭配到空间布局，均巧妙呼应周边自然元素，使建筑与自然环境和谐共生。室内设计注重文化、景观与人性的交融，优先采用本地特色天然材料或环保再生材料，合理设置观景窗口与休息区域，通过艺术作品、传统手工艺品展示当地历史文化底蕴，营造人性化且可持续的室内空间环境。

2. 综合服务设施

综合服务设施设计主要聚焦两大核心板块，即游客中心与住宿设施，旨在为游客构建全方位且独具特色的服务体验体系。

其中，游客中心作为一站式服务枢纽，承担着多元且关键的服务职能。首先，其内部精心设置售票窗口，这一举措极大地方便了游客购买低空旅游产品与服务套餐，使游客能够便捷地开启低空之旅。例如，游客可在此一站式选购包含飞行观光、特色体验活动等在内的综合旅游套餐。同时，游客中心设立咨询服务台，由专业素养过硬的人员值守，为游客解答关于低空旅游的各类疑问，无论是对飞行路线的好奇，还是对旅游时间安排的困惑，都能在此得到精准且详尽的解答，并为游客提供个性化的行程规划建议与全面的旅游信息咨询。此外，游客中心还贴心地配备了舒适的休息区域，该区域布置有柔软的座椅、适宜的照明与清新的绿植，供游客在等待登机或游览间隙放松身心，从而营造出便捷、温馨的旅游服务环境。

住宿设施则着重打造特色低空旅居体验。其中，独具创意的空中酒店是住宿设施的一大亮点。例如，空中酒店可采用悬索结构，宛如空中楼阁般悬浮于半空，抑或采用高空建筑形式，傲然矗立在特定的高空位置，使游客在住宿期间能够时刻享受在空中俯瞰周边美景的独特体验，无论是日出的绚烂、日落的余晖，还是城市的灯火阑珊、自然的山水画卷，都能尽收眼底。观景露台则是另一个特色住宿元素，其可设置于各类住宿建筑的高处或周边，巧妙地与周边环境相融合。观景露台配备有舒适的休闲设施，如躺椅、茶几等，让游客在休息之余能够尽情欣赏自然景观与低空飞行活动，当一架架飞行器轻盈地划过天空，与脚下的山水、建筑构成一幅动态的画卷时，游客便能深切地感受到别具一格的旅居生活体验。

3. 环境友好设计

环境友好设计主要涵盖三个重要方面，分别为绿色建筑、景观融合以及室内设计，各方面相互关联且协同作用，共同塑造可持续且和谐的空间环境。

其中，绿色建筑是环境友好设计的基石。首先，在建筑材料的选用上积极践行环保理念，例如，大量采用可再生材料、低能耗建筑材料作为建筑主体结构与装饰材料，像以竹材、木材等可再生资源替代传统高能耗材料，从源头上减轻对环境的压力。同时，在能源利用方面，通过安装太阳能光伏发电系统、地源热泵空调系统等节能设备，有效减少建筑运营过程中的能源消耗与碳排放。太阳能光伏发电系统可将太阳能转化为电能，满足建筑部分用电需求；地源热泵空调系统则利用地下浅层地热资源进行供暖与制冷，极大地提高能源利用效率，进而最大限度地降低对环境的负面影响，实现建筑与自然环境的和谐共生。

景观融合是环境友好设计的关键环节。秉持尊重自然、融入自然的设计理念，在设计全程充分考量建筑设施与自然景观的融合统一。从建筑的外观造型着手,若处于山水环绕之地,建筑外观线条可模拟山水的流畅与起伏;在色彩搭配方面,参考周边植被四季色彩变化,选取与之相协调的色调,如在绿树成荫的区域采用淡雅的绿色系或木色系;在空间布局上,依据地形走势合理规划建筑的朝向、间距与高度,使建筑仿佛是从自然环境中生长出来一般,不破坏原有的生态平衡与景观美感,成功营造出自然和谐的整体环境氛围。

室内设计则是环境友好设计在微观层面的体现。室内设计注重环保材料与节能技术的应用,同时深度融入当地文化元素与自然景观特色,致力于打造人性化且具有可持续性的室内空间环境。例如,在装饰材料选择上,优先采用本地特色的天然材料或环保再生材料,当地的石材、藤编材料等可成为室内装饰的主角,既减少运输过程中的碳排放,又能彰显地域特色。在空间布局上,充分考虑游客的使用需求与视觉感受,合理设置观景窗口与休息区域,依据建筑朝向与周边景观分布,将观景窗口设置在最佳视角位置,休息区域布置在采光良好且安静舒适之处,使游客在室内即可欣赏到室外的自然美景。在文化氛围营造上,通过艺术作品、传统手工艺品等展示当地的历史文化底蕴,如在海边地区展示海洋主题的绘画与贝壳工艺品,让游客在室内空间中也能感受到浓郁的文化气息与地域特色。

(五)低空旅游的运营策略

低空旅游的运营策略主要包括以下三个方面:多元化产品开发、品牌建设以及服务质量提升。各方面相辅相成,共同推动低空旅游的有效运营与发展。

第一,多元化产品开发是吸引游客的核心要素。首先是主题旅游路线的精心设计,旨在满足多元兴趣需求。例如,在空中观光主题路线的规划上,聚焦于全方位呈现自然景观与城市风貌的雄伟壮丽与别具一格之处,让游客尽享视觉盛宴;空中探险主题路线则别出心裁地设置一系列富有挑战性与刺激性的飞行环节与探险体验项目,如带领游客穿越深邃峡谷、探秘神秘原始森林等,为喜爱冒险的游客提供独特体验;文化体验主题路线更是巧妙地将低空飞行与地面文化景点游览有机结合,使游客能够深入领略当地悠久的历史文化、独特的民俗风情等。通过这些丰富多样且特色鲜明的主题旅游路线，能够广泛吸引不同兴趣爱好的游客群体积极参与低空旅游活动。

综合旅游套餐则着眼于提升游客体验与消费。根据不同游客群体的需求差异以及消费能力的不同，匠心打造涵盖低空飞行、地面观光、住宿、餐饮等多方面内容的综合旅游套餐服务。例如，针对追求高品质享受的游客推出高端奢华套餐，提供顶级的飞行体验、豪华住宿与精致餐饮；为注重性价比的游客设计经济实惠套餐，在保证基本旅游体验的前提下，控制成本；而家庭亲子套餐则充分考虑家庭出游的特点，融入亲子互动元素与适合儿童的低空旅游项目。通过整合各类旅游资源，为游客提供一站式便捷旅游解决方案，这不仅极大地提高了游客的旅游满意度，还能有效激发游客的消费意愿，进而增加旅游收入，有力提升低空经济与文旅产业的综合效益。

第二，品牌建设在运营策略中也占据着极为关键的地位。首先是品牌形象推广，借助多渠道提升知名度。利用丰富多样的互联网平台，如社交媒体、旅游网站、在线视频平台等，发布精彩纷呈的低空旅游宣传视频、精美图片以及详细的文字介绍，从而有效吸引潜在游客的目光；积极参与国内外各类旅游展会、航空航天展会等专业展览活动，在这些平台上充分展示低空旅游项目的独特魅力与显著优势，以此拓展合作渠道与市场空间；主动与旅游博主、网红达人等合作，诚挚邀请他们亲身体验低空旅游并进行广泛的宣传推广，借助其强大的影响力与庞大的粉丝基础，大幅扩大品牌知名度与影响力范围，成功树立起独特、优质的低空旅游品牌形象。

合作共赢则致力于构建产业协同发展格局。积极主动地与航空公司、旅游公司、地方政府等各方建立紧密且深入的合作关系，共同携手推动低空经济蓬勃发展。与航空公司合作时，实现客源的共享、航线的协同以及运营的深度合作，全面提升低空旅游的交通便利性与服务质量；与旅游公司合作过程中，全力整合旅游资源，将低空旅游产品巧妙纳入其旅游线路体系，大力拓宽销售渠道与市场覆盖面；与地方政府合作方面，积极争取政策支持、基础设施建设投入以及旅游宣传推广资源，共同精心打造低空旅游目的地品牌。通过各方的协同合作，达成资源共享、优势互补的良好局面，构建起低空经济与文旅产业协同发展的健康生态。

第三，服务质量提升是运营策略不可或缺的重要环节。一方面是培训与管理工作，致力于打造专业服务团队。针对低空旅游从业人员，开展系统全面且深入的专业培训以及科学有效的管理工作。培训内容涵盖飞行安全知识，确保飞行过程万无一失；旅游服务技能，提升游客旅游过程中的服务体验；应急救援处置，应对突发状况。通过这些培训，有效提高从业人员的专业素养与服务水平；同时建立健全人员管理制度与绩效考核机制，激励员工积极主动提升服务质量，从而确保为游客提供安全、专业、贴心的服务体验，塑造良好的品牌口碑与企业形象。另一方面是客户反馈机制，旨在持续优化服务品质。针对客户需求，建立完善的客户反馈机制，及时全面地收集、整理与深入分析游客的意见与建议。通过游客问卷调查、在线评价系统、客服热线等多种渠道，精准了解游客在旅游过程中的需求与不满之处，依据这些反馈信息及时灵活地调整旅游产品设计、优化服务流程以及完善管理措施，持续不断地优化服务品质，以满足游客日益增长的旅游需求与期望，提升游客的忠诚度与复游率，促进低空经济与文旅产业健康可持续发展。

全球低空文旅经济的实践表明，发展低空文旅经济，核心在于以"文化为魂、生态为基、创新为翼"的融合发展路径。从本土文化挖掘的视角来看，无论是古镇空中巡礼还是农耕文化航拍，唯有将地域特色注入低空旅游产品，才能形成差异化竞争力；从乡村振兴的视角来看，农旅结合的空中体验与创业机会孵化，正通过"天空视角"激活乡村经济新动能。基础设施与服务体系的协同至关重要，通用机场网络、绿色建筑标准与一站式服务设施，构建起体验升级的硬件支撑；而多元化产品矩阵（主题航线、综合套餐）与跨产业合作（航司、政府、文旅企业），则通过品牌联动与服务迭代，持续拓展市场边界。本质上，低空文旅是通过空间视角重构人与环境之间的连接，既要以生态旅游线路来守护自然基底，更需以"低空+"模式推动文化表达与经济价值的双向赋能，最终实现地域发展的可持续跃迁。

第六篇　低空经济赋能"一带一路"共建需关注的问题

　　低空经济作为具有显著活力与潜力的新兴经济形态，正逐步成为推动高质量建设"一带一路"倡议的重要引擎。然而，在这一进程中面临着诸多复杂且多维的问题，这些问题不仅源自低空经济自身发展阶段所包括的技术瓶颈与标准缺失，也涉及法律体系滞后与监管能力不足。因此，系统梳理这些问题并提出针对性解决方案，对释放低空经济潜力、支撑"一带一路"倡议实施具有关键意义。

第十三章 法律与监管

低空经济的法律与监管挑战是当前亟待解决的重要问题。随着低空经济的蓬勃发展，无人机、通用航空等新型业态不断涌现，对低空空域管理、飞行安全、数据隐私保护等方面提出了更高要求。然而，空域管理法规和标准规范缺失、现有的法律体系尚不完善等因素导致在实际操作中出现诸多矛盾和问题。同时，监管手段和基础设施也相对落后，难以满足低空经济快速发展的需求。因此，加强低空经济的法律与监管建设、加强低空经济领域的国际合作是当前低空经济发展的主要任务。

第一节 低空飞行空域管理

低空空域是通用航空活动的主要区域，也是国家战略资源的核心组成部分，其高效利用直接影响通用航空与无人机产业的规模化发展。随着通用航空的快速发展，低空空域的使用需求日益增长，因此加强低空空域管理显得尤为重要。

一、低空空域划分

我国低空空域通常是指真高 1000 米（含）以下的空间范围，分为管制空域、监视空域和报告空域 3 类。

管制空域通常划设在飞行比较繁忙的地区，机场起降地带、空中禁区、空中危险区、空中限制区、地面重要目标、国（边）境地带等区域的上空。在此空域内的一切空域使用活动，必须经过飞行管制部门批准并接受飞行管制。

监视空域通常划设在管制空域周围。在此空域内的一切空域使用活动，空域用户向飞行管制部门报备飞行计划后，即可自行组织实施并对飞行安全负责，飞行管制部门严密监视空域使用活动，并提供飞行情报服务和告警服务。

报告空域通常划设在远离空中禁区、空中危险区、空中限制区、国（边）境地带、地面重要目标以及飞行密集地区、机场管制地带等区域的上空。在此空域内的一切空域使用活动，空域用户向飞行管制部门报备飞行计划后，即可自行组织实施并对飞行安全负责，飞行管制部门根据用户需要提供航行情报服务。

为充分利用国家空域资源，规范空域划设和管理使用，2023年12月21日中国民用航空局发布《国家空域基础分类方法》，依据航空器飞行规则和性能要求、空域环境、空中交通管理服务内容等要素，将空域划分为A、B、C、D、E、G、W 7类。其中，A、B、C、D、E类为管制空域，G、W类为非管制空域。这也是我国首次将G、W类非管制空域纳入管理体系，标志着空域管理向精细化方向迈出关键一步，为通用航空、无人机等低空飞行活动提供了更多的便利，为低空空域充分使用释放了空间。具体划设地域及范围如表13-1所示。

表13-1 我国空域划设地域及范围

空域种类		划设地域及范围
管制空域	A	通常为标准气压高度6000米（含）至标准气压高度20000米（含）
	B	划设在民用运输机场上空
	C	划设在建有塔台的通用航空机场上空，通常为半径5000米、跑道道面—机场标高600米（含）的单环结构
	D	①标准气压高度高于20000米； ②A、B、C、G类空域以外，可根据运行需求和安全要求选择划设为D类空域
	E	A、B、C、G类空域以外，可根据运行需求和安全要求选择划设为E类空域
非管制空域	G	①B、C类空域以外真高300米以下空域（W类空域除外）； ②平均海平面高度低于6000米、对民航公共运输飞行无影响的空域
	W	G类空域内真高120米以下的部分空域

资料来源：关于发布《国家空域基础分类方法》的通知［EB/OL］．中国民用航空局，（2023-12-21）［2025-03-20］．https://www.caac.gov.cn/XXGK/XXGK/TZTG/202312/t20231221_222397.html．

二、低空空域管理改革

低空空域管理改革，就是在确保空防安全和飞行安全的前提下，探索和创新有利于促进通用航空发展的低空空域管理模式，最大限度盘活低空空域资源，促进低空经济有序发展。

2010年，国务院、中央军委下发《关于深化我国低空空域管理改革的意见》，正式拉开了我国低空空域管理改革的大幕。截至目前，国家空管委办公室已相继在全国组织了三轮较大规模的低空空域管理改革试点，初步形成了一套新的低空空域管理模式，对通航产业发展发挥了积极的促进作用。大体可分为3个阶段：第一阶段是试点，即2011年前在沈阳、广州飞行管制区试点，进一步积累经验；第二阶段是推广，即2015年底前，在全国推广试点成果，基本形成政府监管、行业指导、市场化运作、全国一体化的低空空域运行管理和服务保障体系；第三阶段是深化，即2020年底前，构建起科学的空管理论体系、法规体系、运行管理体系和服务保障体系，实现低空空域资源的充分开发和有效利用。[①]

同时，各省及自治区也在出台各种政策深化低空空域改革。2024年11月，内蒙古自治区发布《内蒙古自治区低空空域管理改革实施方案》[②]。其中提出，到2027年，全区低空空域充分释放、高效利用，低空飞行基础设施有效覆盖，综合监管服务平台高效运行，规章制度健全规范，"军地民"三方低空空域协同管理体系基本完善。除内蒙古外，目前湖南、四川、海南等地也在积极推进低空空域管理改革。据了解，自开展低空空域管理改革工作以来，湖南、四川、安徽、海南等地先行试点，在管理机制、保障体系、平台搭建等方面取得了突破和创新。

---

① 《关于深化我国低空空域管理改革的意见》的解读[EB/OL]. 中国低空产业经济研究院，(2013-05-10)[2025-03-20]. https：//www.claie.org/index.php?m=content&c=index&a=show&catid=9&id=17.

② 内蒙古自治区人民政府办公厅. 内蒙古自治区人民政府办公厅关于印发自治区低空经济高质量发展实施方案（2024—2027年）的通知[EB/OL]. 内蒙古自治区人民政府，(2024-09-19)[2025-03-20]. https：//www.nmg.gov.cn/zwgk/zfxxgk/zfxxgkml/zzqzfjbgtwj/202409/t20240919_2577276.html.

除此之外，中国航空运输协会通航业务部、无人机工作委员会主任孙卫国在2024国际电动航空（昆山）论坛上透露，中央空管委即将在6个城市开展eVTOL试点。采访获悉，6个试点城市初步确定为合肥、杭州、深圳、苏州、成都、重庆。试点文件对航线和区域都有相关规划，对600米以下空域授权部分地方政府，意味着相关地方政府要承担更多管理责任。① 这对低空经济发展是一个重大利好，也是我国空域管理改革的有效举措。

三、低空空域管理面临的挑战

低空空域管理作为民用航空和通用航空发展的重要组成部分，近年来在全球范围内受到了越来越多的关注。然而，在实际操作中，低空空域管理面临着多方面、多维度的挑战。

（一）空域冲突协调机制缺失

低空空域涉及军航、民航、通航等多个领域，空域重叠问题突出，空域划分和使用权限的协调难度极大。在某些城市周边，军航训练区域与民航航线、无人机作业空域重叠，导致空域资源紧张，飞行冲突事件频发。此外，不同飞行活动之间的空域使用权限划分不明确，容易导致冲突。

（二）监管技术滞后

低空经济涉及多个部门的管理职责，容易出现多头管理、职责不清的问题。随着低空飞行器的数量和种类不断增加，传统的监管手段已难以满足实际需求。现有的监管手段难以实现对低空空域的全面监控，特别是对小型、慢速飞行器探测精度不足，动态管理存在盲区，易发生安全事故。如何运用大数据、人工智能等先进技术提升监管效率，实现对低空飞行器的实时跟踪、监控和预警，成为亟待解决的问题。

---

① 王鹤. 中央空管委即将在六个城市开展eVTOL试点［EB/OL］. 新华财经，（2024-11-18）［2025-03-20］. https：//www.cnfin.com/bjh/detail/20241118/4140427_1.html.

(三)法律体系碎片化

尽管近年来我国出台了一系列与低空经济相关的政策法规,但针对低空空域管理的具体条款仍需进一步完善和细化。比如,关于低空飞行器的适航标准、飞行员的资质认证等方面存在法律空白或模糊不清的情况。此外,空域使用的申请流程需要更加明确和简化,以降低企业的合规成本和提高空域使用效率。

(四)其他挑战

除上述挑战外,低空飞行空域管理还面临以下挑战:

首先是基础设施建设问题。通用机场、通信导航监视等起降基础设施的不足,以及信息基础设施薄弱,导致无法满足低空经济快速发展的需求。

其次是环境保护与噪声控制。低空经济对环境的影响主要表现在空气污染和生态破坏两个方面。与此同时,飞行器在飞行过程中会产生噪声,对周边居民和野生动物造成干扰和影响,进而影响生活质量和生态平衡。如何在推动低空经济发展的同时,兼顾环境保护和噪声控制是一个复杂且重要的课题。

最后是人才培养的挑战。低空经济作为战略性新兴产业,具有广阔的发展前景和巨大的市场潜力。然而,其快速发展的背后隐藏着巨大的人才需求缺口,人才培养问题成为制约低空经济进一步发展的关键因素。

四、低空空域管理的具体措施

当前,我国的空域管理较为严格,低空飞行的开放程度和灵活性尚待提升。这一限制因素制约了低空经济的发展和应用,也影响了相关技术创新和市场培育的进程。因此,加强低空空域管理的改革与优化,提高低空飞行的灵活性和便捷性,对促进我国低空经济的健康发展具有重要意义。

（一）提升低空空域开放程度

尽管近年来我国低空空域管理改革取得了一定进展，但与发达国家相比，我国低空空域开放程度仍然不足。根据 ICAO 的定义，低空空域通常指真高 3000 米以下的空域，而我国现行标准为 1000 米以下。这一差异导致我国低空开放程度远低于发达国家，制约了应用场景的拓展。我国可借鉴国际经验，分阶段推进空域高度开放。提升空域开放高度将扩大低空经济的发展空间，增加无人机、eVTOL 等新型飞行器的应用场景。

（二）完善法律与政策体系

当前法律体系存在实施细则缺失、使用规范尚未明确、跨境飞行法律衔接不足的短板。我国应加强顶层设计，制定出台更加明确、具体、具有针对性的政策措施，为低空经济的发展提供有力的政策支持。例如，进一步优化空域管理政策，简化空域审批程序，提高空域使用效率；制定无人机物流配送等新兴业态的发展规划和政策指引，引导企业合理布局、有序发展。

（三）明确部门职责与加强协同

明确民航、空域管理、安全监管、生态环境等部门在低空经济监管中的具体职责，强化部门间的协调配合，构建信息共享与协同监管机制，从而有效提升监管效率与水平，保障低空经济稳健前行。构建"中央空管委—区域管制中心—终端区调度"三级管理体系，并在技术上搭建国家空域管理信息平台，实现飞行计划申报、空域动态可视、应急响应等功能的"一网通办"。

（四）提升监管技术水平

加大对低空安全技术研发的投入，提高安全监管技术水平。利用物联网传感器、大数据等技术构建智能化监管系统，实现对低空飞行器的实时跟踪、监控和预警。重点建设三大技术体系：一是高精度导航增强系统，实现飞行器精准定位；二是通感一体化基站网络；三是低空雷达组网系统，减少空域监控盲区。

(五) 优化空域资源配置

通过空域精细化管理、灵活调整空域使用权限等措施，提高低空空域资源的利用率和飞行效率。引入先进的空域管理系统，如基于人工智能的动态空域分配算法，根据实时飞行需求和空域容量，自动优化空域使用方案。重点构建四大机制：一是空域动态定价机制；二是"数字孪生空域"系统；三是低空流量预测算法；四是突发事件弹性响应机制。

第二节　数据隐私与安全法律框架

低空经济的数字化转型加剧了数据安全风险。在低空经济的快速发展过程中，涉及的领域包括无人机飞行、低空空域管理、航空数据服务等，其中的各类技术和服务往往需要采集大量的个人和企业数据。这些数据对于优化服务和提高效率至关重要，但同时也带来了严峻的数据安全和隐私保护挑战。

一、数据泄露风险的来源

（一）无人机数据采集与传输

无人机在低空经济中应用广泛，从快递配送、农业监测到交通监控等，飞行过程中的视频监控、位置数据、传感器数据等被大量采集。这些数据通常包含地理位置、行为信息、身体特征、家庭生活等敏感信息。由于机动性和隐蔽性的特征，无人机对于跟踪和记录个体行为数据极具便利性，根据行为轨迹即可分析得出人们的衣食住行偏好。如果无人机的数据传输环节存在漏洞或未加密保护，便容易遭受黑客攻击或中间人攻击，从而泄露用户或企业的隐私数据。

（二）飞行管理平台的数据集中存储

低空经济中各类飞行管理平台和数据服务平台会收集大量的飞行数据、航迹数据、用户信息等，当数据收集完毕后，这些数据会通过无线网络传输到开发商的云数据库中。数据集中存储虽然方便管理和分析，但在传输的过程中可能会成为恶意窃取数据的目标，增加了数据泄露的风险。如果平台未采取足够的安全措施如数据加密、防火墙、权限管理等，可能会被不法分子入侵，造成大规模数据泄露。

（三）第三方数据合作与共享

随着低空经济产业链的拓展，企业间的跨行业合作日益增多。例如，飞行数据分析公司、航空设备厂商、政府监管部门等需要共享数据以提高运营效率。然而，数据共享过程中如果未对敏感信息进行脱敏处理，或在数据传输和存储环节缺乏有效的保护，可能会引发数据泄露和隐私侵犯。

二、现有相关法律

（一）《中华人民共和国数据安全法》

该法为规范数据处理活动，保障数据安全，促进数据开发利用，保护个人、组织的合法权益而制定。① 该法为数据安全提供了基本框架，具体规定了数据的定义、数据处理原则、数据安全制度的建设以及相应的法律责任，要求数据处理活动必须合法、正当、必要，并采取必要措施保障数据安全。

（二）《中华人民共和国个人信息保护法》

该法是数据合规在个人信息保护层面的根本，对个人信息权利进行了定

---

① 中华人民共和国数据安全法 [EB/OL]. 中国人大网，(2021-06-10) [2025-03-20]. http://www.npc.gov.cn/c2/c30834/202106/t20210610_311888.html.

义，构建了个人在信息处理活动中享有的法定权利，包括知情权、决定权、限制权、拒绝权、查阅权、复制权、可携带权、更正权、删除权等，① 为日后个人信息主体保护其个人信息权益提供了路径。

(三)《中华人民共和国民用航空法》

该法 2021 年修订的版本增加了对无人机等新兴航空器的相关规定，进一步完善了对新兴航空器的安全监管及法律责任，为无人机的安全、合规飞行提供了法律依据，也为无人机产业的健康发展和创新应用提供了规范与指导。

(四)《无人驾驶航空器飞行管理暂行条例》

该条例是我国第一部全面规范无人驾驶航空器飞行管理工作的行政法规，为低空经济中的无人驾驶航空器飞行提供了全面的法律保障。该条例从生产制造、销售经营、操控资质、空域使用、飞行活动、监督管理到应急处置等全链条对无人驾驶航空器进行了管理规范，② 填补了法律空白。然而，其在数据安全方面的规制仍不够明确和健全。

三、隐私保护的挑战

(一) 用户隐私信息的多样性与复杂性

低空经济中，尤其是在无人机应用的场景下，涉及的隐私信息种类繁多且复杂。除了基本的个人身份信息和联系方式，可能还包括飞行轨迹、航拍图像、实时位置、行为习惯等。这些信息不仅涉及个人隐私，也可能触及国家安全或商业机密。在这样的背景下，如何界定并保护不同类型的隐私信息成为一个重要问题。

---

① 中华人民共和国个人信息保护法［EB/OL］．中国人大网，(2021-08-20)［2025-03-20］．http：//www.npc.gov.cn/npc/c2/c30834/202108/t20210820_ 313088. html.
② 国务院，中央军委．无人驾驶航空器飞行管理暂行条例［EB/OL］．中国政府网，(2023-06-28)［2025-03-20］．https：//www.gov.cn/zhengce/content/202306/content_ 6888799. htm.

（二）技术隐私保护手段的不完善

尽管当前很多低空经济企业都在使用加密技术、身份认证、防火墙等传统手段来保护数据安全，但这些技术并非全能。现有的加密算法可能被破解，身份认证机制容易被绕过，数据存储和传输的安全性仍存在漏洞。尤其是随着 AI 技术的进步，深度学习和数据挖掘等技术的应用，虽然能提升服务质量，但也增加了数据隐私泄露的可能性。

（三）监管缺位与法律滞后

当前，低空经济的相关法律和监管框架仍处于不断完善的阶段。很多国家和地区尚未对低空飞行的数据保护做出明确的法律规定，而现有的隐私保护法律虽然对某些数据类型做出了严格规定，但对于低空经济中产生的新型数据、复杂的跨境数据流动等问题未能提供有效的法律保障。此外，一些地方政府和监管机构的监管力量薄弱，无法及时发现和处置数据泄露事件。

四、如何应对数据隐私问题

（一）完善法律法规与行业标准

针对低空经济中的数据泄露风险，法律的完善是首要任务。政府与监管机构需加速立法进程，制定专门适配低空经济领域的数据安全与隐私保护法规。该法规应从多个层面细化规定，在数据所有权方面，明确界定数据归属数据主体、数据收集者或是其他相关方的具体情形，避免权属不清引发的数据滥用风险。对于隐私权，需清晰阐释数据主体所享有的各项权利，如数据访问权、更正权、删除权等。同时，精准划定数据共享的合法边界，详细规定在何种条件、何种程序下数据可以进行共享，对未经授权的数据共享行为设定严格的法律责任，包括高额罚款、停业整顿甚至刑事处罚等，以此形成强有力的法律威慑。

（二）加强技术安全防护

技术手段是保障低空经济数据隐私的坚实壁垒。企业应积极引入并应用前沿的数据加密技术。在数据传输阶段，运用先进的加密算法，将飞行数据、位置数据等敏感信息转化为密文进行传输，即使数据在传输过程中被截获，非法获取者也难以解读原始数据内容。在数据存储环节，采用全盘加密技术对存储设备中的所有数据进行加密处理，确保数据在静态存储时的安全性。对于涉及隐私的图像和视频数据，智能去敏技术成为保护用户私人生活细节的有力工具。利用人工智能和机器学习算法，自动识别图像和视频中的敏感信息，如人脸、车牌等，采用模糊化、像素化等方式对敏感区域进行处理，在不影响数据使用价值的前提下，确保用户隐私不被泄露。

（三）提升行业自律与公众意识

除政府监管和技术手段外，低空经济企业自身的自律也是保障数据安全的关键。企业应构建完善的数据管理体系，加强员工的隐私保护培训，强化数据安全责任。同时，建立数据安全责任制度，将数据安全责任落实到具体部门和个人，对人为疏忽或故意导致的数据安全事故进行严肃问责。公众对于个人隐私保护的意识也需要进一步提升。消费者作为数据主体，应充分了解其个人数据在低空经济场景中的使用方式、存储期限以及自身所拥有的数据权益。企业也应提供透明的隐私政策，增强用户对数据安全的信任。

第三节　跨国法律协调与合作机制

低空经济的全球化属性要求构建多层次国际合作框架。低空经济时代的来临昭示着交通、旅游、物流等多个领域即将迎来颠覆性变革。而在其发展进程中，国际法律在低空经济发展中扮演着至关重要的角色。在低空经济全球化趋势与国际合作领域，法治设计是保障低空经济健康、有序高质量发展的关键。

一、跨国法律协调机制的重要性

(一) 促进低空经济健康发展

低空经济是以民用有人和无人驾驶航空器的低空飞行活动为核心,牵引并促进航空器研发、生产、销售以及与之相关的基础设施建设、飞行保障和衍生综合服务等领域的产业融合发展的综合性经济形态。跨国法律协调与合作机制能够为低空经济构建起清晰且统一的法律框架与监管标准。例如,在跨境低空物流运输方面,各国若能通过协调机制制定统一的飞行许可流程、货物安检标准以及责任认定规则,将极大减少因各国法律差异导致的运营障碍。使得企业在开展跨国低空物流业务时,能够明确知晓自身的权利与义务,提前制定运营方案,降低运营风险,进而推动低空经济在全球范围内有序扩张,促进产业健康、稳定发展。各国共同依据统一规范应对低空经济发展中诸如空域资源分配、航空器适航认证等挑战,能够有效避免因各自为政引发的资源浪费与市场混乱,为低空经济的繁荣创造良好的制度环境。

(二) 推动技术创新与应用

低空经济的进步高度依赖持续的技术创新与广泛的应用推广。在技术研发环节,跨国法律协调与合作机制发挥着关键的促进作用。不同国家在低空经济相关技术领域各有优势,如美国在航空器发动机研发方面技术领先,而欧洲在航空电子设备制造上独具专长。统一的法律标准促使各国制造企业在生产过程中遵循相同的质量与安全规范,便于技术成果在国际市场的流通与应用。通过跨国法律协调,各国能够在法律保障下打破技术合作壁垒,实现研发资源共享。通过分享技术成果和经验,各国可以提高整个行业的技术水平,推动新的应用和商业模式的出现。

(三) 促进国际贸易与投资

低空经济为国际贸易与投资开辟了全新的增长路径。然而,由于各国贸易和投资法规存在差异，限制了低空经济领域的国际合作潜力。跨国法律协调与合作机制通过简化贸易和投资流程，发挥着显著的推动作用。例如，在航空器及零部件贸易方面，协调机制促使各国统一海关报关程序、减免不必要的贸易关税和非关税壁垒，大大降低了贸易成本。同时，在投资准入方面，协调机制推动各国放宽市场准入门槛，明确外资在低空经济领域的投资范围与权益保护，增强了国际投资者的信心。通过加强国际合作与交流，各国可以共同开拓国际市场，增加低空经济的市场份额，推动相关地区的经济发展。

（四）增进国际理解与互信

跨国法律协调与合作机制的意义不仅局限于解决具体法律问题，更在于促进各国间深层次的理解与互信。通过定期举办国际会议、双边或多边协商活动，各国政府、企业及行业专家能够就低空经济发展的前沿问题、发展战略和行动计划进行深入探讨与交流。在协商制定共同发展战略的过程中，各国充分考虑彼此的利益诉求与关切，寻求合作共赢的解决方案。这种持续的对话与合作模式，不仅有助于推动低空经济项目的顺利实施，还在潜移默化中加强了各国之间的友好关系。各国在合作中建立起的信任，为未来在其他领域开展更广泛、更深入的国际合作奠定了坚实基础，成为国际关系良性发展的重要纽带。

（五）共享成功经验

分析其他国家在发展低空经济方面的经验，如美国、日本（见表13-2），对我国具有极高的借鉴价值。我国可以结合自身丰富的旅游资源和庞大的消费市场实际情况，在借鉴其他国家成功经验的基础上，创新适合我国国情的低空旅游发展路径，在政策制定、技术创新、应用推广等方面加大力度。通过全方位借鉴与创新，我国能够在低空经济领域少走弯路，加大在各关键环节的发展力度，推动低空经济快速发展，为构建现代化经济体系注入新的活力，提升我国在全球低空经济领域的竞争力。

表 13-2 美国和日本低空经济发展经验

	美国	日本
政策	较早制定无人机相关法律法规并不断修订完善	作为国家战略性新兴产业进行重点扶持
技术支持	在无人机技术、人工智能、传感器技术等领域处于世界领先地位	在机器人技术、电子技术、材料科学等领域具有强大的工业基础
应用场景	涵盖物流配送、应急救援、农业监测、侦查监控等多个领域	涵盖物流配送、基础设施维护、农业监测、环境监测等多个领域

资料来源：笔者根据资料归纳整理而得。

二、如何构建低空经济跨国法律

构建低空经济的跨国法律协调与合作机制是一个复杂而细致的过程，涉及多个方面和层次的考量。

（一）明确目标与原则

在构建低空经济跨国法律体系的初始阶段，各国必须清晰界定该机制的核心目标，如促进低空经济的健康发展、保障飞行安全、推动技术创新与应用等。低空经济法律的建立应基于平等、互利、共赢的原则，各国不论大小、经济发展水平高低，在参与构建跨国法律的过程中，都应拥有平等的话语权。尊重彼此的主权和法律制度是合作的基石，任何国家都不应将自身法律理念强加于他国。各国共同制定并严格遵守国际规则和标准，是确保跨国法律机制有效运行的关键，只有如此，才能实现全球范围内低空经济的协同发展，让每个参与国家都能从中受益。

（二）制定统一规则与标准

各国应共同商讨制定低空飞行的统一规则和标准，包括飞行空域、飞行高度、飞行速度等限制条件，以及无人机的注册、许可和飞行监管要求等。并且，随着低空经济领域数字化程度不断加深，数据交换和共享愈加频繁，数据隐私与安全保护成为关键议题。各国应联合加强数据隐私与安全保护制度建设，制定专门的法规和标准，规范无人机等设备的数据收集、传输和使用行为。

（三）建立组织架构与协调机制

为有效推动跨国法律协调与合作机制的建立和实施，各国可共同成立专门的低空经济法律协调与合作机构。该机构应具备明确的职责分工，如负责收集和整理各国关于低空经济的法律需求与建议，组织专业团队进行法律条文的起草与修订工作等。通过定期举办国际会议或研讨会，为各国政府部门、企业代表、行业专家等提供交流平台。在这些会议上，针对低空经济发展过程中出现的诸如新兴航空器技术应用的法律规制、跨境低空飞行的责任界定等复杂问题，进行深入讨论和交流，集思广益，共同制定切实可行的解决方案。除此之外，应加强国家之间的信息共享，搭建信息共享平台，涵盖法律法规、政策动态、技术标准等多方面信息，以便及时了解和应对低空经济领域的新问题和新挑战。

（四）加强法律实施与监管合作

签署双边或多边合作协议是加强执法合作的有效手段。在低空经济领域，共同打击非法飞行行为是保障飞行安全和市场秩序的关键任务。各国执法部门可通过信息共享、联合行动等方式，对未经许可擅自进行低空飞行的航空器进行追踪和查处。在更高层面建立互认标准，对低空经济领域的相关许可、认证等实现互认，企业能够更加便捷地拓展国际市场，推动低空经济产业在全球范围内的资源优化配置。

（五）推动国际合作与交流

各国应积极投身于 ICAO 等国际组织的相关活动。ICAO 在全球航空领域具有广泛的影响力和权威性，参与其组织的关于低空经济的研讨、标准制定等工作，能够使各国在国际规则制定过程中充分表达自身诉求，同时也能吸收国际先进经验，共同推动低空经济的标准化和规范化进程。鼓励各国企业在低空经济领域开展合作与交流同样不可或缺。企业作为市场主体，在技术创新与应用方面具有强大的驱动力。各国企业可以通过建立战略合作伙伴关系、开展技术联合研发项目等方式，共同攻克技术难题，推动新技术的应用与推广。

第十四章　技术与标准

低空经济的技术与标准是其发展的双轮驱动，也是当前制约其发展的关键因素。在技术层面，低空经济涉及的无人机、通用航空器等关键零部件和核心技术仍面临成熟度不高与标准化不足等问题。此外，行业标准和地方标准尚未统一，不同地区和不同领域之间的技术规范和标准存在差异，影响了低空经济的协同发展和市场推广。因此，加快技术创新和标准制定，提升低空经济的技术水平和标准化程度，同时加强空中交通管理系统的创新是推动低空经济健康、快速发展的关键所在。

第一节　无人机技术的成熟度与标准化

低空经济既包括传统通用航空业态，又融合了以无人机为支撑的低空生产服务方式，是一种容纳并推动多领域协调发展的综合经济形态，具有明显的新质生产力特征。

一、无人机技术相关概念

无人机技术是指与无人机系统、无人机工程及无人机相关的应用技术。主要包括飞行控制技术、通信导航技术、传感器技术、智能控制技术、起降技术以及能源动力技术。

（一）飞行控制技术

飞行安全是低空经济发展的生命线，先进精准的飞行控制技术是无人机最基本的技术，直接决定了飞行器能否稳定、安全地运行。飞行控制技术主要包括姿态稳定控制、导航控制和飞行控制等。姿态稳定控制是指通过控制无人机的姿态角度来保持其稳定飞行，导航控制是指通过 GPS 等导航系统来实现无人机的自主导航，飞行控制是指通过控制无人机的推进器和舵面来实现其飞行方向和速度的控制。

（二）通信导航技术

通信导航技术是无人机与地面控制中心、其他无人机之间进行通信的关键技术。在低空复杂多变的环境下，飞行器时刻需要精准的方向指引与稳定的通信链路。卫星通信、地面基站组网等多模式通信保障空地实时通信，而高精度导航定位系统，如北斗低空增强系统精准定位到亚米级精度，让飞行员或操控者清楚知晓飞行器位置，依航线飞行，避免迷失方向或偏离航线，为飞行安全与任务执行提供关键支撑。

（三）传感器技术

传感器技术是无人机实现自主飞行和数据采集的关键技术，主要包括 GPS、惯性导航系统、气压计、磁力计、红外线传感器、激光雷达等。这些传感器可以实时获取无人机所处的位置、速度、高度、姿态等信息，从而实现无人机的自主控制和数据采集。

（四）智能控制技术

智能控制技术是无人机实现自主飞行和任务执行的关键技术，主要包括人工智能、机器学习、深度学习、图像识别等。这些技术可以为无人机提供智能化的控制和决策能力，使其能够自主完成复杂的任务和应对不同的环境与情况。

(五) 起降技术

便捷、通用的起降方式扩大了低空飞行器的应用范围与场景。垂直起降、短距起降技术使飞行器摆脱对传统大型机场跑道的依赖，可在楼顶、操场、临时停机坪等多样化场地灵活起降，不仅降低了运营成本，还使低空作业能够深入城市、偏远山区等更广泛的区域，快速响应各种任务需求，为低空经济渗透到各个领域奠定基础。

(六) 能源动力技术

能源技术是无人机能够长时间飞行的关键技术，它决定了低空飞行器的续航能力与运营效率，主要包括电池技术、太阳能技术和燃料电池技术等。从改良传统燃油发动机提升燃油经济性，到研发锂电池、氢燃料电池等新能源应用，适配不同类型、不同用途的飞行器，延长飞行时长，减少频繁加油、充电带来的时间与人力成本损耗，为无人机提供稳定的能源供应，延长其飞行时间和飞行距离，提高其飞行效率和性能。

二、无人机技术发展现状

无人机技术是一种新兴的技术，它具有飞行速度快、载荷能力强、操控灵活等特点。目前，国内外已经有很多企业和机构在无人机技术方面进行了深入的研究和开发。同时，我国也在积极推动无人机技术的发展，制定了一系列政策和法规来规范无人机的使用和管理。

(一) 无人机产业链逐渐完善

近年来，无人机产业链逐渐完善（见图14-1）。上游产业链主要包括无人机设计研发及关键原材料的生产，其中关键原材料包括金属材料和复合材料两大类，这些材料为飞行器制造提供了基础保障。技术创新是上游产业链发展的关键驱动力。近年来，随着新材料、新工艺的不断涌现，无人机的制造工艺和性能得到了显著提升。例如，复合材料的应用使飞行器更加轻量化，固态电池技术的突破则有望解决飞行器续航里程不足的问题。此外，人工智能技术的引入使飞行器的自主飞行能力得到增强，为未来低空交通的实现奠定了基础。

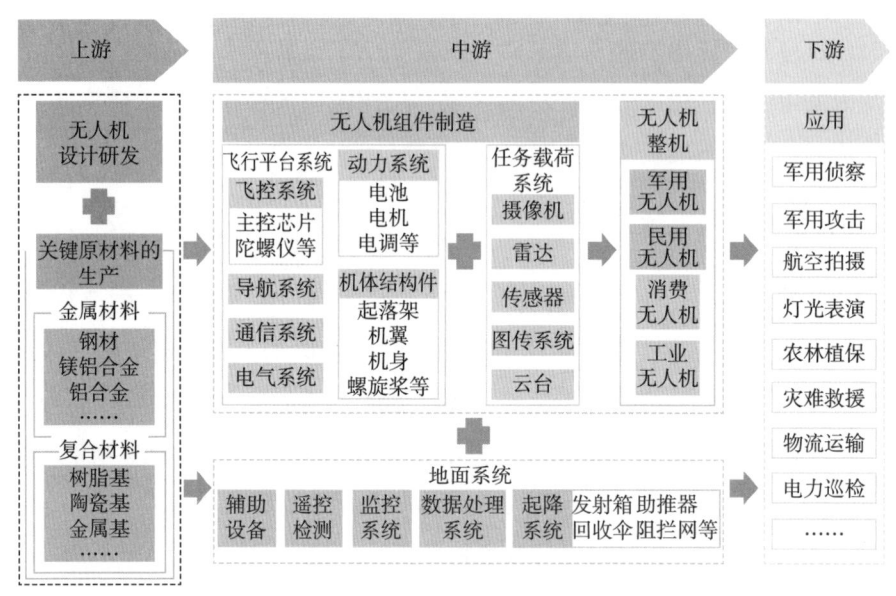

图 14-1　无人机产业链

资料来源：前瞻产业研究院．预见 2024：《2024 年中国无人机行业全景图谱》［EB/OL］. 瞻研究，（2024-11-08）［2025-03-20］. https：//mp.weixin.qq.com/s/VVhhAoA9mumL-tEvYVbA5g。

中游产业链包括无人机组件制造、无人机整机和地面系统三个方面。无人机组件制造包括飞行平台系统和任务载荷系统，其中飞行平台系统包含动力系统、导航系统、飞控系统、通信系统、电气系统和机体制造等，是无人机完成起飞、空中飞行、执行任务和返场回收等整个飞行过程的核心系统。由无人机的组件合成无人机整机，如军用无人机和民用无人机等。地面系统则负责确保飞行器的安全性和可靠性。

下游产业链为无人机的应用场景，主要包括军用侦察、军用攻击、航空拍摄、灯光表演、农林植保、灾难救援、物流运输、电力巡检等领域。未来，无人机产业将继续保持高速增长态势。随着技术的不断进步和政策的逐步放开，无人机的应用场景将越来越广泛。无人机将在物流、农业、环境监测等领域发挥越来越重要的作用,成为推动低空经济发展的重要力量。

(二) 无人机技术的性能不断提升

随着无人机技术的不断发展,其性能也在不断提升。目前,商用无人机的飞行高度、最大速度以及最大载重都得到了大幅提升。此外,无人机的续航时间、稳定性、抗风能力等方面也有了很大的提高。这些性能的提升为无人机在低空经济领域的应用提供了有力保障。

(三) 无人机技术的智能化水平不断提高

随着人工智能技术的发展,无人机的智能化水平不断提高。目前,已经有一些无人机具备了自主飞行、自主避障、自主充电等功能。此外,无人机还可以通过搭载各种传感器和执行器,实现多种功能,如航拍、测绘、巡检等。这些智能化功能的提高使无人机在低空经济领域的应用更加广泛。

三、如何提升无人机技术

(一) 加强技术研发与创新

1. 投入研发资金

无人机技术作为一项前沿科技,其实现突破性升级依赖大量资金的持续注入。故而,政府与企业应充分认识到这一点,显著加大对无人机技术研发的资金投入。政府可通过设立专项科研基金、提供税收优惠等政策手段引导资金流向该领域;企业则应将更多的资源配置到研发环节,以此鼓励创新思维的涌现,推动无人机技术向更高水平迈进。

2. 人才培养与引进

人才是无人机技术发展的核心要素。无人机技术的发展建立在深厚的专业知识基础之上,涵盖飞行器设计、自动控制原理、图像处理算法等多个专业方向。为满足行业发展对人才的需求,应借助政策的力量加速构建完善的人才配套体系。一方面，在教育体系中，高校应优化相关专业设置，加强实践教学环节。另一方面，通过搭建多元化的人才交流平台，充分发挥人才的集聚效应，进而提升无人机技术研发的整体创新能力。

（二）完善无人机产业链

1. 构建产业协同体系

构建制造业与服务业深度融合的新型产业协同体系是完善无人机产业链的关键举措。从无人机的设计环节开始，便需要工业设计、机械工程等多专业协同；研发过程中，电子技术、软件编程等专业共同发力，实现无人机的各项功能；制造阶段则依赖先进的制造工艺与装备；操作员培训则为无人机的安全、高效运行提供人力保障。通过这种跨领域的产业协同，实现无人机产业链的纵向延伸与横向拓展。

2. 加强企业合作

推动无人机企业之间开展广泛的合作与交流，对于提升整个产业链的技术水平和竞争力具有重要意义。企业之间通过建立战略合作伙伴关系，能够整合各自的技术、资金、人才等优势资源。在新技术新产品研发方面，合作企业可以共同开展联合攻关项目，共享研发成果，缩短研发周期，降低研发风险。同时，企业间的合作交流还有助于形成产业集群效应，促进知识与技术的溢出，带动整个产业链的协同发展。

（三）推动标准化工作

1. 制定技术标准

针对无人机从设计到运行的全生命周期各个环节，制定统一且严格的技术标准至关重要。在设计阶段，需对无人机的结构强度、外形尺寸等制定标准，以确保其符合空气动力学原理与飞行安全要求；制造环节的标准则涵盖材料选用、加工精度等方面，保证产品质量的稳定性；测试阶段的标准用以确保无人机性能达标；运行阶段的标准则涉及飞行空域、高度、速度等规定，保障无人机在复杂环境下安全、可靠且高效地运行。

2. 加强国际合作

在全球经济一体化的背景下,无人机技术的国际交流与合作日益频繁。通过参与国际标准制定,能够将我国的技术优势与实践经验融入国际标准之中,提升我国在全球无人机产业领域的话语权。同时,国际标准的统一和互认有助于消除贸易壁垒,促进我国无人机产品与技术在全球范围内的推广和应用。

(四) 加强监管与管理

1. 完善法规体系

政府相关部门需综合考量国际通行规则以及国内的实际国情与产业发展状况,构建一套全面、系统且完善的无人机管理法规体系。在国际层面,借鉴发达国家在无人机管理方面的成熟经验与法规框架;在国内层面,结合我国的空域资源状况、民用与商用无人机的应用规模及特点等因素,对无人机的生产、销售以及使用行为进行全方位规范。

2. 加大执法力度

为维护无人机市场的良好秩序与公平竞争环境,必须加大对无人机市场的监管执法力度。相关部门应建立常态化的市场巡查机制,利用信息化手段对无人机生产、销售与使用情况进行实时监测。对于违法违规行为依法予以严厉打击,通过行政处罚、刑事追责等手段形成有力威慑,保障合法企业与用户的权益。

(五) 推动无人机技术的智能化发展

1. 集成智能设备

通过集成先进的远程控制、避障技术以及无人机自主飞行模式等功能,能够显著增强无人机在复杂环境中的应变能力。远程控制技术借助先进通信手段,实现对无人机的远距离精准操控;避障技术利用激光雷达、超声波传感器等设备,实时感知周围环境障碍物信息,并通过智能算法规划飞行路径,避免碰撞事故;无人机自主飞行模式则依据预设任务与环境信息,让无人机能够独立完成起飞、巡航、降落等一系列飞行操作,提升其在复杂地形与恶劣天气条件下的适应性。

2. 提升智慧水平

运用人工智能、大数据等前沿技术手段,能够有效提升无人机的智能化水平。人工智能技术可用于无人机的图像识别、目标跟踪等任务,使其能够自动识别特定目标并进行精准跟踪;大数据技术则通过对海量飞行数据的分析挖掘,优化无人机的性能,同时为不同行业应用提供决策支持,从而使无人机更好地服务于各行各业。

第二节 通用航空器性能的提升

通用航空器作为低空经济领域不可或缺的主要生产装备,凭借其独特的优势与广泛的应用前景,已经成为推动低空经济持续增长的重要引擎和强大动力。

一、通用航空器的相关概念

在全世界范围内,通用航空器的定义不尽相同。根据我国的民用航空法,通用航空器又称通用航空飞行器,是指除用于军事、警务、海关缉私飞行和公共航空运输飞行以外的航空活动所使用的航空器。这些航空活动包括但不限于从事工业、农业、林业、渔业、矿业、建筑业的作业飞行,以及医疗卫生、抢险救灾、气象探测、海洋监测、科学试验、遥感测绘、教育训练、文化体育、旅游观光等方面的飞行活动。通用航空器是航空器的重要组成部分,也是通航活动的基本物质条件。航空器的分类如图 14-2 所示。

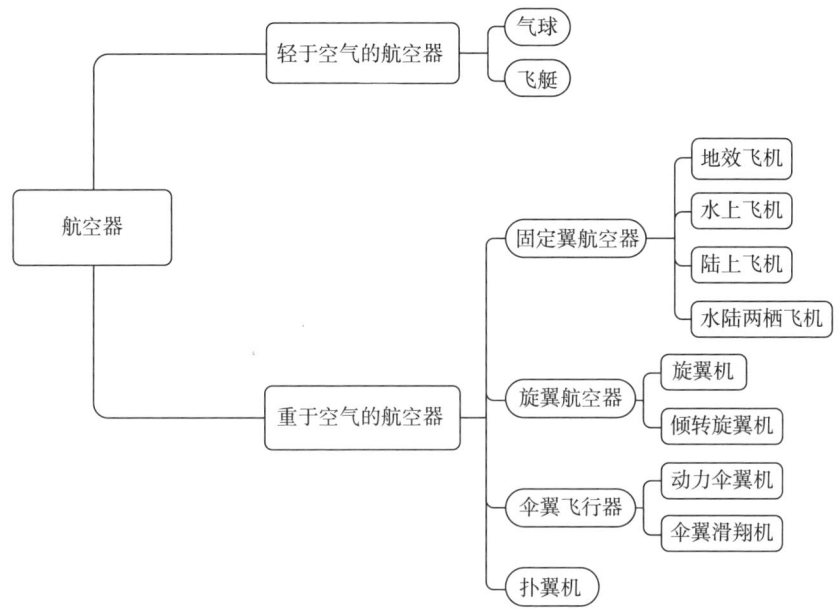

图 14-2 航空器的分类

资料来源：黄涛. 通用航空专业技术人员培训教材［M］. 北京：北京航空航天大学出版社，2021。

二、通用航空器的主要用途

通用航空器用途广泛，不但可以应用在农林作业方面，在短途运输、航空应急救援和旅游业等领域也有广泛的应用。

首先，在农林作业方面，通用航空器在航空护林、除草杀虫、飞机灭蝗、人工增雨等领域大有用武之地。

其次，在短途运输方面，通用航空器是解决偏远地区居民高效出行的有效途径，也是对干线航空网络的重要补充。通用航空短途运输一般是指使用30座以下的民用航空器开展的定期载客运输飞行活动。近年来，我国内蒙古、青海、新疆、云南等地陆续开通了多条短途运输航线，有效解决了人们的出行需求。

再次，通用航空器在应急救援中的作用巨大。当发生洪涝、地质灾害、森林火灾、重大交通事故等突发事件时，通用航空能够在应急救援、抢险救灾、森林消防、医疗救护、伤患急救中发挥高效的作用。

最后，通用航空器的出现也促进了旅游业发展。近年来，小型飞机、直升机或热气球等通用航空器为游客提供了从高空俯瞰美景的独特视角。并且通用航空器的使用有助于发现和开发新的旅游资源，如隐藏在高山或深谷中的自然景观或具有特殊文化价值的遗址。

除此之外，通用航空器还在空中广告、海洋监测、航空摄影、表演飞行等领域扮演着重要的"空中角色"。

三、通用航空器性能的衡量指标

（一）速度

速度指标包括巡航速度、最大速度和爬升速度等。巡航速度决定了长途飞行的时间和燃油消耗，是评估航空器经济性和效率的关键因素。最大速度反映了航空器在紧急情况下的极限能力，对于确保飞行安全具有重要意义。爬升速度影响航班的航线规划和机场的使用效率。

（二）燃油效率

衡量燃油效率的指标通常是每公里或每小时的燃油消耗量。不同型号的通用航空器在燃油效率上可能存在显著差异，这取决于发动机技术、机翼设计和航空器的重量等因素。燃油效率还直接关系到通用航空器的运营成本。

（三）载重能力

载重能力包括乘客数量、货物重量以及行李容量等，是评估通用航空器性能的重要指标之一。载重能力不仅影响单次飞行的经济效益，还与航线规划和市场需求紧密相关。

（四）航程

航程是指通用航空器在不补充燃料的情况下能够飞行的最大距离。航程的长短决定了航空器能够执飞的航线范围。长航程的通用航空器可以开辟更远的航线，满足远程飞行的需求；短航程的则主要用于区域内的运输。

（五）环境适应性

环境适应性指的是航空器在预期的使用环境中，能够正常工作并且保持其性能、可靠性和安全性的能力，包括物理环境、气候环境、电磁环境等多个方面。环境适应性高的航空器能够提升乘客满意度，减轻航空公司的运营压力，从而提高其盈利能力。

四、如何提升通用航空器的性能

提升通用航空器的性能是一项综合性任务，涉及多个方面的技术改进和创新。以下是一些具体的策略和方法。

（一）优化能源系统

1. 采用高效能源

探索和应用新型高效能源，如生物燃料、合成燃料和氢燃料等。研究表明，某些生物燃料在燃烧过程中能够释放出比传统航空燃油更丰富的能量，为航空器提供更强劲的动力支持，进而提升其续航能力。合成燃料则能够根据航空器的特定需求对燃料的化学组成进行精准调控，实现更高的燃烧效率。氢燃料更是以其清洁环保和超高的能量密度特性脱颖而出。

2. 混合动力系统

在传统燃油发动机的基础上引入电动推进系统，构建混合动力系统，是提升通用航空器能源利用效率的有效途径。这种混合动力系统能够依据飞行过程中的不同阶段和需求，灵活且智能地调整动力输出模式。通过这种方式，混合动力系统能够大幅提高能源利用效率，延长航空器的续航时间。

（二）改进电池技术

1. 提高电池能量密度

通过研发新型电池材料，如新型锂合金材料、固态电解质等，以及对电池结构进行优化设计，如采用三维电极结构、超薄隔膜等技术手段，能够有效提高电池的能量密度。这意味着航空器在相同的电池重量或体积限制下，可以携带更多的能量，从而实现更长时间的飞行。例如，推动400瓦·时/千克级航空锂电池产品投入量产，实现500瓦·时/千克级航空锂电池产品应用验证。[①]

2. 优化电池管理系统

引入先进的电池管理系统，能够实时、精准地监测电池的各项状态参数，包括电池电压、电流、温度、剩余电量等。基于这些实时数据，电池管理系统能够提高电池的使用效率和安全性。同时，该系统还具备故障诊断和预警功能，能够及时发现电池存在的潜在问题，并采取相应的措施进行处理，有效降低电池故障引发的飞行安全风险。

（三）减轻飞行器重量

1. 采用轻质材料

在通用航空器的制造过程中，使用高强度、低密度的复合材料和钛合金等轻质材料是减轻飞行器整体重量的重要手段。复合材料，如碳纤维增强复合材料，具有优异的力学性能，可以显著减轻飞行器的重量，进而减少飞行过程中的能量消耗。钛合金同样具有高强度、低密度以及良好的耐腐蚀性等优点，在航空领域得到了广泛应用。

2. 优化结构设计

通过对飞行器的结构进行优化设计，如采用新型机翼、翼型和尾翼设计，可以有效降低阻力系数，提高气动效率。通过优化结构设计，能够显著减少

---

① 工业和信息化部.四部门关于印发《通用航空装备创新应用实施方案（2024—2030年）》的通知［EB/OL］.中国政府网，（2024-03-27）［2025-03-20］.https：//www.gov.cn/zhengce/zhengceku/202403/content_ 6942115. htm.

飞行过程中的能量损耗，延长通用航空器的续航时间。

（四）提高飞行效率

1. 优化飞行轨迹

利用先进的飞行控制系统和导航系统，优化飞行轨迹和动力分配，减少通用航空器不必要的能量浪费。现代飞行控制系统能够实时获取航空器的位置、速度、高度等信息，并结合气象数据、地形数据以及空中交通管制指令等，通过复杂的算法为航空器规划出最优的飞行轨迹。

2. 提高发动机效率

通过改进发动机设计，如采用高效涡轮机、降低排气阻力、增加冷却效果等技术手段，可以使高效涡轮机更有效地将燃料燃烧产生的热能转化为机械能，提高发动机的热效率。同时，通过降低排气阻力提高推力效率。此外，增强冷却效果，确保发动机在高温工作环境下能够保持稳定的性能，也是提高发动机效率的重要手段。

（五）加强维护与管理

1. 定期维护检查

定期对通用航空器进行全面、细致的维护检查，是确保其各部件处于良好工作状态的必要措施。通过定期维护检查，可以及时发现航空器部件存在的磨损、老化、松动等问题，并进行相应的修复或更换。同时，对航空器的电气系统、液压系统、飞行控制系统等关键系统进行定期检测和维护，也能够有效提高航空器的整体可靠性和安全性。

2. 智能监测与预警

引入智能监测和预警系统，能够实时、全面地监测通用航空器的运行状态和能源使用情况。该系统通过在航空器的关键部位安装各种传感器，实时采集航空器的运行数据，并将这些数据传输至数据分析中心。利用先进的数据分析算法和人工智能技术，对采集到的数据进行实时分析，能够及时发现航空器存在的潜在问题。

第三节　空中交通管理系统的创新

空中交通管理系统是国家实施空域管理、保障飞行安全、实现航空运输高效有序运行、捍卫我国空域权益的战略基础设施，也是国土防空体系的重要组成部分，对促进国家经济发展和维护国家安全具有深远的战略意义。

一、空中交通管理系统的概念

空中交通管理系统（Air Traffic Management，ATM）是一种高度专业化和复杂的系统，其主要职责是确保航空器的飞行安全、有序和高效。完整的空中交通管理系统由三大部分组成：空域管理（ASM）、空中交通服务（ATS）和空中交通流量管理（AFTM），它们共同协调和管理空中交通，有效维护空中交通秩序，促进空中交通安全，保障空中交通畅通（见图14-3）。具体而言，空域管理的核心在于遵循已设定的空域构造规定，灵活调整空间划分以满足各空域使用者的需求；空中交通服务包括飞行情报服务（FIS）、交通管制服务（ATC）及告警服务（AS）三大模块；空中交通流量管理的主要功能是从全局的角度出发，对于可能超负荷运行的区域，提前采取有效措施，确保空中交通顺畅流动。

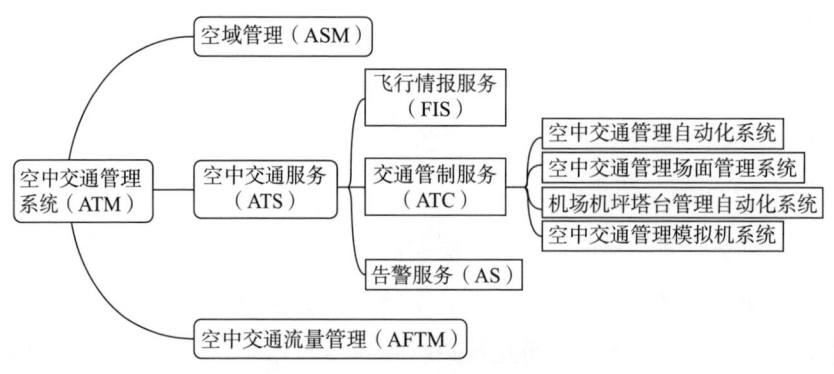

图14-3　空中交通管理系统构成

资料来源：《中国低空空管系统行业市场现状分析及发展趋势展望报告》。

空中交通管理系统在民用航空和军事航空中起着关键作用，它是连接飞行人员和地面支持人员的重要桥梁，确保了飞行信息的准确传递和飞行指令的及时执行。多种辅助服务的集成使空中交通管理系统能够全面地支持航空器的运行，保障飞行安全，同时提高空域的使用效率。

空中交通管理系统的动态性和适应性也为发展航空事业提供了强有力的保障。随着航空业的快速发展，空中交通管理系统需要不断地更新和升级，以提高管制员的工作效率和航空器飞行的安全性，从而适应日益增长的航空器数量和更加复杂的飞行任务。因此，空中交通管理系统不仅是一个系统，更是一个不断进化的过程，它反映了航空交通管理技术的最新进展和未来发展趋势。

二、空中交通管理系统的创新途径

空中交通管理系统的创新，在推动航空交通管理现代化进程、显著提升运行效率与安全性等方面发挥着极为关键的作用。在当今数字化与智能化飞速发展的时代背景下，该系统的创新已成为航空领域持续进步的核心驱动力。

（一）运用前沿技术优化空域利用

充分应用大数据、云计算、信息模型等先进技术，构建智慧化的空中交通管理生产运行管理信息系统，这是实现高效空域管理的重要基石。大数据技术能够对海量的航空数据进行收集、整理与分析，挖掘其中潜在的规律和趋势，为空域资源的合理规划提供有力的数据支持。云计算技术则凭借其强大的计算能力和灵活的资源调配特性，为系统提供高效稳定的运行环境，确保在处理复杂的空中交通管理业务时，能够快速响应并准确执行各类指令。信息模型技术可以在空中交通管理中通过构建精确的空域信息模型，直观、全面地展示空域结构、飞行航线以及各类限制条件等信息，便于空中交通管理人员进行可视化管理与决策。通过这些技术的协同运用，能够合理、充分且有效地利用空域资源，提升空域的整体利用率。

（二）实现多维度信息接入提升综合探测能力

实现多维度的信息接入对于提升空中交通管理系统的综合探测能力至关重要。将军航、民航、气象、公安等多方面的信息接入空中交通管理系统，能够形成一个全方位、多层次的信息网络。军航信息的接入有助于在涉及军事飞行活动时实现军民航空域的协调管理，保障飞行安全。民航内部各单位之间的信息共享能够加强航班运行的协同性。气象信息的实时接入使空中交通管理人员能够及时掌握天气变化情况，合理调整航班计划。公安信息的接入则有助于在应对航空安全威胁时快速做出反应，保障机场和航班的安全。通过整合这些多维度的信息，空中交通管理系统能够实现对空中交通态势的全面感知和精准判断，提升综合探测能力，为安全高效的空中交通管理提供有力支撑。

（三）增加面向大众消费者的服务性功能

随着低空经济的大众化发展以及应用场景的不断拓宽，空中交通管理系统需要增加一系列面向大众消费者的服务性功能。在低空旅游领域，空中交通管理系统可以为游客提供飞行路线规划、景点介绍等服务，帮助游客更好地体验低空旅游的乐趣。在航空应急救援方面，空中交通管理系统能够实时监测救援航空器的位置和状态，协调救援资源，提高救援效率。此外，对于个人飞行爱好者，空中交通管理系统可以提供飞行培训信息、飞行空域申请指导等服务。通过增加这些服务性功能，空中交通管理系统能够更好地适应低空经济发展的需求，促进低空飞行活动的普及和规范。

第十五章 结论与展望

2024年被称为低空经济元年,标志着全球空天经济格局进入新的发展阶段。虽然目前人们对低空经济的大部分认知还仅限于低空经济理论的分析与应用场景创设,但我们有理由相信,低空经济丰富的应用场景在不久的将来会"飞入寻常百姓家":从空中出租车到低空旅游,从医疗物资紧急配送到灾害救援,从消防监控到城市安全监测,从农作物施肥及农药喷洒到精准农业检测……低空经济在改变我们生活的同时,也将进一步优化我国高质量共建"一带一路"的方式与路径,在"空中丝绸之路"的构建中扮演重要角色。低空经济是"空中丝绸之路"建设的"最后一公里",通过促进低空经济与数字技术的深度融合,可以推动"数字丝绸之路"共建国家的经济发展和产业升级。低空经济与"一带一路"建设的协同发展,本质上构成了"数字丝绸之路"的立体延伸。低空经济能够促进"数字丝绸之路"的互联互通,其发展使共建国家的交通更加便捷,促进了人员、物资和信息的流通,加强了各国之间的经济联系。此外,低空经济为"数字丝绸之路"提供了新的动力,推动了共建国家的经济转型和升级。

低空经济作为依托通用航空、无人机技术及低空资源开发的新兴经济形态,正在重构"一带一路"高质量发展的战略图景。其核心价值体现为通过突破传统交通网络的空间约束,构建"空中丝绸之路"的立体化互联互通体系,为区域经济协同发展提供技术可行性与经济合理性支撑。从经济学理论视角分析,低空经济与"一带一路"倡议的协同演进遵循"需求牵引—技术驱动—制度适配"的互动逻辑:共建国家对跨境物流效率提升、精准环境监测及文化体验升级的迫切需求,与中国在无人机系统研发、空域管理创新及航空装备制造领域的技术势能形成战略耦合；而政策体系的迭代优化与跨国治理机制的协同建设，则为低空经济的跨境应用提供了制度保障。这种多维协同不仅强化了"五通"目标的实现效能，更通过构建"地面—低空"复合型基础设施网络，推动区域经济一体化向多维度纵深发展。

在实践维度，低空经济通过三大核心路径深度赋能"一带一路"建设：其一，无人机物流系统通过优化跨境供应链拓扑结构，在医疗物资紧急投送、高附加值商品精准配送等领域展现出革命性突破，其点对点运输模式可将传统物流时效提升50%以上，同时降低30%~40%的末端配送成本；其二，通用航空与冷链物流的技术融合显著提高了生鲜产品的跨境流通效率，损耗率降至传统运输模式的1/3，为共建国家农业价值链升级提供关键支撑；其三，低空旅游通过构建文化遗产空中廊道与数字化展示平台，形成文化认同与经济效益的双向增值机制，典型案例显示此类项目可使区域旅游经济附加值年均增长8%~12%。在环境治理领域，基于无人机网络的实时生态监测系统可将灾害预警响应时间压缩至传统手段的1/5，为共建国家生态安全屏障建设提供技术保障。低空经济已从理论构想转化为驱动"一带一路"务实合作的技术—经济复合型解决方案。

当前全球低空经济正经历三重范式变革：智能化方面，5G—北斗融合空中交通管理系统实现了厘米级导航精度；绿色化层面，氢燃料电池航空器使碳排放强度下降35%~45%；标准化维度，中国主导的垂直起降无人机适航标准已被22个共建国家采纳。产业链协同效应显著增强，航空制造、数据服务、保险精算等环节的深度融合，使低空经济市场化成本降低25%~30%。可以说，技术创新与产业生态重构构成低空经济持续演进的内生动力。跨国技术转移项目如通用航空维修联合体的建设，不仅实现航空保障能力指数级提升，更形成"技术扩散—产业升级—能力内化"的正向循环。但技术协同仍面临标准异构性挑战，各国在频谱分配、空域数据接口等方面的制度差异，亟待通过国际标准互认机制加以弥合。

低空经济规模化发展需要制度创新作为强大支撑。当前的主要瓶颈体现在空域管理制度、数据治理维度和安全规制等方面。针对这些挑战，中国通过多边治理机制创新取得突破性进展：在上海合作组织框架下达成的《低空交通管理互操作协议》，首次实现 28 国空域数据接口标准化；《"一带一路"数字空域治理宣言》则构建了"分级授权+区块链存证"的新型数据治理框架。这些制度创新为低空经济跨境发展提供了可复制的治理模板。面向未来，低空经济赋能"一带一路"高质量发展需聚焦的战略方向主要包括：深化"低空+"融合创新范式，推动其与数字经济、绿色金融的深度融合；构建梯度化国际合作体系；强化标准引领能力建设，主导制定《城市空中交通（UAM）国际标准体系》，同时构建覆盖全生命周期的风险评估模型。通过实施这些战略，中国将推动低空经济从技术输出向规则供给跃迁，助力"一带一路"实现从物理联通到制度协同的范式升级，为全球经济治理体系改革提供创新性实践样本。

随着低空经济与"一带一路"共建的深度融合，未来可期形成"天—地—人"协同联动的立体化发展格局。通过持续推动技术创新与制度开放，低空经济有望成为共建国家跨越式发展的"战略跳板"：在基础设施层面，构建覆盖全域的低空物流网络，实现 72 小时内跨境货物通达率突破 90%；在产业协作层面，形成"航空制造—数据服务—应用生态"的全链条协同体系，催生万亿级市场规模；在可持续发展层面，新能源航空器的普及将使低空交通碳排放强度下降 60% 以上，助力全球气候治理目标实现。中国将通过技术标准输出、治理经验共享和产能合作深化，与共建国家共同塑造公平包容的全球低空经济治理体系，使"空中丝绸之路"成为数字文明时代国际合作的典范。这一远景不仅将重塑欧亚非大陆的经济地理格局，更将为人类命运共同体建设注入新动能，开创陆、海、天、网"四位一体"的新型全球化范式。

参考文献

[1] BANIYA S, ROCHA N, RUTA M. Trade effects of the New Silk Road: A gravity analysis [J]. Journal of Development Economics, 2020 (146): 102467.

[2] HUMMELS D L, SCHAUR G. Time as a trade barrier [J]. The American Economic Review, 2013, 103 (7): 2935-2959.

[3] DE SOYRES F, MULABDIC A, MURRAYS, et al. How much will the Belt and Road Initiative reduce trade costs? [J]. International Economics, 2019, 159 (C): 151-164.

[4] DINNER I M, KUSHWAHA T, STEENKAMP JAN-BENEDICT E M. Psychic distance and performance of MNCs during marketing crises [J]. Journal of International Business Studies, 2019, 50 (3): 339-364.

[5] NUNO L, VENABLES A J. Infrastructure, geographical disadvantage, transport costs, and trade [J]. The World Bank Economic Review, 2001, 15 (3): 451-479.

[6] 巴殿君, 王一然, 左天全. "一带一路"高质量共建的内在逻辑及路径探析 [J]. 国际关系研究, 2024 (3): 118-134, 158-159.

[7] 蔡庆丰, 陈武元. 高质量共建"一带一路"的教育文化交流视角 [J]. 国家治理, 2023 (16): 31-35.

[8] 陈健. "一带一路"高质量发展的理论逻辑与实践方案 [J]. 财经问题研究, 2021 (7): 27-35.

[9] 陈美香. 全球价值链嵌入对我国港口城市群嵌入位置及物流能力的影响 [J]. 商业经济研究, 2022 (13): 7-11.

[10] 杜婕，乔琳，桑一铭．后疫情时代的中国—东盟区域金融发展与合作研究［J］．吉林大学社会科学学报，2022，62（1）：103-113，236-237．

[11] 范佳睿．推动构建区域命运共同体重要实践：中国与东盟交通基础设施合作分析［J］．东北亚论坛，2024，33（6）：62-77，125-126．

[12] 范祚军，孟庆伟，周久寓．东盟区域一体化进程国家之间的溢出效应研究：基于经济增长的视角［J］．广西大学学报（哲学社会科学版），2022，44（5）：72-80．

[13] 冯传宴，刘双，完颜笑如，等．无人机系统人因设计关键技术研究进展［J］．航空学报，2025，446（9）：1-14．

[14] 冯德连，袁子雁．中国与"一带一路"国家的三维共生关系对中国贸易地位的影响［J］．江淮论坛，2022（6）：46-56．

[15] 高雅雅，焦利民，王卫林．共享社会经济情景下"一带一路"沿线国家城市扩张空间格局分析［J］．地理与地理信息科学，2023，39（6）：36-44．

[16] 高志宏．低空经济高质量发展的法治保障研究［J］．人民论坛·学术前沿，2024（15）：25-37．

[17] 高质量共建"一带一路" 拓展共赢发展新空间［EB/OL］．人民网，（2024-12-04）［2025-06-18］https：//baijiahao．baidu．com/s？id＝1817458209392482578&wfr＝spider&for＝pc．

[18] 工业和信息化部 科学技术部 财政部 中国民用航空局关于印发《通用航空装备创新应用实施方案（2024—2030 年）》的通知［EB/OL］．中国政府网，（2024-03-27）［2025-06-18］https：//www．gov．cn/zhengce/zhengceku/202403/content_ 6942115．htm．

[19] 共建"一带一路"多边合作：进展、挑战与路径［EB/OL］．国家发展和改革委员会，（2024-11-14）［2025-06-18］https：//www．ndrc．gov．cn/wsdwhfz/202411/t20241114_ 1394466．html．

[20] 郭辰阳，敖万忠，吕宜宏．低空经济与通用航空、无人机、UAM的关系分析［J］．财经界，2023（28）：30-32．

[21] 郭庆宾，曾德源，彭艳清．"一带一路"倡议对沿线国家的资源配

置效应［J］．中国软科学，2023（11）：122-132．

［22］国务院办公厅关于促进通用航空业发展的指导意见［EB/OL］．中国政府网，（2016-05-17）［2025-06-18］https：//www.gov.cn/zhengce/content/2016-05/17/content_ 5074120.htm．

［23］何建军，毛文莉，潘红玉．中国—东盟金融合作与区域创新发展［J］．财经理论与实践，2022，43（2）：17-23．

［24］何志鹏，周萌．共建"数字丝绸之路"的中国角色、挑战及应对［J］．东北亚论坛，2024，33（6）：110-124，126．

［25］洪群联．低空服务业的概念特征、发展条件与推进对策［J］．经济纵横，2024（8）：45-52．

［26］胡必亮．高质量共建"一带一路"：推动世界现代化的愿景与实践路径［J］．智库理论与实践，2024，9（6）：2-9．

［27］胡文晓，牟迪，李智，等．以关键技术问题创新引领低空经济发展对策研究［J］．航空学报，2025，46（9）：531-539．

［28］黄涛．通用航空专业技术人员培训教材［M］．北京：北京航空航天大学出版社，2021．

［29］黄卫，董端阳．文以载道：国际出版合作助力"一带一路"文化建设［J］．出版广角，2023（24）：4-9．

［30］黄祥钟，黄叶苋，林如慧．中国与"一带一路"国家金融合作程度及其影响因素研究［J］．数理统计与管理，2022，41（6）：1056-1068．

［31］季志业，桑百川，翟崑，等．"一带一路"九周年：形势、进展与展望［J］．国际经济合作，2022（5）：4-27，94．

［32］贾晓燕，李钢．中国对外直接投资与"一带一路"国家包容性发展［J］．海南大学学报（人文社会科学版），2024（9）：1-10．

［33］蒋博涵．论中国低空经济高质量发展的法律激励：目标、图景与工具［J］．河海大学学报（哲学社会科学版），2025，46（3）：140-153．

［34］焦爱丽，黄彩虹，朱圣卉．"一带一路"背景下跨境旅游合作区高质量发展研究［J］．经济纵横，2022（12）：81-87．

［35］蓝寿荣．低空经济产业促进法的法理逻辑与制度体系［J］．新疆师

范大学学报（哲学社会科学版），2025（3）：59-71.

[36] 劳铖强，宋晓东. 粤港澳大湾区低空经济产业生态的构建路径研究[J]. 特区实践与理论，2024（2）：20-25.

[37] 李光勤，储梦君，牛雯琦."一带一路"倡议与沿线国家创新能力：基于双重差分法的检验[J]. 上海交通大学学报（哲学社会科学版），2023，31（12）：113-131.

[38] 李梦瑶，郑一丹，胡海博. 低碳经济下生鲜农产品冷链物流发展对策研究[J]. 产业创新研究，2023（18）：85-87.

[39] 李婉婉，张先清. 从共有到共享："一带一路"视域中的跨境文化遗产研究[J]. 西北民族研究，2023（6）：145-155.

[40] 李曦辉，弋生辉，黄基鑫."一带一路"倡议推动构建人类命运共同体的效用评价[J]. 区域经济评论，2022（1）：69-81.

[41] 李远，魏昕然. 高质量共建"一带一路"机制下技术标准"软联通"问题研究[J]. 亚太经济，2024（5）：1-12.

[42] 廖小罕，黄耀欢，徐晨晨. 面向无人机应用的低空空域资源研究探讨[J]. 地理学报，2021，76（11）：2607-2620.

[43] 廖小罕，徐晨晨，叶虎平. 低空经济发展与低空路网基础设施建设的效益和挑战[J]. 中国科学院院刊，2024，39（11）：1966-1981.

[44] 刘斌，甄洋. 数字贸易规则与研发要素跨境流动[J]. 中国工业经济，2022（7）：65-83.

[45] 刘大响，黄敏. 中国航空医疗救护的发展与建议[J]. 北京航空航天大学学报（社会科学版），2024，37（3）：53-67.

[46] 刘洪愧."一带一路"境外经贸合作区赋能新发展格局的逻辑与思路[J]. 改革，2022，336（2）：48-60.

[47] 刘家国. 人类命运共同体视域下全球供应链治理体系研究[J]. 学术论坛，2023，46（6）：1-11.

[48] 刘京星，朱慧敏."一带一路"倡议有助于沿线城市绿色创新"增量提质"吗？[J]. 技术经济，2023，42（12）：1-13.

[49] 刘乐. 中巴经济走廊建设十周年：历程、体系与启示[J]. 南亚研

究季刊，2023（4）：60-79，158.

[50] 刘泉，陈瑶瑶，洪晓苇，等. 面向无人机的城市低空空域规划的国际经验［J］. 城市规划学刊，2024（5）：64-70.

[51] 伦晓波，刘颜. "一带一路"倡议与企业绿色技术创新：基于数字化转型的机制研究［J］. 国际经贸探索，2024，40（8）：71-86.

[52] 罗皓文，符秋瑶. 当代经济全球化何以实现质变式发展：基于"一带一路"与逆经济全球化的分析［J］. 上海经济研究，2023（12）：75-87.

[53] 罗霞，余晓钟，辜穗. "一带一路""互联网+"智慧能源合作：现状、效益与路径全球能源互联网［J］. 全球能源互联网，2024，7（6）：702-714.

[54] 马斌. 中欧班列治理机制及其对"一带一路"建设的示范意义［J］. 俄罗斯东欧中亚研究，2023（6）：35-47，156.

[55] 马胜楠. 共建"一带一路"对共建国家经济增长的影响研究［D］. 吉林：吉林大学，2022.

[56] 马艳. 我国与"一带一路"国家金融合作历史、现状及对策研究［J］. 金融经济，2022，558（12）：39-45.

[57] 马遥遥. 中国与"一带一路"共建国家的金融合作及其效应研究［D］. 吉林：吉林大学，2023.

[58] 马永腾，蒋瑛，鲍洪杰. 交通基础设施、数字经济与贸易增长：基于西部陆海新通道共建区域的实证分析［J］. 改革，2023（6）：142-155.

[59] 米军，张锐. "一带一路"数字贸易命运共同体构想［J］. 开放导报，2024（4）：68-75.

[60] 倪红福，向迪，王文斌. 共建"一带一路"对构建新发展格局的作用［J］. 全球化，2022（4）：31-40，133.

[61] 钮潇雨，俞肇元，陈海燕，等. "一带一路"能源贸易主干网络演化与韧性评估［J］. 资源科学，2024，46（11）：2137-2149.

[62] 欧阳桃花，郑舒文. 基于共同演化的低空经济产业生态策略研究：以"低空航空器+"为例［J］. 北京航空航天大学学报（社会科学版），2024，37（5）：109-119.

[63] 潘攀,王媛媛,王欣雨,等."一带一路"倡议对沿线国家文化贸易网络地位的影响研究[J].财经理论与实践,2024,45(6):102-110.

[64] 彭红枫,余静文.政策协同与经济增长:基于"一带一路"沿线国家的分析[J].世界经济,2022,45(12):29-51.

[65] 秦海波,李玉昆.科技创新合作助力中国—中亚高质量共建"一带一路"倡议[J].当代中国与世界,2024(4):52-59.

[66] 申韬,陆斯琪.金融合作机制如何促进东道国经济增长:基于中国与"一带一路"共建国家样本数据的中介效应研究[J].区域金融研究,2022(8):25-32.

[67] 申韬,蒙飘飘.对外直接投资、金融发展与双边金融合作:基于中国与"一带一路"共建国家的研究[J].金融与经济,2020(12):62-70.

[68] 申韬,张泉.基于"一带一路"国家的金融合作溢出效应异质性检验[J].财会月刊,2023,44(3):143-149.

[69] 马庆斌.深化"一带一路"科技创新合作[EB/OL].中国一带一路网,(2024-09-22)[2025-06-18] https://www.yidaiyilu.gov.cn/p/01EN85E8.html.

[70] 沈海军.从飞行汽车看低空经济新业态[J].人民论坛·学术前沿,2024(15):69-75.

[71] 沈映春.低空经济:中国经济增长新引擎[J].科技中国,2024(9):3.

[72] 施炳展.文化认同与国际贸易[J].世界经济,2016,39(5):78-97.

[73] 宋丹,徐政.低空经济赋能高质量发展的内在逻辑与实践路径[J].湖南社会科学,2024(5):65-75.

[74] 覃睿.再论低空经济:概念定义与构成解析[J].中国民航大学学报,2023,41(6):59-64.

[75] 谭小芬,杨雅涵."一带一路"资金融通:现状、挑战与应对[J].国际贸易,2024(8):51-64.

[76] 陶宏展,吴超.中国与"一带一路"共建国家进口贸易福利效应研究[J].区域经济评论,2024(4):150-158.

[77] 仝菲. 中国与非洲高质量共建"一带一路": 理念、基础、困境及应对 [J]. 世界社会主义研究, 2022, 7 (11): 107-114, 135.

[78] 万喆. 共建"一带一路"资金融通体系 [J]. 中国金融, 2023 (13): 32-33.

[79] 汪婷, 高波. 科技金融支持低空经济发展的实践路径研究 [J]. 企业经济, 2024 (12): 153-160.

[80] 王海峰, 许维敏, 高伟杰. 新冠疫情背景下中国—东盟金融合作动力与前景 [J]. 商业经济, 2022, 554 (10): 168-171, 187.

[81] 王海梅. 低空经济发展趋势、问题与对策研究: 以无锡为例 [J]. 江南论坛, 2024 (4): 42-46.

[82] 王海全, 唐明知, 赵鹏. 中国—东盟绿色金融合作路径 [J]. 中国金融, 2022 (14): 73-74.

[83] 王健. "一带一路"倡议与城市创新效率的空间关联 [J]. 科研管理, 2024, 45 (11): 57-66.

[84] 王俊潼, 包丹文, 周佳怡, 等. 低空空域规划研究现状与展望 [J]. 航空学报, 2025, 46 (9): 530879.

[85] 王孝松, 常远. 双边关系与贸易保护: 来自中国遭遇贸易壁垒的经验证据 [J]. 世界经济与政治, 2022 (2): 32-59, 156-157.

[86] 王义桅. 中国式现代化的文明逻辑 [J]. 探索与争鸣, 2023 (12): 105-115, 194.

[87] 习近平在第四次"一带一路"建设工作座谈会上强调: 坚定战略自信 勇于担当作为 全面推动共建"一带一路"高质量发展 [EB/OL]. 中国政府网, (2024-12-02) [2025-06-18] https://www.gov.cn/yaowen/liebiao/202412/content_ 6990603. htm.

[88] 肖婧文. 双循环视角下"一带一路"倡议对技术创新的影响研究 [D]. 成都: 西南财经大学, 2023.

[89] 肖燕飞. "一带一路"文明交流互鉴: 构建人类命运共同体的中国贡献 [J]. 社会科学家, 2022 (9): 26-32.

[90] 谢泗薪, 危林锋. 绿色经济驱动下长三角韧性物流引领制造业"三

化"升级的协同机制与实现路径：快递物流的视角［J］. 价格月刊，2025（3）：79-94.

［91］许士密. 丝路精神与世界现代化的新图景［J］. 探索，2024（6）：137-152.

［92］闫世刚，韩银安. 加快推进共建绿色"一带一路"高质量发展［J］. 宏观经济管理，2024（11）：52-59.

［93］杨璐璐. 数字经济赋能"一带一路"高质量发展的机理与路径研究［J］. 中国商论，2024，33（18）：5-8.

［94］杨志红，陈爱丽，王小林."一带一路"倡议对沿线国家的就业效应及机制分析［J］. 劳动经济研究，2023，11（6）：3-31.

［95］叶翀，冯昊. 长三角城市群物流业效率时空演化和影响因素［J］. 华东经济管理，2024，38（9）：52-60.

［96］殷德生，金培振，吴虹仪. 共建"一带一路"对收入差距的影响：机制与证据［J］. 复旦学报（社会科学版），2024，66（4）：134-146.

［97］殷红. 金砖国家可持续金融合作前景广阔［J］. 中国金融，2022（18）：58-60.

［98］余长林，孟祥旭."一带一路"倡议如何促进中国企业创新［J］. 国际贸易问题，2022，480（12）：130-147.

［99］余紫菱，马莉莉，王艳艳. 中国能源治理对"一带一路"共建国家碳强度的影响［J］. 亚太经济，2024（6）：14-30.

［100］张辉，李宁静."一带一路"贸易关系演变特征：基于社会网络分析视角［J］. 社会科学，2023（12）：125-136.

［101］张嘉昕，许倩. 低空经济产业链发展的制约因素与优化对策研究［J］. 经济纵横，2024（8）：63-70.

［102］张杰，魏荟茹，袁肖然."一带一路"倡议对我国沿线城市绿色技术创新的影响研究［J］. 生态经济，2025，41（2）：111-119.

［103］张克勤. 低空管理中政府机构职能问题研究［J］. 北京航空航天大学学报（社会科学版），2024，37（5）：120-133.

［104］张沛莹."一带一路"背景下"中国—东盟"金融合作路径分析

[J]．财务与金融，2022，198（4）：78-82．

[105] 张铁柱，王玲．促进低空经济多业态融合健康发展[J]．人民论坛·学术前沿，2024（15）：15-24．

[106] 张晓兰，黄伟熔．低空经济发展的全球态势、我国现状及促进策略[J]．经济纵横，2024（8）：53-62．

[107] 张玉洁．法政策学视角下低空经济的法治保障研究[J]．交大法学，2025（1）：101-113．

[108] 张彧．中国低空经济发展促进法的理据与图景[J]．北京航空航天大学学报（社会科学版），2024，37（5）：1-14．

[109] 张誉夫，谢建国．"一带一路"倡议与高技术产品贸易网络深化[J]．现代财经（天津财经大学学报），2024，44（11）：111-129．

[110] 赵鹏浩，赵俊涅．把握发展机遇加快推进低空经济高质量发展[J]．中国工业和信息化，2024（10）：24-28．

[111] 赵瑞娟，李晓黎．中国—东盟差异化金融合作方式：基于耦合协调模型的研究[J]．社会科学家，2023，310（2）：81-88．

[112] 赵世举．"一带一路"建设的语言需求及服务对策[J]．云南师范大学学报（哲学社会科学版），2015，47（4）：36-42．

[113] 郑丁灏，李国安．"一带一路"高质量发展的金融韧性治理："一带一路"10周年的金融治理沿革及展望[J]．财经问题研究，2023（12）：105-117．

[114] 周华蓉，刘友金，贺胜兵．"新雁行模式"理论与"一带一路"产业发展[J]．财经研究，2022，48（8）：78-93．

[115] 周学仁，张越．国际运输通道与中国进出口增长：来自中欧班列的证据[J]．管理世界，2021，37（4）：52-67，102．

[116] 庄苗．人工智能赋能低空经济：应用场景与未来方向[J]．人民论坛·学术前沿，2024（15）：38-44．

[117] 左喜梅．金融一体化视角下中国与"一带一路"共建国家贸易发展研究：以"一带一路"共建55国为例[J]．区域金融研究，2022，594（1）：34-41．

后 记

本书在写作出版过程中，获得中国（西安）丝绸之路研究院项目（2024ZD05）的资助，谨在此表示衷心的感谢。

在完成项目和本书写作过程中，于璐瑶提出筹划和研究思路框架，进行总体把握和各章分工安排，并负责总纂。王新然做了一定的组织协调工作。张蓉蓉、秦佩雯、马晨博、李玥姿、廖莎莎参加了项目的研究工作。本书各部分主要执笔者如下：第一篇于璐瑶、马晨博、王新然，第二篇王新然，第三篇张蓉蓉，第四篇秦佩雯，第五篇廖莎莎，第六篇李玥姿、于璐瑶。

由于笔者水平和时间的限制，本书谬误和不足之处在所难免，欢迎读者批评指正。